食の科学

～美食を求める人類の旅～

NEWTON PRESS

食の科学

～美食を求める人類の旅～

ガイ・クロスビー=著

石川伸一=監訳　清水玲奈=訳

クリスティーヌ，クリスティン，ジャスティン，グレイス，マイクに

食の科学
～美食を求める人類の旅～

第6章　調理の科学に火がついた　　135

第7章　よい食品と悪い食品，そして調理科学の未来　　161

序文

　地球上に暮らしているすべての生物のうち，食物を料理するのは人類だけです。これは改めて考えてみると驚くべき事実です。調理は人類の進化においてとても重要な役割を果たしましたが，食物を加熱調理することで何が起きるかをめぐる科学に多くの人が興味をもつようになったのは，比較的最近のことです。人類の進化に，料理はどんな貢献をしたのでしょうか。ほかの生物種と比べて，人類だけが生物的にも社会的にも急速な進化を遂げられたのはなぜでしょうか。もしも料理が何らかの影響を与えたとしたら，それはどのようなものでしょうか。

　その影響は計り知れないと主張するのが，ハーバード大学生物人類学教授のリチャード・ランガム博士です。ベストセラーになった『火の賜物——ヒトは料理で進化した』（2010年，NTT出版）のなかで，料理が果たした役割について興味深い説明をしています。料理が人類の進化に影響を与えたことは以前から指摘されていますが，博士はさらに，初期の人類が火を用いて食べ物を料理するようになった歴史は古く，180万〜190万年前にまでさかのぼると初めて主張しました。通説では，洞窟で見つかった物的証拠から，料理に火が使われるようになったのは約40万年前といわれています。ランガム博士は，私たち人類の最古の祖先にあたるホモエレクトスについて，進化の過程で脳が大きくなり，歯と消化器官が小さくなったという特徴が，火の使用がそれよりも100万年以上前に始まったという仮説の証拠になると考えています。料理は，人類の進化にとって非常に重要な役割を果たしました。調理の科学を知ることは，料理がなぜ人類の進化を決定づける要素となったのかを理解することにつながります。この本のテーマは，今日に至るまで，科学の進展がいかに料理を変貌させてきたかを探ることです。

　「難しいから」という理由で科学を敬遠する人が多いのは残念なことです。聞き慣れない科学用語を使った説明は理解しにくく，疑いの目で見られたり，興味をもってもら

えなかったりします。しかし，科学は世界の仕組みについて問いかけ，学ぶための確かな方法です。新たな洞察をもたらし，既存の概念を打ち破るアイデアや知識につながり，進歩を可能にします。料理し，味わい，学ぶことをめぐり，特定の現象の背景にある理由について，科学的な方法で注意深い計画のもと行われる研究に基づけば，仮説を試し，確認したり，否定したりすることができます。たとえば，重力理論（ニュートン），原子論（ドルトン），電球の発明（エジソン），ポリオワクチンの開発（ソーク），トランジスタの発明（バーディーン，ブラッテン，ショックレー），あるいはニワトリが道を渡った理由（「ヘニーペニーの寓話」*）について考えてみましょう。科学について，核兵器の開発や遺伝子組換え生物，電子機器による監視など，悪いことにしか役に立たないと思い込んでいる人もいます。そしてもちろん，政治的，あるいは経済的なもくろみのために科学を悪用しようとする人もいます。しかし，全体としては，科学は人類の進化にとって多大な貢献を果たしてきました。科学には，古代エジプト人や古代ギリシアの哲学者に始まる長い歴史がありますが，調理の科学はつい最近までほとんど注目を浴びることがありませんでした。調理の科学はあまり重要でないと思われがちですが，ランガムの主張が正しいとすれば，すべての科学のなかでもとりわけ重要であり，なおかつとりわけ軽視されている分野といえるかもしれません。

　アメリカの有名な科学者でコロンビア大学教授だったロバート・K・マートン（1910～2003）は，こう書いています。「科学は公共の知識であり，私有の知識ではない」。これは，科学を理解する人々にとっては素晴らしい事実です。ところが，科学に関する文章のほとんどは，多くの人にとってちんぷんかんぷんです。まったくわけがわからないと思っている人もいます。私は科学者として，一般の人にもわかりやすい言葉で科学を説明することがとても大切だと感じています。そうすれば，科学は真の意味で公共の知識となり，すべての人が理解し，その真価を認められるようになるでしょう。この本では，調理の科学を説明するために，クリーム色のページで短い読み物を挿入しました。各章で論じられる科学について深く探究する内容になっています。また，その科学の例となるよりすぐりのレシピも掲載しました。本書で取り上げるテーマに興味をもってもらい，科学と私たちの生きる世界についての理解と認識を深めてもらうことが，私の願いです。

---

*訳注

ドングリが落ちてきたために空が落ちたと思い込んだ悲観的なニワトリについてのイギリスの古い童話

この短い序文を，私の好きな詩の一節で締めくくります。

一粒の砂に世界を
一輪の野花に天国を見る
手のひらに無限を
ひと時に永遠を握る

　ウィリアム・ブレイク（1757〜1827）の詩「無垢の予兆」の最初の4行です。この作品は1803年に書かれたと考えられていますが，出版されたのはその60年後です。そして私が初めて耳にしたのは，ジェイコブ・ブロノフスキー（1908〜1974）が1973年，大人気を博したBBCのドキュメンタリーシリーズ「人間の進歩」で引用したときでした。それ以来，私のお気に入りの詩になっています。私には，原子とそれによって構成される物質の構造の概念を雄弁に物語っている詩だとしか思えません。しかし，現代につながる原子論の概念を正確に証明する論文が，英国のマンチェスターで教師をしていたクエーカー教徒，ジョン・ドルトンによって初めて発表されたのは1805年であり，信じられないことにブレイクが詩を書いた2年後でした。砂や野花が微小な分子構造でできていて，分子はさらに小さな原子でできているということを，ブレイクはなぜ，原子の存在が証明される前に想像できたのでしょうか。その答えも，本書で明らかにしていきましょう。科学の歴史と，人類が世界について得てきた知識は，私たちをワクワクさせてくれます。この本に書かれた調理の科学を通して，みなさんが科学の喜びと楽しさを存分に味わってくださることを願います。

謝辞

　この本のインスピレーションは，ハーバード大学教授リチャード・ランガム著『火の賜物―ヒトは料理で進化した』から生まれました。コロンビア大学出版に私を推薦してくださったイェール大学ゴードン・シェファード教授に感謝を捧げます。出版に至るまで，多くの方々にさまざまな導きをいただきました。コロンビア大学出版の上級学術管理者兼ディレクターのジェニファー・クルーと，そのチームのモニク・ブリオネス，リサ・ハム，ミレンダ・リー，マリエル・ポス，メレディス・ハワード，ジャスティン・エヴァンス，ブライアン・スミス，それにパトリック・フィッツジェラルド。それから，センベオ出版サービスの編集部門マネージャー，ベン・コルスタッドと，シェリー・ゴールドベッカー。また，キャサリン・ランゲンバーグとサビン・オアは，イラスト用の写真を提供してくれました。また，そのほかのイラストの使用を許可してくださった数多くの方々がいます。ジャンヌ・ブリュースター，ナディーヌ・ソブサ，ジャスティン・ホブソン，ローリー・ラウンズベリー・マクファデン，ダン・スーサ，イアン・マッツェンなどです。ピア・ソレンセン，アドリアナ・ファブリ，ニコレッタ・ペレグリーニ，アリ・ブザーリ，レベッカ・ドージャートには，研究や論文を参考にさせてもらい，また拙稿について意見を聞かせてもらいました。執筆の初期段階では，ジック・ルビン，ジェイムズ・レバイン，ダニエレ・スベコフにとても有益な助言をもらいました。アメリカのテストキッチン社から発行された調理の科学に関する最初の拙著2冊の共著者，クリストファー・キンバル，ジャック・ビショップに，その機会を与えてくれたことに感謝します。ウォルター・ウィレット教授には，ハーバード大学公衆衛生大学院で食品科学・技術に関する講座を教える機会を与えてくださったことに，特別な謝意を贈ります。この講座のおかげで，本書に必要な情報の多くを集めることができました。また，退職後，フラミンガム州大学で教えることを可能にしてくれたキャロル・ラッセル教授も同様で

す。一般の人たちに調理の科学への興味を引き起こしてくれたハロルド・マギーにも感謝します。最後に，親友であるルースとビル・ベンツ，マーガレットとリック・ペレス，サンディーとジェリー・ピータース，スーとロン・ダニエルス，それにダリスとボブ・ウェアハムには，その友情とインスピレーションに感謝し，食，ワイン，料理への興味をシェアさせてもらっていることにも感謝します。この本を世に送り出すことを可能にしてくれたすべての人に，ありがとう。

食の科学

1 料理の進化
（200万年前～1万2000年前）

火，料理，人類の進化

　人間はなぜ，地球上で食物を料理する唯一の生物種なのでしょうか。その確かな答え を知っている人はいません。約40万年前に初期の人類が火を使って料理していたこと を確実に示す考古学的証拠があります。しかし，ハーバード大学生物人類学者のリチャー ド・ランガム博士は，脳が大きくなり，歯や消化器官が小さくなったことなどの生物学 的証拠から，もっとずっと早い時期である約200万年前に料理は始まったと考えてい ます。ランガム博士の仮説によれば，ホモエレクトスなどの初期の人類は，料理のおか げで食べ物からより多くのエネルギーと栄養素を摂取できるようになったことで，脳が 発達して大きくなり，ほかの生物種をはるかに超える進化上の利点が得られたというの です。さらに，重要な進化上の変化は10万年未満という比較的短期間で起き，ホモエ レクトスが出現後，急速に進化した可能性も示されています。ただし，数多くの科学者 が，ランガムの結論には確かな証拠がないとして異議を唱えています。料理が約200 万年前に始まったというランガムの仮説を受け入れるかどうかは別として，料理がさま ざまな利点をもたらしたのは確かです。火を使った料理は，病原性の微生物を殺して安 全性を高めるだけでなく，生とは違ったおいしい風味をもたらしたからこそ，危険であ るにもかかわらず繰り返し行われるようになったのです。初期の人類は進化して約19 万5000年前にはホモサピエンスになり，その脳の体積はホモエレクトスに比べて60% 近くも大きくなりました。この変化は，初期の人類が料理をした結果だったのかもしれ ません。

図1.1

アルジェリアのタッシリナジェールの岩絵。5000～6000年前のものと推定され，初期の人類が消された火のまわ りに集まっている様子を描いています。写真クレジット：Patrick Gruban/Wikimedia

　ほぼ確実にいえるのは，初期の人類が料理を始めるよりもずっと前に，自然発生した火を見つけていたはずで，そうした火を恐るべき脅威として受け止めていただろうということです。しかし，約260万年前〜1万1700年前まで続くことになる氷河期が更新世の間に始まったことが，暖や明かりをとり，捕食動物から身を守るために火を起こし，使い，制御するきっかけになりました。初期の人類は，火のおかげで集団生活を始めるとともに，非常に小さな集団どうしで取引を行うようになったとも考えられ，火は社会的にも深い影響をもたらした可能性があります。料理は，初めは偶然から発生したのでしょう。自然発生した火にイノシシが焼かれたとか，ヒトが起こした火の近くに狩猟で捕らえられた小動物が置かれたなどの状況が考えられます。火で焼いた食物のおいしさを知った初期の人類が，同じ行為を何度も繰り返すようになったことを，最近の数多くの研究が示しています。今日でも，食べ物の好き嫌いや選択を左右する要因のうち，他をはるかに引き離して最も決定的な要因は風味です。初期の人類が構成していた小さな集団は，強い動機をもった場合を除けば，ほかの集団とほとんど接触の機会をもっていなかったため，料理はゆっくりと広まったと考えられ，料理が一般的な習慣になるまでには何千年もの歳月がかかりました。

食べ物の味とにおい，風味

　今日でも，直火や炭火で焼いた食べ物は，そのおいしさはもちろん，昔ながらの料理法というイメージから根強い人気があります。においや味を感じる能力の起源は，人類誕生からさらに数十億年さかのぼります。現在の魚類や両生類の祖先にあたる古代生物を調べた結果，陸上での生活を始めるよりもはるか前に，嗅覚や味覚を感じるための特別な器官が出現していたことが明らかになりました。嗅覚と味覚はともに生存のために進化し，最も初期に発達した感覚である可能性が示されています。ただし，現代の生物種すべてが，同じ味やにおいに反応するわけではありません。たとえば，ネコは甘味を感知できませんが，うま味には人間よりも敏感で，その理由はネコが動物性タンパク質の豊富な食べ物を摂取して進化してきたからだとも考えられています。現代では人類のおよそ25%が苦味に高感度で，残りの人たちは平均的，または低感度です。スーパーテイスター，つまり味覚が敏感な人たちは，苦味のある毒性の物質を避けて生存の可能性を高めることで進化上大きな利点をもっていたと考えたくなるところです。しかし実際には，苦味に敏感なスーパーテイスターは，食べ物の好き嫌いが多く，特に苦味のあるブロッコリーやケールなどの健康にいい野菜を食べない傾向にあります。その結果，

スーパーテイスターは，大腸がんにつながる大腸ポリープが発生する可能性が高くなります。反対に味覚が鈍感なノンテイスターは，辛い食べ物や脂肪，アルコールを好み，肥満の可能性が高くなります。一方で，平均的な味覚の持ち主は好き嫌いがほとんどありません。生存に関していえば，平均を超えるよりも平均的であることが好ましいという事実を示す一例といえるかもしれません。

　ヒトのDNAに味覚は深く刻まれていて，生まれた直後，もしくは少し後から味がわかるようになります。ヒトにわかる味には，甘味，塩味，苦味，酸味，うま味の5種の基本的な味覚，それに脂肪味があることがわかっています。甘味，苦味，うま味，脂肪味は，特定の味細胞の表面にあるタンパク質でできた受容体で感知し，塩味と酸味は，味細胞の細胞膜のなかにあるイオンチャネルの容体で感知します。口腔の大部分と舌の上側には，味を感じることができる特別な受容体細胞があります。味蕾に含まれている味覚受容体細胞は，物理的な摩耗や，高温の食品との接触が繰り返されることにより，9～15日ごとに常に入れ替わっています。味蕾はその1/100ほどの小ささである味細胞の集まりです。その味蕾が集まったものが，舌や口内の大部分の表面に見えている凸凹である乳頭です。このように構成されている味覚器官は，人体のなかで完全に再生できる数少ない器官の一つでもあります。

　甘味の味覚は，すぐにエネルギーになる糖質を感じるために欠かせません。ヒトの脳が使うエネルギーの大部分は単糖であるブドウ糖でまかなわれ，1日の所要量は約120gに達します。苦味の味覚が発達したのは，有毒な植物を食べないようにするためです。毒性のある物質のほとんどは強い苦味があります。ヒトには苦味の受容体が約25種類ありますが，甘味の受容体は1種類しかありません。つまり，有毒な物質を避けることは，エネルギーのために必要な甘い食べ物を感知することに比べても重要性が高いようです。ヒトの味覚は，甘い物質よりも苦い物質に対しておよそ1000倍敏感であることがわかっています。有毒な苦い物質はほんの少しでも避ける必要がありますが，エネルギーのために求められる甘い食べ物はずっと多くの量を消費します。だから，それぞれの味覚は異なるレベルの敏感さに進化したのでしょう。塩（塩化ナトリウム）は体内の水分レベルを一定に保つために必要なので，塩を感知する能力も非常に大切です。うま味は風味がいいとかコクなどと表現される味で，人体がつくり出せないタンパク質や必須アミノ酸を感知するために発達したと考えられます。アミノ酸は人体にとって重要な働きをするホルモンやDNAなどの材料になる栄養素であり，またエネルギーを補う役割も果たします。長期的にエネルギーを貯蔵するために必要な脂肪は，人体がつくり出せない2種の必須脂肪酸，リノール酸とα-リノレン酸の材料になります。酸味は

ほとんどの酸に共通する特徴です。ビタミンC，つまりアスコルビン酸は，人体がつくり出せないけれど必要な栄養素です。酸味はビタミンCを含む食べ物を感知するために進化したと考えられます。

　興味深いことに，人間は味覚に比べて嗅覚の方がずっと敏感です。におい分子の多くは，空気中に1兆分の1にも満たないレベルでも，ほとんどの人が嗅ぎ分けられます。1兆分の1は本当にごく微量で，時間にたとえれば3万2000年のうちの1秒にすぎません。たとえば緑色のピーマンの香りの成分を純粋に抽出すれば，1滴だけでも114m³のスイミングプール全体を緑色のピーマンの香りで満たせます。なぜ私たちはそんなににおいに敏感なのでしょうか。サバイバルに関していえば，答えは味の場合ほど明確ではありません。植物性・動物性タンパク質が分解すると，揮発性の高いアミンの生成により強いにおいが発生します。古くなった魚のにおいが典型的です。つまり，ヒトの嗅覚は，腐った食べ物を摂取するのを避けるために発達したのかもしれません。しかし，より可能性が高いのは，言語が発達する以前に，においを通したコミュニケーションの手段として，極微量でもフェロモンがかぎわけられるように嗅覚が発達したという説です。ヒトの鼻には約400種類もの嗅覚受容体があります。タンパク質でできた嗅覚受容体の生成に関わる一連の遺伝子は，ヒトの遺伝子で最大のグループを形成しています。ヒトは1万をはるかに超える種類のにおいを感知することができるのです。そして，味覚はDNAに組み込まれていますが，嗅覚は学習によって獲得されます。ヒトは鼻の穴から入ってくるにおい（オルソネーザル）だけではなく，のどから鼻に入ってくるにおい（レトロネーザル）も感知できます。食物をかんで飲み込むことで発生するレトロネーザルは，食物の風味を決定づける要素であることがわかっています。

　食物の風味は，味やにおいと違って，鼻や口で感じるものではありません。風味の感知は，味覚・嗅覚の受容体細胞から来る電子信号によって脳で行われます。味，におい，風味はそれぞれ独立しているのです。脳のさまざまなセンターが，口と鼻から送られてくるシグナルをもとに，風味のイメージをつくり出します。好きな食べ物への欲望は，脳内の三つの領域でつくられ，これらはセックス，麻薬，音楽への欲望をつくり出す三つの領域とまったく同じです。ですから，ヒトがエネルギーや栄養の必要を超えて食べ物に強い欲望を持つのも不思議ではありません。特定の風味に対する精神的イメージのよい例がほっとする食べもの（コンフォートフード）で，子どもの頃に好きになり，大人になってからも無性に食べたくなるような食べ物です。典型的なのはハンバーガー，フライドポテト，チーズとマカロニのグラタン，ピザなどで，子どもの頃に味を覚えたファストフードが食べたくなるのも同様です。好きなほっとする食べものに対する受容

体は増えるというエビデンスが示されており，つまりは時が経つにつれて好きな食べ物はさらに好きになります。好きな食べ物への欲望は，味やにおいの感覚，脳内でつくられる風味のイメージだけではなく，数多くの感覚から生まれます。食べ物を口に入れたときに感じられる食感（たとえば粘っこい，もっちりしている，カリカリしているなど），かむときの音（ポテトチップを食べるときの音など），温度，見るからにおいしそうな色や形など。そして何よりも，その食べ物を食べた状況と結びついた記憶が，好きな食べ物を決定づけるのです。

料理がヒトの脳に与えた影響

　脳内で風味のイメージがつくられるという事実は，料理がヒトの脳の進化にどんな影響を与えたかという疑問を投げかけます。火で食物を料理することは，ホモエレクトスの脳の進化と大型化に貢献しましたが，その要因として，食物から摂取できるエネルギーと栄養素が増すという事実だけではなく，料理によって食物がおいしくなることも，同じくらい重要だったのではないでしょうか。風味のイメージは，脳内で膨大な情報を複合的に処理した結果生み出されるものであり，大きな役割を果たしたと考えられるのです。ほっとする食べものを食べると味覚・嗅覚の受容体が増加し，その結果，脳内でより多くの情報処理が行われることがわかっています。甘味，うま味，苦味の受容体は，かなり最近になってヒトの消化器系に発見されました。ブドウ糖の吸収やインスリンの分泌など，幅広い身体的反応に役割を果たしています。これらの「味」の受容体が脳にメッセージを伝えると，食欲に関するさまざまなホルモンのスイッチが入ったり消されたりします。このような消化器系の受容体からの神経反応を調節することで，脳は活動量を増やし，発達が促された可能性が想像できます。さらに，初期の人類の食生活で肉の摂取量が増えたのは，焼いた肉がおいしかったからかもしれません。ヒトが生肉よりも加熱した肉にずっと強いうま味を感じることは，興味深い事実です。なぜこのことが重要かといえば，人体は糖新生によって，加熱した肉のタンパク質を消化して得られるアミノ酸をもとに，脳が必要とするブドウ糖をつくることができるからです。平均で，160〜200gのタンパク質を分解すると，1日の必要エネルギーである120gのブドウ糖ができます。健康なヒトの場合，タンパク質を分解して得られるアミノ酸は，ブドウ糖の合成よりも，人体を構築する重要な要素であるRNA，DNA，神経伝達物質などの合成に優先的に使われます。

　生の食物に含まれるタンパク質と炭水化物は，加熱調理によってずっと消化しやすく

なります。肉を長時間にわたって加熱することは，固くてかみ切りにくい結合組織のタンパク質の一種，コラーゲンを分解し，柔らかくて消化しやすいゼラチンに変えます。人体にとって生のデンプンは消化が非常に困難です。水と一緒に食べ物を加熱することで，乾燥したデンプンの粒子は糊化を起こして消化しやすい形態に変わります。

　タンパク質，デンプン，脂肪を分解して吸収しやすくするすべての消化酵素がいつ現れたのかははっきりしませんが，最も初期の人類の祖先が出現するよりもずっと前，数百万年前にさかのぼると考えられています。消化酵素は複雑な3次元の構造をもつタンパク質で，タンパク質，多糖（デンプンなど），それに脂肪を小さな断片に分解して吸収できるように変えます。ただし，分解できるタンパク質，多糖，脂肪の構造は非常に限られています。タンパク質は消化酵素のプロテアーゼによって小さなペプチドとアミノ酸に変わり，デンプンはアミラーゼによってマルトースや単糖のブドウ糖に分解され，脂肪はリパーゼによって遊離脂肪酸に分解されます。これらの消化酵素が，ヒトの進化の過程でより効率的な形になったことはほぼ確実です。400万〜500万年かそれ以前に生きていた最も初期の人類は，主に植物を食べていました（歯のエナメル質の同位体分析から明らかです）。そして，タンパク質と脂肪を効率的に消化できるように消化酵素が進化したのに先立って，まずはデンプンの消化酵素が進化したと考えられます。植物由来のデンプンをブドウ糖に変える消化酵素が最も初期に進化したことは，脳がブドウ糖を主なエネルギー源として用いるために，大きな役割を果たしたかもしれません。初期の人類が肉の摂取量を増やすにつれて，タンパク質と脂肪の消化酵素は構造を変えて効率を増し，人体はタンパク質と脂肪からより多くのエネルギーと栄養を吸収できるようになり，脳はより大型に進化しました。

原始の調理法

　料理に火を用いることは，その開始が40万年前であっても200万年前であっても，初期の人類の生物学的・社会的な進化にとって非常に重要な要素でした。物的証拠がないことから，初期の人類は数十万年の間，火のコントロールや使用の方法を変えることはほとんどなかったと考えられます。同時期に人類がかなり洗練された狩猟の道具をつくり上げ，6万4000年前頃には洞窟壁画を描いたことを考えると意外なことです。焼いた石の上で食物を料理したのが，料理の歴史の初期に起きた唯一の進歩だったという証拠があります。その後，約3万年前に，中央ヨーロッパで「土のオーブン」が誕生しました。これは大きな穴を地面に掘って，内側に石を敷き詰め，穴に熱い石炭と灰を入

図1.2

ニューヨークのメトロポリタン美術館に所蔵されている紀元前12世紀の古代中国の三足土器。細かいうねをつけて土器の表面積を増やし，熱効率を上げていました。

れたものです。食べ物をおそらく葉に包んで灰の上に置き，土で全体をおおい，食物を非常にゆっくりと焼きました。こうした古代のオーブンの内部と周囲からは，大型哺乳類を含む数多くの種類の動物の骨が見つかっています。これは，直火で肉を急速に焼く方法に比べて格段の進歩です。なぜなら，ゆっくり時間をかけて加熱することで，固い結合組織のコラーゲンがゼラチンに分解されるからです。この過程は少なくとも数時間を要し，動物の年齢や肉の部位によってはさらに長時間かかる場合もあります。動物の肩や後ろ足は筋肉の運動量が大きく，あばら近くのヒレ肉に比べて多くの結合組織を含みます。固い結合組織が分解されると，肉はかみやすく，消化しやすくなります。

　直火や熱した石の上で肉を焼く調理法に続いて，最も初期の料理の技術において見られた大きな進歩は，食物に水分を加えてゆでる調理法の発見で，これには大きな利点がありました。デンプンの多いイモ類を料理したり，肉から脂肪を抽出したりできるからです。約3万年前（後期石器時代）には，穴を掘って熱した石を敷き詰めた小型の地中オーブンのなかに湯を張って，肉や根菜をゆでるのに使ったというのが，考古学界で主流の考え方です。直火か熱した灰や石の上に，分解消失する容器を置き，そのなかで食べ物を煮炊きしたという意見もあります。残念ながら容器の考古学的証拠は見つかっていませんが，たとえ可燃性の容器でも，液体が入っていれば蒸発により気化熱が奪われるので直火で熱することができるという事実があります。したがって，後期旧石器時代よりもずっと前に，樹皮や木材や動物の皮でつくられた容器が煮炊きに使われていた可能性もあります。洗練された調理器具を示す最古の考古学的証拠は約2万年前のもので，火で加熱した形跡のある土器が見つかっています。科学者たちは，感度の高い化学的方法を用いて，日本で発見された土器の破片に魚や貝などの海産物由来の脂肪酸が含まれていることをつきとめました。こうした

土器は耐熱性の鍋として魚介類をゆでるのに使われた可能性があります。単純な土のオーブンが登場したのは，早くともその1万年後です。料理がヒトの進化に奥深い影響を与えたとしたら，熱した穴のなかでただ焼いたり，熱した石を使って煮炊きしたりするよりも洗練された調理法が，もっと早く発展していてもよさそうですが，そうした証拠がほとんどないのはなぜでしょうか。

　その質問に対する答えは，ジェイコブ・ブロノフスキー著『人間の進歩』(1987年，法政大学出版局)に見つかるかもしれません。数百万年以上続いた初期の狩猟採集生活では，人類は定住せず，常に食料を探していました。野生動物の群れを追っていつも移動していたのです。「毎晩が前日の晩のような夜であり，毎朝が前日と同じ旅の始まりでした」とブロノフスキーは書いています。常に移動していた人類は，重い調理器具を発明したとしても，それを日々の移動の際に荷造りして運搬するということはできませんでした。それから，最後の氷河期が終わる約1万年前に，移住生活の制約を受けつつも，創造と革新がようやく始まりました。気候の温暖化により食料が豊富になったおかげで，初期の人類は移動しなくても食料を容易に手に入れられるようになったのです。

コラム1.1　基本的な味覚はいくつある？

　基本的な味覚のうち甘味，塩味，酸味，苦味の四つは，古代ギリシアや古代ローマにはすでに認識されていました。かつては，それぞれの味は口内と舌の異なる部分で感知されていると考えられていました。しかし，こうした単純化は間違いで，実際には口内の全体，のどの奥，それに舌の上で複数の味を感じているのです。基本的な味を四つとする考え方は長年通説となっていましたが，1900年代初めに東京帝国大学理学部化学科の研究者，池田菊苗によってくつがえされました。池田は，日本料理のだしに使われる昆布の味を研究することを決め，それをうま味と名づけました。1908年，池田は1年間にわたる注意深い研究の結果，昆布のうま味のもとである純粋な化学物質をごく少量，分離することに成功しました。さらに，その物質の化学構造が，ヒトの食生活において重要な位置を占めるアミノ酸でありL-グルタミン酸ナトリウムとして知られていた物質と同じであることを証明したのです。さらに興味深いのは，グルタミン酸塩（カリウム，ナトリウム，カルシウム）だけがうま味を出すという事実でした。池田は，うま味が日本料理全般に見られる味であることから，それを第5の基本味と発表しました。しかし，日本国外では文化の違いから料理に海藻が使われることは珍しかったため，池田の主張が受け入れられ，うま味が第5の基本的な味として広く認められるようになるには長い年月を要しました。

　1913年には，池田の教え子である小玉新太郎が，やはり日本料理のだしに広く使われていたカツオ節の味のもとになる物質を特定する研究を行いました。小玉は，カツオ節のうま味成分が，核酸の一種でイノシン酸と呼ばれる化学物質であると発見しました。また，さらなる研究で，イノシン酸と化学構造が類似している核酸が，やはりうま味のある食品であるシイタケにも発見されました。うま味のもととなるヌクレオチドは，動物性食品・植物性食品の双方に見られます。たとえばマグロ，煮干し，牛肉，豚肉，鶏肉，パルメザンチーズ，トマト，キノコ類，それに醤油など大豆を原料とする発酵食品などです。1967年になると，グルタミン酸塩や別のアミノ酸であるアスパラギン酸をヌクレオチドと組み合わせることで，グルタミン酸塩，ヌクレオチドをそれぞれ単独で用いる場合に比べて，20倍もうま味が強まることが認められました。これは相乗効果，拡大効果と呼ばれる現象です。この結果，トマトソースとパルメザンチーズ，あるいは牛肉とマッシュルームといった組み合わせは，それぞれの食品を別に食べた場合に比べてずっと強いうま味があるのです。この発見のおかげで，料理人はグルタミン酸塩とヌクレオチドを含む食材を組み合わせて用いることで料理の味を高められるようになり，またうま味が第5の基本味としてより広く認められ始めました。1998〜2000年の間に，研究者たちは分子生物学を応用し，口内の味細胞にグルタミン酸塩を感知するためのタンパク質でできた受容体が存在することを証明しました。また，この発見によって，うま味はようやく第5の基本味として認められました。

　魚，肉，チーズ，大豆などタンパク質が豊富な食品の多くは，熟成させたり発酵させたりすることで，グルタミン酸塩とヌクレオチドの両方が生成され，魚を発酵させてつくるアンチョビや，パルメザンチーズ，ドライエイジングビーフ，発酵食品である醤油などに見られる強いうま味を引き出すことができます。これらの材料は，世界中で料理の味を引き出すために日常的に使われています。熟成により，タンパク質は，ペプチドと，うま味成分であるアミノ酸に分解されます。実際，グルタミン酸とアスパラギン酸は，豆類，穀物，食肉，卵，牛乳とチーズなどの乳製品，それに母乳に最も豊富に含まれるアミノ酸です。ヌクレオチドは，特にアンチョビなど魚を始めとする食品を発酵させることによっても生成されます。2000年以上前に，古代ローマ人は小魚を塩漬けにして数カ月間発酵させ，ガルムと呼ばれる魚醤（ぎょしょう）をつくっていました。ガルムは大人気で，さまざまな料理の調味に使われていましたが，古代ローマ人がそれを第5の基本的な味と認めることはありませんでした。その主な理由は，基本的な味は四つだけと固く信じていたからです。

　さらに最近まで，ヒトに感知できる基本的な味は五つと考えられていました。しかし，味覚が生存のためのメカニズムとして進化したという考え方が受け入れられると，ヒトの味覚で感知できる味はほかにもあると多くの人が考えるようになりました。最も論理的なのは，脂肪味を感知できるということです。なぜなら，脂肪は長期的なエネルギーを蓄えるためだけではなく，健康的な食生活のために必要な2種の必須脂肪酸で植物油に含まれるリノール酸とα-リノレン酸を摂取するためにも必要だからです。2012年，7番染色体に存在するCD36遺伝子が，中鎖および長鎖脂肪酸を口内で感知する味覚受容体のタンパク質生成に関わる遺伝子であることが確認されました。さらに，2015年にパデュー大学の研究チームが発表した研究によると，綿密に実施された味覚試験の結果，脂肪（正確には遊離脂肪酸）の味が第6の基本的な味であることを発見し，脂肪味を意味する新しい用語「オレオガスタス」をつくりました。（ラテン語でオレオは「脂肪」，ガスタスは「味」）を意味します。将来はほかにも基本的な味が発見されるかもしれませんが，現時点では，ヒトは甘味，塩味，酸味，苦味，うま味，脂肪味の六つの基本的な味を感知できるというのが通説になっています。

参考文献

Kurihara, K. "Glutamate: From Discovery as a Food Flavor to Role as a Basic Taste (Umami)." *American Journal of Clinical Nutrition* 90, supp. (2009): 719S-22S.

Pepino, M., L. Love-Gregory, S. Klein, and N. Abumarad. "The Fatty Acid Translocase Gene CD36 and Lingual Lipase Influence Oral Sensitivity to Fat in Obese Subjects." *Journal of Lipid Research* 53 (2012): 561-566.

Running, C., B. Craig, and R. Mattes. "Oleogustus: The Unique Taste of Fat." *Chemical Senses* 40 (2015): 1-10. https://doi.org/10.1093/ chemse/bjv036.

コラム1.2　食物に含まれるデンプンの顕微鏡的世界

　デンプンは，食物に含まれているさまざまな炭水化物のなかで最もよく見られる形態です。すべての植物は，二酸化炭素と水から光合成によってブドウ糖を合成します。ブドウ糖が合成され，デンプン，すなわち数千のブドウ糖分子の端と端が結合したポリマーになり，植物細胞に貯蔵され，エネルギー源となります。つまり，デンプンは小さなスペースに大量のブドウ糖を貯蔵できる効率のよい形態なのです。哺乳類は，グリコーゲンと呼ばれる巨大なポリマーとしてブドウ糖をたくわえます。グリコーゲンは，デンプンと構造が似ています。しかし，デンプンとグリコーゲンは，ある点において決定的に異なります。植物はブドウ糖を二つの形態でたくわえます。一つはアミロースといい，小さな直鎖状の分子で，ゼムクリップを長くつないだ鎖のような形をしています。そして，もう一つはアミロペクチンといい，ずっと大きくて，幹から長短の枝が枝分かれしている木のような形の分子です。典型的な植物の場合，アミロースとアミロペクチンを重量比で1：4の割合で産生します。しかしなかには，アミロースをほとんど含まない，いわゆるモチ性のデンプンを合成する植物もあります（第3章のコラム3.1「モチ性とウルチ性のジャガイモ」を参照）。どんな理由であれ，哺乳類は進化の結果，多岐に枝分かれしたブドウ糖ポリマーだけを産出し，直鎖状の小さなブドウ糖ポリマーは産出しないようになりました。

　植物によって産出されるアミロースとアミロペクチンの分子は，デンプン粒子と呼ばれる微小の粒子をつくり，エネルギー源として使われるまで植物細胞のなかにたくわえられます。アミロペクチンの分子は結晶構造とまとまりのない非結晶構造の層を交互に形成し，アミロースの分子は全体にランダムに散らばっています。アミロースの直鎖状の分子と，アミロペクチンの長い枝の端が，単独で，または絡み合ってらせん構造を形成します。多数のらせん構造がぎっしり重なり合うと，粒子のなかで秩序ある結晶の領域が生まれます。粒子の大きさや形は植物によって異なりますが，同じ種の植物では一定しています。図1は，ジャガイモの細胞の内部のデンプン粒子の顕微鏡写真です。ジャガイモは，一般的に食べられている野菜のうちで最大のデンプン粒子を含み，細胞1個あたり最多の粒子を含んでいます。

　デンプン粒子を水中で加熱すると，水を吸収して

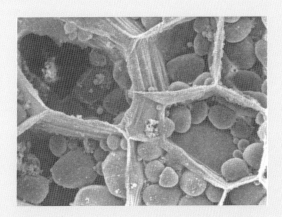

図1

ジャガイモの細胞の走査型電子顕微鏡写真（SEM）。細胞のなかの大きな粒子が見えます。液体などほかの成分は除去されています。マサチューセッツ工科大学のドン・ガラーによるSEMから引用（©News.MIT.edu, August 14, 2012）

まるで風船に空気を入れたときのようにふくらみます。水温の上昇につれて粒子は水を吸収して膨張し，一定の温度に達すると体積と粘性が最大になります。この温度は糊化温度と呼ばれ，トウモロコシ，小麦，ジャガイモ，米，ソルガムなどデンプンの種類によって決まっています。糊化温度は，デンプンの種類とデンプン粒子に含まれるアミロースとアミロペクチンの比率によって異なります。アミロースが高比率の場合，膨張は起こりにくくなり，糊化温度が高くなります。そのよい例が，米に含まれるデンプンです。短粒米，中粒米，長粒米では，含まれるデンプンのアミロースとアミロペクチンの比率が異なります。アミロースの含有量（重量比）は，長粒米が22〜28%，中粒米が16〜18%，短粒米が15%未満でアミロースをほとんど含まないこともあります（この場合モチ性のデンプンとなります）。長粒米は糊化温度が70℃を超え，モチ性の短粒米は62℃で糊化が始まります。長粒米がパラパラしていて短粒米が粘っこいのは，主にそのためです。短粒米は，かなり低温で粒子が弾けてデンプンの分子が放出するため，米の粒どうしがくっつき合います。長粒米はそうではありません。

　図2は，純粋なコーンスターチの粒子が加熱されたときに水を吸収し，膨張する様子を示したものです。60℃で粒子は膨張を始め，95℃でほとんど見えなくなるほど膨張しています。やがて粒子は弾けてアミロースとアミロペクチンを放出し，分子が絡み合った網状構造がつくり出されます。コーンスターチによってグレイヴィーやソースにとろみがつき，また冷蔵庫に入れると固まってゼリー状になるのはこのためです。

　パンは，含まれるデンプン分子が変化することに

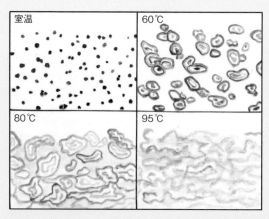

図2

コーンスターチを水中で室温（調理前のデンプン，左上）から95℃（右下）まで加熱すると，糊化が進み，コーンスターチの粒子の構造は徐々に変化していきます。最終的にはほぼすべての粒子が分解されて水中に分散しました。糊化したデンプンの粘性（ねばり気）が最高に達する温度は80℃で，95℃まで加熱すると粘性は大幅に減少します。（著者が紙に描いた水彩画）

よって，古くなると固くパサパサになります。焼き立てのパンは重量比35%の水分を含み，小麦のデンプンの粒子が膨張し，糊化した状態です。この段階では，デンプンとタンパク質の分子は大きくて水分を多く含み，柔軟性があり，ある程度移動することができます。パンが柔らかいのはそのためです。しかし，数日後，パンは固くなり，乾燥した感じになります。水分が蒸発したためだと思われがちですが，実際にはそうではありません。パンが古くなると，アミロースの分子が，らせん構造を形成し，箱に入れた鉛筆のようにぎっしり密集して結晶構造をつくり，この結晶構造ができた領域に水分子を取り込みます。その結果，パンは乾燥したように見えるだけで，実際には水分が大きく減ったわけではありません。結晶構造によって，パンは固くなるのです。

アミロペクチンの長枝の端も同じような変化を見せますが，結晶化した領域は比較的短く，アミロースの長鎖ほど強固な構造ではなく，そして少し熱を加えると元に戻ります。古くなってパサパサに固くなったパンを，少し電子レンジで温めると，アミロペクチンの比較的不安定な結晶がゆるんで，とらえられていた水分子が放出され，少なくとも一時的にパンが柔らかくしっとりします。糊化したデンプン分子が時間の経過によって結晶構造を形成する過程を老化と呼びます。デンプン分子は室温でも老化（結晶化）しますが，この変化は冷蔵庫のなかではずっと早く起こります。ですから，パンが固くなるのを防ぎたければ，冷蔵庫に入れるのは逆効果なのでやめましょう。ただし，冷蔵庫で固くなったパンも，短時間電子レンジにかけることで元に戻ります。また，パンは冷凍保存もできます。水分子が凍るとデンプン分子も凍って，老化を防げます。解凍すれば柔らかくしっとりしたパンに戻ります。

　ここで最後に触れたいポイントは，食品に含まれるデンプンについてです。ほとんどのデンプンは，加熱によって糊化した場合は特に，急速に消化されてブドウ糖になり，すみやかに身体に吸収され，血糖値と血中インスリンを引き上げます。食べてから数時間以内に吸収されるブドウ糖の量を，その食品のグリセミック指数と呼びます。グリセミック指数の高い食べ物は，より多くのインスリンを急速に血中に分泌させ，脂肪細胞に蓄えられる脂肪の量に影響します。老化したデンプンは消化酵素によって消化されにくいため，そのほとんどが大腸まで通過し，腸内細菌によって消化され，酪酸やプロピオン酸などの短鎖脂肪酸になります。大腸の内側をおおう細胞は，これらの短鎖脂肪酸をエネルギーとして使います。老化したデンプンは，消化しにくいことから難消化性デンプンとも呼ばれ，プレバイオティクスとして作用し，大腸細胞によい影響を与えます。老化したデンプンは消化によってブドウ糖にならないため，老化したデンプン，すなわち難消化性デンプンを含む食品のカロリーは，米，ジャガイモ，焼き立ての白パンなどのデンプンを多く含む食品よりも低くなります。難消化性デンプンの量は，デンプンのアミロース含有量に比例します。豆類はアミロースが多く，ひいては難消化性デンプンが多いことから健康な食品といえます。難消化性デンプンがとれる豆類が勧められるゆえんです。

参考文献

Buleon, A., P. Colonna, V. Planchot, and S. Ball. "Starch Granules: Structure and Biosynthesis." *International Journal of Biological Macromolecules* 23 (1998): 85-112.

Crosby, G. A. "Resistant Starch Makes Better Carbs." *Functional Foods and Nutraceuticals* (June 2003): 34-36.

Tester, R. F., and W. R. Morrison. "Swelling and Gelatinization of Cereal Starches. I. Effects of Amylopectin, Amylose, and Lipids." *Cereal Chemistry* 67, no. 6 (1990): 551-557.

Thomas, D. J., and W. A. Atwell. *Starches*. St. Paul, MN: Eagan Press, 1997.

コラム1.3　食べた物はどうなる？

　人間の免疫システムは，タンパク質や複合多糖類など，異物である大きな分子から身体を守るように進化してきました。食物の95〜98％（重量比）は，四つの多量養素（水，炭水化物，タンパク質，脂肪）で構成されています。水と単糖を除くと，多量養素はどれも非常に大きな分子で，まずは小腸で消化酵素によってずっと小さな分子に分解されることで，身体が吸収できるようになります（消化酵素は多くが膵臓（すいぞう）でつくられます）。分子はそれから胃腸の内側をおおっている細胞の細胞膜を通って運搬できるようになります。食べた物は，まずは胃腸で小さな分子に消化しないと，栄養として使うことはできません。デンプンなどの複合多糖類は単糖に分解，タンパク質はアミノ酸や小さなペプチド（2個または3個のアミノ酸が結合したもの）に分解，そして脂肪は独立した脂肪酸とグリセロールに分解される必要があります。

　食物の消化は口内で始まります。デンプンの一部は口内で単糖に消化されます。それから胃に移動してごく少量の栄養が吸収され，次に小腸へと移り，消化の大部分が行われます。糖やアミノ酸などの単純な水溶性の分子が，循環器系の血液に直接入り，それから肝臓へと運ばれます（肝臓で多くが代謝されます）。一方で，油溶性の脂肪酸のほか，コレステロールや油溶性ビタミンなどの脂質はまずリンパ系に運ばれ，それから循環器系の血液によって心臓へと送られます。小腸は，十二指腸，空腸，回腸の三つの部分があり，順に上から下へと並んでいます。小腸の全長はおよそ3mですが，表面に折り目や小さな突起（腸絨毛（ちょうじゅうもう））が数多く存在しているため，表面積が非常に大きくなっています。この結果，栄養の吸収をする小腸の表面積は，同じ直径と長さの円柱の600倍にも及びます。未消化の食べ物は，口に入ってから小腸を経由して約4時間で大腸に到達し始め，約8時間後に全部が到達します。

　食べ物のうち小腸で消化吸収されない部分は，大腸に入って腸内細菌による代謝（発酵）が行われますが，そのほとんどを代謝（発酵）させるのは，数十億個ある善玉菌です。回腸を通って上行結腸（じょうこう）に入り，次に横行結腸に移動し，下行結腸（かこう）を経て便として排出されます。大腸では，食べ物の運搬と代謝が小腸よりもずっと遅く，排出までに1週間かそれ以上かかることも珍しくありません。上行結腸では未消化の食べ物の発酵のほとんどが行われ，下行結腸では水分や水溶性の塩の吸収が行われます。下行結腸ではさらに便が形成されますが，便の重量の60％は腸内細菌の死んだ細胞です。

　大腸に入る未消化の食べ物は，主に難消化性の食物繊維（大部分が複合多糖）です。その1〜10％は，食べ物と一緒に摂取されたデンプンのうち小腸で消化できないものです。いわゆる難消化性デンプンは，全粒穀物（ぜんりゅう）と豆類に多く含まれ，タンパク質との結びつきにより消化できないか，結晶構造を有するために小腸の消化酵素には消化できないという特徴があります。全粒小麦を精製して粉にすると，タンパク質とデンプンの複合体が分解されて，小腸で消化できるデンプンが大幅に増えます。また，穀物の粒や豆を料理すると，デンプンの結晶構造のほとんど

が分解され，ずっと消化しやすくなります。大腸に入るほとんどすべての難消化性デンプンは，腸内細菌によって代謝されて短鎖脂肪酸（炭素数が2〜4個）になり，大腸の下部の表面をおおう細胞に必要とされるエネルギーの60%を供給します。この過程で，腸内細菌は水素，メタン，二酸化炭素を，水溶性の難消化性食物繊維と難消化性デンプンからつくり出します。その結果，不快なガスや腹部膨満感が生じることがあります。ヒトは生のデンプンをほぼ消化できません。しかし初期の人類が，イモ類などの高デンプン質の食品を料理したことで，より多くの栄養がエネルギー源として使用できるようになり，また消化不良にならずに済むようになったのです。

　現代人のタンパク質の推奨量は，体重70kgの大人の場合で1日56gです。今日の欧米の典型的な食生活では，その2倍のタンパク質が消費され，すべてが効率的に消化吸収されています。ホモエレクトスなど最も初期の人類は，どれくらい効率的にタンパク質を消化していたのでしょうか。正確にはわかりませんが，進化の過程で，約200万年前には効率的にタンパク質を消化するための消化酵素（プロテアーゼと呼ばれる）のすべてをもつようになったと考えられます。豆類や，小麦・ソバ・米などのふすまなどには，トリプシン阻害物質と呼ばれる小さなタンパク質が含まれることから，最も初期の人類はタンパク質を完全に消化する能力をもたず，摂取したタンパク質を十分に吸収できなかった可能性があります。幸い，料理によってタンパク質は消化しやすくなり，上述の食品に含まれるトリプシン阻害物質は水分を加えて煮炊きすることで不活性化します。したがって，これらの食品が煮炊きされるようになったのはいつかを知ることが重要になってきます。料理が初期の人類の進化に影響を与えた可能性が，ここにも示されています。

参考文献

Tso, P., and K. Crissinger. "Overview of Digestion and Absorption." In *Biochemical and Physiological Aspects of Human Nutrition*, ed. M. H. Stipanuk, 75-90. Philadelphia: Saunders, 2000.

レシピ1.1　アサリソースのリングイネ

材料（2人分＊下記の注を参照）

新鮮な殻付きのアサリ
12個

エクストラバージン
オリーブ油　大さじ2

タマネギ　中1個
（みじん切り）

ニンニク　2かけ
（みじん切り）

辛口ベルモット
1/4カップ

アサリの缶詰　2缶
（刻んで煮汁に漬けたもの，184g相当）

イタリアンパセリ
1/4カップ
（みじん切り）

リングイネまたは
スパゲッティ　170g

レモン汁　大さじ1

おろしたてのパルメザン
チーズ　適量

＊注：アサリの缶詰を
3個使えば4人分に十
分な量のソースができ
ます。

※アメリカの1カップ
の容量＝約237cc

　数十年前から数え切れないほどの回数にわたり，このレシピをつくってきました。毎回同じようにおいしくできます。秘訣はアサリソースの豊かな風味です。刻んで煮汁に漬けたアサリの缶詰を使うことで，簡単に手早く，とてもおいしい一品ができます。豊かな味と香りのもとである成分は，確認されたなかでは最も低濃度である1兆分の5〜10，すなわち千兆分の0.01という低濃度でもヒトが感知できます。これは本当に微量で，時間でいえば地球の年齢（45億年）のうちの千兆分の1は，たった2分半です。詳しい説明はコラム4.1「大きな数と小さな数」を参照してください。この成分の化学名，つまり有機化学者が化学構造を定義するときの名前は，ピロリジニル(1,2-e)-4H-2,4-ジメチル-1,3,5-ジチアジンです。硫黄を含む成分の多くと同様に強い香りで，アサリやエビをゆでると微量に生じます。刻んだアサリの缶詰を開けてちょっと嗅ぐだけで，その香りをはっきりと感じられるでしょう。

　この料理には殻つきのアサリを加えて仕上げるのがおすすめです。主な目的は飾りのためで，特に味をよくするわけではありませんが，殻からアサリを外して食べるのは楽しいものです。スーパーで見つからなければ，あるいは面倒ならば，入れなくても構いません。

つくり方

　殻つきアサリを1時間ほど冷水につけ，水を切ります。

　ステンレスの鍋（25cmくらいの大きさ）を中火にかけ，オリーブ油とタマネギを加え，時おりそっとかき混ぜながら，タマネギが柔らかくなり，ただし焼き色がつかないくらいまで，5分ほど炒めます。ニンニクを加え，さらに1分間，時おりかき混ぜながら炒めます。火からおろし，1分間ほど冷まします（ベルモットが熱い鍋のなかではねるのを防ぐため）。ベルモットを加え，再び中火にかけます。ベルモットのほとんどが蒸発したら，缶詰のアサリを煮汁ごと加えます。強火にして，鍋のなかの液体が1/3くらいになるまで煮ます。殻つきのアサリとパセリを鍋全体に散らして入れ，ふたをして，アサリの殻がすべて開くまで煮ます（殻が開かないアサリは取り除きます）。殻が開いたアサリは，トングで2枚の皿のふちに6個ずつ並べます。ひきたてのコショウをアサリソースに加え（缶詰のアサリは十分な塩気を含んでいるので，通常，塩は必要ありません），火から下ろしておきます。

　ソースができる間に，大きな鍋に湯を沸かし，塩を加え，リングイネをアルデンテにゆでます。ゆで汁を切り，1/2カップほど取り分けておきます。パスタを鍋に戻し，熱いアサリソースを加えます（殻つきアサリは加えません）。レモン汁を加えて全体を混ぜます。ソースが濃すぎるようなら，ゆで汁を少量加えます。ソースはリングイネ全体に行き渡り，なおかつ水っぽくならないように，1/3カップくらいがちょうどいいでしょう。ソースをあえたリングイネを，殻つきアサリを飾った皿の中央に盛りつけ，おろしたてのパルメザンチーズを添えます。

2

農業の始まりと調理の革命
（1万2000年前〜1499年）

農業の始まりがすべてを変えた

　1万2000年前，最後の氷河期が終わり，新石器時代が始まると，事態はすっかり激変します。農業革命が始まり，移住生活をしていた人類は定住して集落を形成し始めます。このことはどのように可能になったのでしょうか。エンマーコムギや二条オオムギなど，氷河期の終わり以降に出現した野草の新しい変種の種が集められ，保管され，植えられました。そして次の季節に収穫されたかもしれません。この変化が最初に起きたのは，肥沃な三日月と呼ばれる地帯（ヨルダン，シリア，レバノン，イラク，イスラエル，それにイランの一部）でした。1年間食べていくに十分な食料が，たったの3週間で収穫できるようになったのです。大量の食料を一度に収穫できるようになったことで，当時の初期の農民たちは，場所を移動することができなくなりました。食料をすべて安全に保管するための動かせない建造物をつくらなくてはならなかったからです。これにより，恒久的集落がつくり出されました。農業革命は，数千年かけて世界のほかの地域にも広がっていきました。この分野の研究の先駆けとなったのが，ロシア人科学者ニコライ・バビロフの1930年代の研究と，アメリカ人科学者ロバート・ブレイドウッドの1940年代の研究です。これによれば，過去数千年にわたり，人々は世界の七つの独立した地域で，いずれもその地域が原産の植物を栽培し，動物を家畜化して暮らしてきました（概要は表2.1を参照）。バビロフは不幸なことに，進化に関する革命的な意見を示したことで問題視され，1940年にスターリン政府により投獄され，その研究は未完に終わりました。

　約1万2000年前，氷河期が終わる頃，初期の人類は肥沃な三日月地帯では野生のコ

図2.1

ピーテル・ブリューゲル「穀物の収穫」，1565年（ニューヨーク・メトロポリタン美術館所蔵）

表2.1
初期の植物の栽培化と動物の家畜化が行われた地域と時期

地域	栽培化・家畜化された動植物	時期
肥沃な三日月地帯	コムギ, オオムギ, ヤギ, ヒツジ, ウシ	1万年前～8000年前
中国南部	コメ, ブタ	8500年前
中国北部	ニワトリ, アワ	7800年前
中米	トウモロコシ, マメ	7500年前
南米	ジャガイモ	5000年前
サハラ以南のアフリカ	ソルガム	5000年前
北米	ヒマワリ	4500年前

出典: B. D. Smith, *The Emergence of Agriculture* (New York: Scientific American Library, 1995) の情報を
もとに作成

ムギやオオムギを豊富に収穫していましたが, 植物の栽培化や動物の家畜化を示す証拠
はありません。栽培化・家畜化とは, 野生の動植物を森林や野原で採集するかわりに,
人間の食料とするために動植物を育てることを意味します。それから, 1万年前～
9700年前のおよそ300年間で, 栽培化・家畜化された動植物の最初の証拠は, ヨルダ
ン渓谷南部のエリコの古代集落周辺に出現し始めました。300年という比較的短い間
に, コムギやオオムギなどの植物の種子が大型化し, 動物の骨は小型化しています。考
古学者がそうした変化を調査の手がかりにすることには, 理論的な裏づけがあります。
初期の人類は, 撒く種子を選別し始め, 大きな種子を選ぶようになりました。そのほう
が, 種子に貯蔵される栄養素が多く生育が早いからです。その結果収穫できる穀物は生
育が早く, 雑草に負けずに育ち, 収穫量が多くなります。そして, さらに大きな種子を
もたらします。初期の人類は, コムギの種子を, 収穫中に穀粒をとどめた穂先から選び,
野生種のように風で散りゆくままにすることはありませんでした。植物に種子をとどめ
ておく短い茎である花軸は, 年月を経るごとに短くかつ太くなっていきました (図
2.2)。DNA分析の結果, 栽培種と野生種の種に見られる違いは, 植物のゲノムに由来
していることがわかりました。こうした変化は, より好ましい特徴をもつ植物を人間が
選択した結果起きたものです。これらの栽培種は, 人間の介入により遺伝子組換えが起
きた最初の植物といえるでしょう。同様に, 家畜化されたヤギとヒツジも選択の結果,
従順な性質を身につけ, 囲いのなかで飼い主の残飯をえさにして生きるのに適するよう
になりました。その結果, 小型化しました。栽培化された植物と, 家畜化された動物の

野生のコムギの穂　　　　　栽培化されたコムギの穂

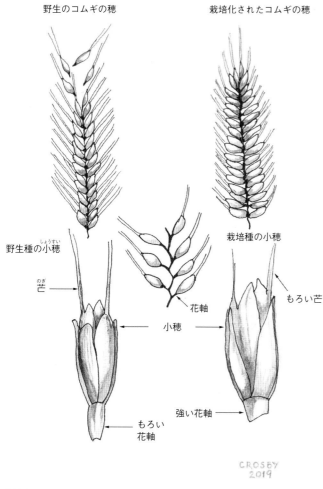

野生種の小穂

芒（のぎ）

花軸

小穂

栽培種の小穂

もろい芒

強い花軸

もろい花軸

CROSBY
2019

図2.2

野生種と栽培種のコムギの比較。種をコムギに留めておく花軸（小穂）の太さの違いに注目しましょう。栽培種のコムギの花軸は太いので，風で種が散るのを防ぎます。著者によるイラスト（紙にインクと水彩）。原案は Bruce D. Smith 著 *The Emergence of Agriculture* (Scientific American Library, 1995), 73のイラスト

外見的特徴に見られたこれらの変化は，ヒトが食料の生産を始めるなかで起こったのです。

　農業が出現してから数千年の間に，新しい食料と調理法が出現し，大きく発展しました。ヒトの進歩において大きな意味をもつ時代の到来です。移動する生活をやめて，より安全な集落に定住する生活に移行したのは，非常に重要な変化でした。このおかげで，人類は技術を始めとするさまざまな分野においてめざましい進歩を遂げられるようになったのです。数千年の間に，小さな農村は大規模で恒久的な集落に発展しました。エリコ（現在のパレスチナ東部で発見された遺跡）はおそらく世界最古の恒久的集落であり，1万年前〜9700年前の農業の発達に関する正確な証拠をとどめています。エリコに初めて狩猟採集民が定住したのは，およそ1万1000年前のことです。目的は，永続的な水源である泉が散在するオアシスの近くに暮らすことでした。エリコの遺跡で最古の部分，0.1ヘクタールに満たない場所を発掘した考古学的調査では，栽培植物の種も飼育動物の骨も痕跡は見つかりませんでした。最初に栽培化されたエンマーコムギの種が出現し始めたのは9700年

前で，最初期の農業集落は2.5ヘクタール前後に拡大し，おそらく300人ほどのヒトが泥レンガの家で暮らしていたと考えられます。8000年前までに，エリコは3.2〜4ヘクタールにわたる恒久的な農業集落に発展しました。同じ頃，エンマーコムギと野草と

の交雑でパンコムギが生まれました。パンコムギは，グルテンを生成するタンパク質の含有率が高いのが特徴で，これは酵母発酵のパンづくりに欠かせない条件です。こうして，現在も世界中のほとんどの地域で栽培され，使用されているのと同様のコムギが出現したのです。

　世界のほかの地域でも，同様の変化は起きていました。7800年前〜8400年前の稲作の証拠が，中国の揚子江の水源近く，湖北盆地にある彭頭山で見つかりました。同じ集落では中国で発見された最古の住居構造も見つかっていて，放射性炭素年代測定によれば，7815年前〜8455年前のものです。これは，エリコと同時期に世界の別の地域でも恒久的な集落が形成されていたという確かな証拠です。中国北西部の黄河流域の裴李崗では，9000年前〜7500年前に，住人たちが狩猟採集民から農民へと変化を遂げ，アワの栽培が始まったことがわかっています。デンプンが豊富なアワは脚つきの石臼と石棒でひいて粉にしてから，さまざまな料理に使われました。私たちにとってとりわけ興味深いのは，最近中国青海省の喇家遺跡で，初期の形態の麺が土器の碗のなかで発見されたことです。放射性炭素年代測定で4000年前のものであることがわかりました。まるで，ゆでたての麺を誰かが食べていたら，洪水や地震などの自然災害によって突然食事を中断されたかのようです。その長くて細い麺がつくられた時代は，イタリアで発見された伝統的なコムギを使った麺よりも2000年さかのぼることになります。

歴史上最も重要な技術革新

　多くの考古学者が，食料を生産することは歴史上最も重要な技術革新だったと考えています。それはどうしてでしょうか。農業の出現から5000〜7000年後，世界人口は300万人から1億人へと爆発的に増えました。比較的短いこの期間で，初期の人類の人口増加は，それに先立つ400万〜500万年間の人口増加のおよそ35倍にも達したのです。恒久的な集落のおかげで生活が安全になり，出産と育児に費やせる時間が増えただけではありません。動物を家畜化し，より多くの種類の穀物を栽培化することが可能になりました。また，エネルギーが豊富に得られて栄養価の高い肉や乳製品が安定供給され，新しい食品や調理方法の発明など，工夫のための時間も生まれました。農業の発展は革新を生み，そこから人類史上初めて科学的原理が引き出され，観察できる事実をもとに新しい知識を獲得していく道が開かれました。

　パンコムギの粒をひいた小麦粉と水でつくったパンを焼くために，地上に粘土のオーブンがつくられるようになったのも同じ頃です。栽培コムギのパンが焼かれるようにな

るよりもずっと前に，野草から取った種をひいて粉にし，水と混ぜて，熱い石の上で焼いていたと考えられます。いずれにしても，パンづくりの習得は驚異的な発見であり，試行錯誤を重ねることによって達成できたと考えられます。調理と試食，そして原始的な形態のパンを改善する方法を学んでいくことによって，科学的なアプローチに基づいて新しい形態の食品を発明した最初の例であり，注目に値します。最も初期に野草が栽培化された例の一つがコムギであったという事実は奇跡的です。なぜならコムギは，発酵したパンをつくるのに必要とされるグルテンを形成できるタンパク質を十分に含む唯一の穀物だからです。ほかの穀物に含まれるタンパク質は，小麦に比べて効率が悪いのです。コムギを使ったパンづくりには，硬いコムギの粒をひいて細かい粉にするための重い石器をつくることも不可欠でした。こうしてコムギなどの穀物が主要な食料となった結果，栽培化・家畜化された食品は，農耕以前の時代の食べ物に比べて種類が少なくなりました。ヒトの食生活の中心として穀物の消費が増えたことの長期的な重要性については，今も研究と議論が続いています。

　古代エジプト人が酵母を使って発酵させたパンを世界で初めて焼いたのは，5000年前にさかのぼります。さらに，酵母使用の技術を応用して，アルコール飲料をつくりました。そのプロセスの発見はほぼ同時期に実現しました。エジプト人から学んだ方法をもとに，古代ギリシア人は小麦粉の製粉方法と，パンの生地づくりと焼き方を大幅に改良しました。酵母を入れたパン生地のふくらみを抑制するふすまを取り除くために，小麦粉をふるいにかけて白い小麦粉をつくりました。また，パンコムギをひいて小麦粉にする方法を発展させ，セモリナ粉のパンもつくるようになりました。古代ギリシアでは70種類ものパンがつくられ，パンは当時最も消費量の多い食品だったといわれています。パンを焼くために，前面から出し入れする形式の土のオーブンが初めてつくられたのも古代ギリシアで，これは今日の薪で焼くピザ窯とほとんど違わないものです。古代エジプト人も負けておらず，4500年前〜3800年前にはこれを一歩進歩させて，泥レンガでオーブンをつくりました。エジプトの泥レンガのオーブンは，前面から出し入れするオーブンとは違ってドーム型ではなく，天井が平らでした。平らな天井は進化して，鍋や浅鍋を熱するための調理台となり，この進歩によって「調理用レンジ」がつくられ，続いて3000年前には火鉢が登場しました。火鉢はレンガのオーブンよりも小さく，炭火を熱源とし，持ち運びができて，採暖にも調理にも使われました。最も初期の火鉢は土でつくられましたが，やがて青銅器時代の初めにはより丈夫な青銅器でつくられるようになりました。

農業の出現が，調理の進歩を引き起こした

　古代エジプト人は，少なくとも3000年前に，アブラヤシの実から油を抽出する方法を習得して油で食べ物を揚げるようになり，これによって調理における次の大きな進歩を遂げたと考えられています。こうして，直火であぶることから始まった調理は，湯でゆでる方法を経て，油脂で揚げるところまで進化したのです。初期の人類は，これより前に動物の脂を使って調理していた可能性もありますが，はっきりとはわかりません。沸騰時の水温は100℃に保たれます。蒸気も100℃を維持しますが，沸騰水の5倍のエネルギーを含んでいます。

　水の沸点が100℃であることから，ゆでる場合は，食品が調理される最高温度も100℃に限られます。固形の動物の脂と液体の油はそれよりもずっと高い170℃にまで達し，新しい形態の調理を可能にし，従来とは違った風味を生み出します。沸騰させた湯でゆでる場合に起きる風味の変化は，油脂で揚げる無水調理の場合とはかなり異なります。したがって，同じ牛肉でもゆでた場合と油で炒めた場合ではかなり味が違いますし，ゆでたジャガイモとフライドポテトもかなり違います。揚げ油は酸化を起こし，食品に含まれる水分が除去されて，かわりに油が入ることで独特の風味をもたらします。直火であぶる，湯でゆでる，そして油で揚げるというそれぞれの調理法は，どれも違う風味を生み出すのです。複数の記録によれば，エジプト人がパーム油を料理に使うようになってまもなく，古代ギリシア人もオリーブ油で食品を揚げるようになりました。オリーブの木は5000年前に栽培化が始まり，オリーブから油を抽出する技術もそのすぐ後に発明されたと考えられています。古代のエジプト人とギリシア人の間に競争と技術交換の双方が見られたという事実が，調理の科学の初期の進展に大いに役立ったわけです。

　しかし，油で食品を揚げることで，揚げるのにふさわしい調理器具という新たな問題が生じました。先に述べた通り，ゆでる場合，蒸発する水が熱を奪うため，ほとんど調理器具を選びません。したがって，ほとんどどんな器でも沸騰させた湯で食品をゆでるのに使うことができます。しかし，揚げ油は加熱時にも蒸発しないので，器から熱を奪いません。そこで，レンガのオーブンか火鉢の平らな表面で熱することができる不燃性の器が必要となります。目の荒い土器が7000年前〜8000年前の間につくられるようになりましたが，最も初期の土器は，調理ではなくもっぱら液体の保存に使われたと考えられます。およそ3000年前の古代ギリシアでは，陶器の鍋や浅鍋がつくられていたという証拠が見つかっています。これらはきめの細かい土を原料に高温で焼いてつくられていて，油で揚げるのにも向いていました。それよりも1万5000年も前に，日本列

島で暮らしていた初期の人類は，火で焼いた土器をつくっていたという事実があります。この技術が地中海沿岸地域に伝わるまでにこれだけの時間が必要だったのかもしれません。あるいは，比較的近い肥沃な三日月地帯で粘土のオーブンをつくるのに使われていた技術をもとに，不燃性の器をつくる技術が発展した可能性の方が高そうです。

　植物油で食品を揚げる調理法は，それにふさわしい調理器具が発明されると，急速に普及しました。オリーブ油などの植物油は，健康によい一価不飽和脂肪酸と抗酸化物質を豊富に含んでいますから，人類にとって好ましい変化だったといえるでしょう。オリーブ油の使用が広がったことによって，種子やナッツからも油がつくられるようになりました。これらの油は，健康によい多価不飽和脂肪酸を豊富に含んでいました。動物由来の飽和脂肪酸の摂取量が多かった従来の食生活に，健康によい植物油が加わったのは有益なことでした（パーム油は飽和脂肪酸をかなり高レベルで含んでいますが，一価不飽和脂肪酸と多価不飽和脂肪酸も豊富です）。ヒトの体は数百万年にわたって進化しましたが，二つの必須多価不飽和脂肪酸であるリノール酸とα-リノレン酸をつくるのに必要な酵素をつくれるようには発達しなかったため，それらを食事で摂取しなくてはなりません。リノール酸とα-リノレン酸は順にオメガ6脂肪酸とオメガ3脂肪酸とも呼ばれ，人体において数多くの大切な役割を担う一連の重要な化合物であるエイコサノイドの合成に不可欠です。実際，これら二つの脂肪酸をつくるのに必要な酵素を合成できる哺乳類は存在しません。私たちは，これら二つの必須の化合物を，もっぱら植物と植物性油（および植物を食べる動物に由来する脂肪）からの摂取に依存しています。これは，人類の祖先の食生活による結果かもしれません。人類の祖先が食べていたのは大部分が植物で，そこから二つの必須脂肪酸が豊富に得られたので，リノール酸とα-リノレン酸をつくるための酵素を発達

図2.3
世界で最初のレシピが書かれた3750年前のアッカド語の粘土板のうちの1枚。イェール大学バビロニアコレクションの許可を得て写真を掲載

させる必要がなかったと考えられるのです。

　新石器時代の終わりまでに，農業，食品，調理に大きな変化が起こりました。イェール大学のバビロニアコレクションには，3750年前にさかのぼるアッカド語の粘土板と呼ばれる一連の粘土板があり，実存する世界最古の料理レシピです（図2.3）。この粘土板は，ティグリス川とユーフラテス川にはさまれたメソポタミアのものです。レシピを見ると，当時の食品が驚くほど豊富で多様だったことがわかります。レシピに取り上げられている料理に含まれる食材は，バラエティ豊かな畜肉，家禽類，魚，貝，穀物，野菜（根菜を含む），キノコ，それに多種の果物，ハチミツ，乳，バター，動物性脂肪，植物油（ゴマ油とオリーブ油を含む），数多くの種類のパン，ビール，ワインなどです。1枚の粘土板には，25種の煮込み料理，21種の肉料理，4種の野菜料理のレシピが書かれていて，驚くほど豊かで洗練されています。煮込み料理には幅広い種類の肉と野菜を使い，土鍋でゆっくり煮たのち，多種のハーブやスパイス，それにビールやワインで味付けされています。古代エジプト人とギリシア人，それにのちにローマ人は，支配階級のための大規模な宴会を開くのに，豊富に手に入るようになっていたさまざまな食材を活用したのです。

　およそ2500年前の中国人は，大豆の保存法として，塩漬けの大豆のペーストを発酵させるプロセスを発見しました。この発酵させた大豆ペースト（味噌）が日本に伝わると調味料として使われ，長年にわたる改良を経て醤油になりました。同じ頃（2700〜2500年前），中国人は鉄の鉱石から鋳鉄をつくる方法を世界で初めて発明し，比較的そのすぐ後の漢王朝時代（2200〜1800年前，伝統的中国料理が発展したとき），初めて鋳鉄の中華鍋が誕生し，高温のゴマ油で食品を揚げるのに使われました。すぐに，中国人は高温に熱した中華鍋で食品を炒める技術を確立しました。有名な中国人シェフのアイリーン・インフェイ・ロウは，中華鍋で食品を炒めることを，火を通しすぎずに完璧な状態まで加熱するための調理のプロセスだと述べています。これは「脆」と呼ばれ，「手早いプロセスできちんと行うと，加熱しすぎることなく，食材の組織が破壊されず，キレがよく焦点が定まった味になる」のです。これを成功させるには，すべての食材を一口大に切って準備しておき，その食材に合った完璧なタイミングで中華鍋に入れなくてはなりません。この調理法により，アジア料理が独自の道を歩み始めたのは間違いありません。

最初の科学的理論が生まれた

　さて，ここで私たちが到達するのは，古代ギリシアの学者たちが，「仮説を立て，検

証を行い，観察できる事実に基づいて疑問に答える」という科学的方法により，物質の性質についての理論を発展させ始めた時点です。このような理論は，調理について科学的に考えるために不可欠です。最初の理論は，約2600年前の古代ギリシアの哲学者，タレスによって生み出されました。タレスは全宇宙の仕組みを説明することを目指し，そのうち物質の状態については元素の概念で説明しました。ただし，タレスの元素は今日の周期表の元素とは異なります。タレスとその弟子の哲学者たちは，土，水，空気，火の元素を，それぞれ固体，液体，気体，熱を表すものととらえていました。これら四つの元素は変換可能で，水は凍ることで固体（土）になり，火で熱して蒸気を生み出すことで気体（空気）になります。最終的には約2300年前，アリストテレスがさまざまな理論を統合し，包括的な概念を編み出しました。アリストテレスは，私たちが見たり触ったりできるものはすべて物質と形の組み合わせだと説明しました。それぞれの形は，熱，冷，湿，乾という相反する性質によって構成され，これによって四元素のそれぞれの性質が決まります。土は冷と乾，水は冷と湿，空気は熱と湿，火は熱と乾の性質をそれぞれもっていて，元素は相互に転換することが可能です。アリストテレスは，ソクラテス以前の古代ギリシアの哲学者であるデモクリトスが100年ほど前に唱えた考え方を踏まえ，四元素について「構成要素である原子」によってできていて，原子がすべてを構成する最小の単位だと考えました。これは驚くべきことです。アリストテレスとデモクリトスは，原子の存在が証明されるよりもずっと前に，それを予見していたのです。ようやくジョン・ドルトンが原子論の概念の正確な証拠を示したのは，1805年のことでした。ウィリアム・ブレイクが1803年に詩「無垢の予兆」の見事な冒頭部分を書いたとき，原子が「砂」や「野花」といったすべての物質の構成要素であるというアリストテレスの概念を知っていたことは間違いありません。彼は，原子が非常に小さくて，無限の数が「手のひら」に収まるということも想像したのです（この詩の冒頭の4行はこの本の序文に引用した通りです）。

　アリストテレスは科学理論に大きな貢献を果たしました。その後，数世紀にわたって強い影響力をもち，科学思想を支配しました。アリストテレスの功績は大きな前進をもたらした一方で，新しいアイデアが生まれるのを妨げ，多くの学者たちを間違った方向に導く結果にもなりました。彼らは「物質が相互に転換可能なのであれば，すべての金属のうちで最も価値の高い金を，価値の低い金属からつくれる」と考えたのです。こうして錬金術という偽物の科学が生まれました。錬金術師は水銀と硫黄を混ぜ合わせれば金をつくり出すことができると信じ，その実現を目指して探究が始まりました。中世の間（5〜15世紀まで），科学は錬金術の影響のもとにおかれ，調理の科学も長い休止期

間に入りました。科学における進歩が皆無だったわけではありません。たとえば偉大なアラブ人数学者で物理学者のイブン・アル＝ハイサム（965〜1040）は，近代科学の実験の手法を明確に定義したほか，ヒトの目は物質から放たれる円錐形の光線を見ているおかげで3次元の視覚が得られると認めたことなどの功績があります。しかし，この時代の料理の変化は控えめで，アジアからのスパイスの導入，砂糖を甘味のためと保存のために用いるようになったこと，それに塩漬けやピクルス，乾燥による食品保存の方法が発達したことにとどまり，1500年代に始まった進化とは比較になりません。

　16世紀頃になって，最後まで生き残っていた錬金術師が反駁（はんばく）できない事実に直面すると，錬金術にはようやく終止符が打たれました。新しい科学理論が生まれ，世界の仕組みについての理解を変えました。1661年には，ロバート・ボイルが火の基盤としての燃焼の実験を通して，それが元素ではなく過程であることを示し，ようやくアリストテレスの四元素の概念をくつがえしました。1774〜1777年に，ジョゼフ・プリーストリーとカール・ヴィルヘルム・シェーレはそれぞれ，燃焼を可能にする空気の成分としての酸素を発見しました。最終的に，1789年にはアントワーヌ・ラヴォアジエが，燃焼における酸素の役割を説明しました。ラヴォアジエは注意深い計画に基づいた実験を完璧に遂行し，化学を本物の科学の位置に引き上げたとして，近代化学の父と呼ばれています。残念なことに，ラヴォアジエはフランス革命によってギロチンで処刑され，その科学への多大な貢献は1794年で断たれました。

　最後に，調理の科学を振り返るうえで欠かせないのが熱を理解することです。学者たちは，熱は水や水銀と同じように物質だと考えていました。ところが1798年になって初めて，マサチューセッツ出身の偉大なアメリカ人科学者，ベンジャミン・トンプソン（のちにバイエルンのランフォード伯として知られるようになりました）が，熱がエネルギーの一形態であり，物質ではないことを示す本物の証拠を発表しました。バイエルン政府のもとで大砲の砲身に穴を開ける作業を担当し，作業で発生する熱は機械的な摩擦によるもので，当時信じていたような物質ではありえないと結論づけたのです。こうして科学はようやく復活し，続く数百年を通して料理を進展させ，美食文化の繁栄をもたらすに至ったのです。第4章で見るように，フランス料理がアントナン・カレームのヌーベルキュイジーヌ（「新しい料理」）をもって絶頂を迎えたのは，フランスの科学がラヴォアジエの見事な実験によって同様の地位を達成したすぐ後のことで，これは偶然ではありませんでした。

コラム2.1　グルテンを説明する

「グルテンとは何か，説明してもらえますか」と聞かれることがよくあります。

グルテンは自然界に存在しないものなので，理解しにくいのも当然です。グルテンは，水が小麦粉と混じり合ったときに形成される水溶性タンパク質です。タンパク質は，アミノ酸でできた非常に大きな分子です。小麦粉に天然に存在するタンパク質のうち二つは，グルテニンとグリアジンと呼ばれます。十分な量の水を乾燥した小麦粉に加えると，これらの二つのタンパク質は「凍った状態」から目覚め，弾力性と粘着性をもつようになります。固い乾燥スパゲッティが，ゆでるとしなやかになるのに似ています。

タンパク質が吸水する過程を水和といいます。水と小麦粉が混ざり合うと，水和したタンパク質はまとまるようになり，相互作用が始まります。化学結合によって文字通りくっつき合うのです。この新しい化学結合を架橋（クロスリンク）といいます。これはゆでたスパゲッティをざるに入れて水切りした後のようなものです。スパゲッティに油を少量加えないでそのまま放置しておくと，数分後には束状にくっつき始めるのに似た現象です。グルテンの場合，さまざまな化学結合がタンパク質間に形成され，そのなかでもいくつかの結合（ジスルフィド結合）はほかの結合（イオン結合や水素結合）に比べて強固です。

混ぜ続けると，タンパク質間の架橋は増え，化学結合したタンパク質による大きな網目状組織が形成されます。小麦粉と水を混ぜ，生地をこねる作業は，ミキサーでも手でも可能です。生地を混ぜてこねるときは，水和してしなやかになったタンパク質が，こねる方向に伸びて整列するので，タンパク質間にさらに架橋が形成されます。こねることには空気を生地に入れ込む作用もあり，この結果，より強いジスルフィド結合が形成されます。生地をこね続けると，タンパク質の網状目組織が複数組み合わさって，シート状のタンパク質の集まりができていきます。この過程は，もつれた糸（タンパク質）をほどいてからまっすぐの糸を織って布（網状目組織）にし，それから布どうしを縫い合わせてより大きなキルトをつくるようなものです（図1を参照）。

グルテニンとグリアジンの化学結合である架橋は，弾力性に富む物質であるグルテンを形成します。単独のタンパク質は，グルテンほど弾力性と伸長性がありません。しかし，タンパク質どうしが化学結合して新しくできるタンパク質は，まるでゴム風船のように弾力性と伸展性に富むのです。タンパク質の間に結合が増えるにつれて，グルテンは強度を増していきます。薄くて割れやすいゴム風船のようだったのが，厚くて丈夫なゴム風船のようになるのです。そして，生地を発酵させてオーブンで焼くと，やはり風船のように，グルテンを空気と蒸気でふくらませることができます。ふくらませた風船を紙粘土でおおったところを想像してみましょう。私が子どもの頃は，そうやって人形をつくったものです。紙粘土が乾いたら，風船を割って取り除くと，固い球体が残ります。同じように，パンが焼けると，ふくらんだグルテンが乾燥し，強いけれどもしなやか

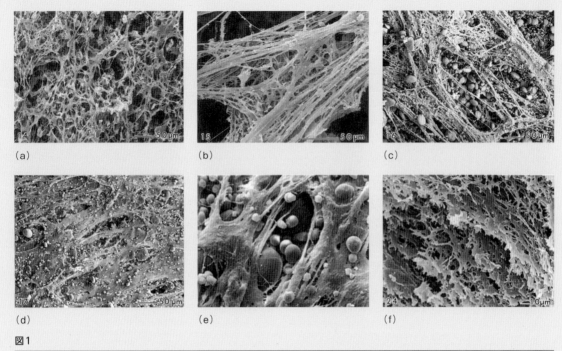

図1

(a) 水を小麦粉に加えただけで、まだ混ぜない状態。タンパク質の網状組織が形成されている様子がわかります（水洗いによりデンプン粒子は除去しています。通常、穴の部分にはデンプンの粒子が詰まっています）。(b) 生地を数秒間こねると、タンパク質成分が伸びて互いに結合し始めます（水洗いによりデンプン粒子は除去しています）。(c) さらにこねた生地。伸びたタンパク質成分が集まっている様子がわかります（水洗いによりデンプン粒子は除去していますが、タンパク質のマトリックス間にとらえられたデンプン粒子は残っています）。(d) しっかりこねた生地には、タンパク質の網状組織が形成されます（水洗いにより表面のデンプンの粒子は除去しています）。(e) しっかりこねた生地を、高倍率で見た写真。生地を焼くと、デンプン粒子が水分を吸収し、何倍にもふくらみ、すき間のほとんどを埋めていたことがわかります。(f) さらに拡大し、部分ごとにとらえた写真。シート状のグルテンが重なり合い、ガスを保持できるしなやかな膜組織を形成している様子がわかります。*Zeitschrift fur Lebensmittel- Untersuchung und -Forschung* 190 (1990): 401–409　から転載した顕微鏡写真

な構造に変化して、ふっくらおいしいパンに欠かせない気泡をつくります（ただし焼き立てのパンにも重量比35％の水分が含まれ、これはデンプンを柔らかく、グルテンをしなやかに保つのに十分なレベルです）。

　図1は、グルテン形成の過程を高倍率下でとらえた走査電子顕微鏡写真（SEM）です。これを見れば、小麦粉と水からグルテンが形成されていく様子がわかるでしょう。各SEM写真の下部にあるバーは、マイクロ単位での長さを示しています（ミクロンは1mの1/100万）。

　グルテンの形成とその強度は、数多くの要因によって左右されます。パイ皮などの場合、グルテンが形成されすぎると、焼き上がりが固くなります。グルテン形成の度合いは、発酵して焼いたパンのふくらみや、表面が柔らかくなるか固くなるかにも影響します。グルテンが弱いと伸びがよくなり、あまり縮みません。グルテンの形成に影響する要因は下

記のようなものです。

1. **小麦の品種**：軟質小麦は，タンパク質が少なく（6〜8％），グルテニンも少ない。また含まれるタンパク質の分子が小さく，弱いグルテンを形成します。硬質小麦は，タンパク質の含有量が多く（10〜14％），グルテニンが多い。また含まれるタンパク質の分子が大きく，粘弾性と弾力性に富む強いグルテンを形成します。

2. **水の量**：水和はグルテン形成に不可欠です。グルテニンとグリアジンは，自らの重量の2倍の水を吸収します。水が少ないと，タンパク質の粘着性が低下してグルテン形成も少なくなります。一方で水が多すぎても，タンパク質が薄まって相互作用が起こりにくくなるため，やはりグルテン形成が抑えられます。

3. **硬水と軟水の違い**：硬水に含まれるカルシウムとマグネシウムはグルテンを強くします。たとえばアメリカのボストンの水は軟水で，1Lあたり0〜60mgのカルシウムとマグネシウムしか含まれません。

4. **水のpH**：グルテン形成に理想的なpHは5〜6です。pHがこれより高くても低くても，伸展性の高い（よく伸びる）生地ができあがります。重曹を加えるとpHが上がり，クッキーのように伸びて，穴がたくさんできて柔らかくもろい焼き上がりになります。

5. **発酵**：気泡がふくらむとグルテンが強くなり，凝集性と弾力性の高い生地になります。またふくらみがよく，キメの細かい焼き上がりになります。

6. **酵素**：小麦粉にはタンパク質を分解する天然の酵素が含まれていますが，乾燥しているときは不活性で，水を加えて水和すると活性化します。酵素はグルテンを小さな塊に分解するので，生地が柔らかく，伸びやすくなります。生地を15〜30分休ませると，この現象が起こります。これは自己分解と呼ばれるプロセスで，この間に酵素はグルテンを分解し，よく伸びる生地ができます。焼き上がりはよくふくらみ，大きな気泡ができます。

7. **塩**：パン生地には，小麦粉との重量比で1.5〜2.0％の塩が含まれます。塩は酵素の働きと，発酵の進行を遅らせます。グルテンを強め，ふくらみがよくキメの細かいパンが焼き上がります。

8. **油脂，乳化剤，糖類**：これらはすべて，生地を柔らかくします。脂肪と乳化剤はタンパク質をコーティングし，水和とグルテン形成を抑制します（スパゲッティに油を加えたときのように）。ショートニング，ラード，植物油は，文字通りグルテン構造を短くします（これが「ショートニング」，つまり「短くする」という名前の由来です）。そのため，焼き上がりは柔らかくなります。また，糖類は生地から水を奪うため，タンパク質の水和とグルテン形成を抑えます。

参考文献

Amend, T., and H.-D. Belitz. "The Formation of Dough and Gluten—A Study by Scanning Electron Microscopy." *Zeitschrift fur Lebensmittel-Untersuchung und-Forschung* 190 (1990): 401–409.

コラム2.2 食品に含まれる水分はなぜ重要なのか

食品に含まれる水は，数多くの重要な役割を果たします。食感を左右し（パサパサ，ほろっと崩れる，しっとり，柔らかいなど），酵素活性や化学反応を可能にし（溶媒となり），微生物の成長を助けます。さらに，多糖類やタンパク質などの大きくて固い分子は，水を加えることでしなやかになり，反応しやすくなったり，相互作用を起こしたりするようになります。また，水は食品に熱を伝える働きもします。

食肉，魚介類，果物，野菜は水分を非常に多く（75%以上）含み，水は数多くの生鮮食品の重要な構成要素といえます。乳製品や焼き立てのパン類などそれ以外の食品も，高いレベルの水分を含んでいます（35%以上）。水分の多い食品は細菌，酵母，カビなどの微生物の繁殖のリスクがありますが，小麦やパスタなどの乾燥食品はおおむね常温で長く保存できます。

さて，食品に含まれる水分はすべて同じではありません。食品科学者の多くは，水を「自由水」「吸着水」「結合水」の三つに分類します。自由水は，食品から絞り出すことのできる水で，たとえばオレンジの果汁やサワークリーム，ヨーグルトの分離した水分に見られます。吸着水は，多糖類やタンパク質などの分子の表面にくっついている水で，食品から絞り出すことはほとんどできません。食品科学で，グルテンなどのタンパク質やデンプンなどの炭水化物の水和について論じられるときの水が，吸着水です。結合水は，結晶性デンプンや，そのほかの食品の成分に物理的にとらえられている水です（食品科学者によっては「自由水」と「結合水」の二つだけに分類

する人もいます）。ここで重要なのは，自由水と吸着水は微生物の繁殖を促進しますが，結合水にはそのような働きがないということです。

食品科学者は，微生物の繁殖や，酵素や化学反応のために使われる水の量を，水分活性（Aw）と呼ばれる数字によって測定します。水分活性は，食品に含まれる水の蒸気圧（P）を，同じ温度下での純水の蒸気圧（P_0）で割った数字で，測定すると0〜1.0の間になります。純水のAwは1.0です。水分活性のもう一つの尺度は，食品と平衡状態にある大気の相対湿度（RH）で，RH(%) = 100 × Awとなります。つまり，水分活性とは，食品中の自由水と吸着水を測定した値で，水蒸気に変換できる水分ともいえます。食品の水分量と水分活性には一般に相関関係があり，それを示したのが下記の表です。

食品	水分 %	水分活性
生肉	70	0.98
パン	40	0.95
小麦粉	14	0.70
パスタ	10	0.45
ポテトチップス	2	0.10

ほとんどの食品は，水分活性が0.85未満の場合，細菌の繁殖は不可能です。なぜなら，細菌の繁殖に必要な水が得られないからです。しかし，酵母は0.70という低い水分活性においても繁殖できますし，カビのなかには水分活性がわずか0.60でも繁殖できるものがあります。このような水分活性の食

品には，酵母やカビの繁殖を防ぐために保存料が添加されていることが多いです。トマトソースなどpH 4.6未満の酸性食品は，微生物の繁殖を抑制します。このため，水分活性が0.85に満たない場合であっても，酸性食品は比較的長期間の常温保存が可能で，冷蔵保存ではさらに長持ちします。pH，水分活性，水分のすべてが低い場合，有害な病原体の繁殖から食品を守ることができます。

　水分活性は，食品のテクスチャーにも関係しています。食品の水分量は，その食品に含まれる分子の反応性を決定づけます。特にタンパク質や多糖類など，構造変化するのに水分を必要とする大きな分子の場合は，水分活性にとりわけ大きな影響を受けます。タンパク質と多糖類は食品に構造を与えます。含まれるタンパク質と多糖類に柔軟性がなければその食品は固くなり，柔軟性があれば食品は柔らかくなります。この場合，水は可塑剤（柔らかくする作用をもつもの）として作用し，食品中の分子のガラス転移点（Tg）を低くする働きがあります。Tgとは，分子が固いガラスのような構造（Tg未満）から柔軟な構造（Tgを超える）に移行する温度です。これは，チョコレートのような固体が液体になる温度を指す融点とあまり違いません（この例でいえば，水ではなく脂肪の結晶が融けます）。食品の水分活性とTgは，幅広い数値にわたって一定の相関関係にあり，水分量が少ない食品の水分活性が低くTgが比較的高いという事実もうなずけるでしょう。こうした食品は常温で固くパリッとしています。湿度の高い環境などによって食品の水分量が増えると，水分活性が上昇し，Tgが低下して，常温で食品は柔らかくしっとりした状態になります。別の言い方をすれば，分子が柔らかい状態から固い状態になる温度である

Tgが，常温よりも低くなったということです。食品を冷凍庫に入れると固まる現象もこれで説明できます。

　それにしても，水（H_2O）のような単純な分子が，なぜ食品においてこのように数多くの重要な役割を果たすのでしょうか。その理由は水素結合にあります。水素結合は，水分子と水分子の間や，水分子とタンパク質や炭水化物など，ほかの酸素と窒素の原子を含む分子との間に起こります。水分子は独特の構造を持っていて，2個の水素原子が単独の酸素原子に結びついています。直鎖状の分子（H-O-H）ではなく，2個の酸素・水素間の結合が，ほかの電子（非共有電子）の反発により104.5°の角度で分離されているのです。しかし，より重要なのは，酸素が非常に強い負電荷を帯びた原子だということです。酸素は電子に対して強い親和性をもちますが，水素はそうではありません。したがって，水分子のそれぞれの酸素・水素結合にある2個の電子は酸素原子のまわりでより長い時間を過ごし，酸素原子に部分的に負電荷を与えます。一方で水素原子は部分的に正電荷を帯びています。その結果，一つの水分子の水素原子と別の水分子の酸素原子の間に，強い静電引力が生じ，こうして二つの水分子の間に水素結合が生まれます。それぞれの水分子のなかには二つの水素原子が存在するので，水分子は実際には別の2個の水分子と水素結合をもつことができ，この連続によって，一つの容器に入れた水のすべての水分子には，無限の水素結合のネットワークが生まれます。

　水分子間の水素結合は比較的弱く，その強さは，水分子内の酸素と水素の原子間に見られる化学結合のおよそ5%にすぎません。しかし，水素結合を水分子の「海」の内部で考えると，熱を加えて水分子

がより速く動けるようにして水分子を分離すること
に，多大なエネルギーが必要とされる理由も明らか
になります。水の温度を20℃高くすることには，
オリーブ油の温度を同じだけ高くする場合に比べて
2倍のエネルギーが必要となります。水分子を水蒸
気にして，物理的にほかの水分子から逃れられるよ
うにするために，5倍のエネルギーが必要とされる
のも同様の理由からです。水分子が水蒸気として逃
れるとき，過剰なエネルギーをすべて持ち去るので，
標準大気圧の場合，水の沸点は100℃を超えませ
ん。沸騰している水にさらに熱を加えても，水温は
上昇せず，水が沸騰し続けてより急速に水蒸気に変
わっていくだけです。一方で，水を凍らせると，水
分子が逃げる場所がなくなるので，氷は実質0℃未
満のどんな温度にも冷やすことができます。氷は冷
凍庫内の気温と同じ温度になります。

　食品に含まれる水の役割に関する議論の締めくく
りに，水がタンパク質や多糖類の性質に与える影響
を見てみましょう。先に述べた通り，水分含量が低
い食品（およそ10〜20％かそれ未満）は固く硬直
していますが，水分含量が高い食品（およそ35％
以上）ならしなやかで柔らかい状態です。タンパク
質には窒素原子が含まれ，多糖類には酸素原子が含
まれます。これらの原子は負電荷を帯びているため，
水分子に含まれる水素原子と水素結合を形成しま
す。この結果，水分子はタンパク質や多糖類の表面
に吸収されます。吸収された水分子によって，タン
パク質や多糖類はTgが低下し，常温以上の温度で

よりしなやかになります。乾燥した小麦粉の内部で
は，グルテン形成に重要なタンパク質，グリアジン
とグルテニンが固く硬直した状態です。水を加える
と，これらの二つのタンパク質が常温でもしなやか
になり，構造がほどけて動けるようになり，互いに
結びついてグルテンを形成することが可能になりま
す。生地をこねればタンパク質が動くのをさらに助
けることになり，十分な結合（架橋）ができて強い
グルテンのネットワークが形成されます。同じこと
は，デンプンの多糖類分子であるアミロースとアミ
ロペクチンにも当てはまります。水を加えると，水
はデンプンの分子と水素結合し始めます。このケー
スでは（通常35％以上の水分量で），デンプンの分
子のTgは常温を上回っているため，デンプンの粒
子が水を吸収してふくらみ始める温度に達するため
には熱が必要です。これはデンプンの糊化温度とし
て知られています。乾燥パスタをゆでるとグルテン
が水和し，デンプンの粒子が水を吸収し，Tgが低
下し，パスタは固く硬直した状態からしなやかで噛
むことができる状態になります。

参考文献

Collins, J. C. The Matrix of Life—A View of Natural
Molecules from *the Perspective of Environmental Water*.
East Greenbush, NY: Molecular Presentations, 1991.
Coultate, T. "Water." Chap. 13 in *Food: The Chemistry of Its
Compo- nents*. 6th ed. Cambridge, UK: Royal Society of
Chemistry, 2016.

コラム2.3　温度とは何か，熱とはどう違うのか

　温度とは，ある物質のなかに含まれるすべての分子の運動エネルギー（動きのエネルギー）の平均を示す尺度です。物質の温度はすべての分子の平均なので，物質に含まれる分子の合計数には影響されません。一方で，熱は，ある物質のなかのすべての分子が含む運動エネルギーの合計を示す尺度であり，分子の数と相関関係にあります。熱はエネルギーの一形態ですが，温度は物質の熱さの度合いを示す尺度であり，温度計によって測られます。熱と温度は同じではありません。

　運動エネルギー（K）は，分子（またはある種の物体）の質量（m）の半分にその速度（v）の2乗をかけたものに等しくなります。つまり $K = 1/2\, mv^2$ です。したがって，分子の運動エネルギーは，分子の質量と速度の双方によって決まります。速度は2乗するので，分子の運動エネルギーは，とりわけ分子の速度に大きく左右されることになります。v^2 は m よりもずっと大きな数になるからです。こうした意味において，温度は，ある物質内のすべての分子が動いている平均速度を示す尺度であるともいえます。温度はこのように単純な用語で（分子の速度として）定義されることが少なくありません。

　熱と温度の区別について，例をあげましょう。焼いた小さな金属のビョウは，大きな洗面器に入れた温水よりもずっと熱いです。でも，温水には赤熱のビョウよりも大量の熱が含まれています。ビョウの温度が温水よりも高いのは，温度が温度計で読みとれる熱さの尺度だからです。熱はエネルギーの一形態です。物質が熱いときは，その分子は冷たいとき

に比べて非常に速く動き回っています。物質の熱は，その物質に含まれるすべての分子の動きのエネルギーの合計を示す尺度です。一方で，物質の温度は，その物質に含まれる分子の動きのエネルギーの平均を示しているのです。小さなビョウに比べて洗面器の水はずっと多くの分子を含んでいます（ずっと重いです）から，運動する水の分子にはずっと多くのエネルギーが含まれているわけです。一方でビョウがずっと高い温度になるのは，そのすべての分子のエネルギーの平均が，水が含む分子に比べて大きいからです。

　熱と温度の区別は，調理の科学においてとても重要です。アメリカの食に関する名物番組「アメリカズ・テスト・キッチン」に出演する料理人たちが，この違いを示すためのシンプルな実験を考案しました。同量のオリーブ油と水を別々の容器に入れ，真空密封状態にして湯せんで74℃に熱し，生卵を1個ずつ入れました。すると，水の容器に入れた卵白の方がずっと早く白くなり，タンパク質が変性して凝固したことがわかります。オリーブ油の卵には変化はまったく起きないように見え，卵白は透明なままでした。この実験を再現したのが図1です。

　オリーブ油よりも水の方が早く卵に熱を加えられるのは，水を74℃に熱する方が，オリーブ油を同じ温度に熱するよりも多くのエネルギーを必要とするからです。物質の温度を上げるのに必要とされるエネルギーの量をその物質の熱容量といい，物質によって熱容量は異なります。水の熱容量はオリーブ油の2.1倍あまりに達します。水の温度を74℃に

図1

(a) フライパンにオリーブ油を入れて74℃に熱し，生卵を入れてすぐに撮った写真。卵のタンパク質は透明なままで，凝固し始めていません。
(b) フライパンに水を入れて74℃に熱し，生卵を入れて，オリーブ油のときと正確に同じタイミングで撮った写真。卵のタンパク質は半透明になり凝固し始めています。水の場合の方が，オリーブ油に比べて卵が早く調理されていることがわかります。写真クレジット：Daniel J. van Ackere, America's Test Kitchen. Reproduced with permission of America's Test Kitchen.

上げるのに必要とされる余分なエネルギーのすべてが，食品をより早く調理するために使えるというわけです。熱容量と加熱食品について，詳しくは第3章のコラム3.4「トーマス・ケラーとバターポーチド・ロブスターの科学」と，*Cook's Illustrated*誌の「Why Foods Cook Slower in Oil」(March & April 2012: 30.) を参照してください。

参考文献

Resnick, R., and D. Halliday. "Heat and the First Law of Thermodynamics." Chap. 22 in *Physics for Students of Science and Engineering*, Part 1, 466-488. New York: Wiley, 1962.（私が大学で最初に読んだ物理の教科書がこの本でした）

レシピ2.1　骨つきスペアリブ，海鮮醤バーベキューソース

材料（2人分）

豚の骨つきスペアリブ
680g

ソース：
ピーナッツ油
小さじ2

ニンニク　2かけ
（みじん切り）

海鮮醤　1/4カップ

醤油　大さじ1

日本酒　大さじ3

ケチャップ　大さじ1

コメ酢　大さじ1

焙煎ゴマ油
小さじ1/4

※アメリカの1カップ
の容量＝約237cc

　私は中華料理が大好きです。甘味，塩味，ピリッと刺激的な味，かぐわしい香りなど，食材の豊かなハーモニーがたまりません。中国を旅したことがあるので本場の味を知っていますが，それを家庭で再現するのにはコツがいります。豚肉は中国で最も消費量が多い肉で，中華にはうま味がたっぷり味わえるおいしいソースを使った豚肉料理のレシピがたくさんあります。中華風の海鮮醤バーベキューソースは，バーベキューの王様と呼ばれるシェフのスティーヴン・ライクレンが何年も前につくったレシピを応用したもので，豚の骨つきスペアリブを漬け込むととてもおいしくなります。このソースはほかの部位の豚肉や，鶏肉，それに牛肉でもよく合います。とても簡単でほとんど失敗しようがないくらいですが，あばら肉はバーベキューソースに浸して最低6時間冷蔵庫で漬け込む必要があります。海鮮醤の起源ははっきりとはわかっていませんが，中国の上海料理でよく使われる調味料です。私は海鮮醤バーベキューソースの方が，アメリカ風バーベキューソースのポークリブよりも好きです。

　醤油を使った中華料理はたくさんありますが，その多くに当てはまる注意事項があります。それはナトリウムの含有量が非常に多いということ。また，このレシピのように糖分も非常に多いことがあります。アメリカで製造されている代表的なメーカーの海鮮醤を例にとると，大さじ2杯にナトリウム1g，砂糖20gが含まれています。ナトリウムは食塩の重さの40%ほどである（塩化ナトリウムの分子1個にはナトリウム原子1個と塩素原子1個が含まれる）ことを思い出しましょう。2.54g（およそ小さじ2/5杯）の食塩にはナトリウム1gが含まれている計算になります。したがって，海鮮醤大さじ2杯にはおよそ小さじ1/2杯もの塩が含まれているのです。アメリカ農務省のガイドラインは，ナトリウムの1日あたりの摂取量の上限を2.3g（5.8g，小さじ約1杯の食塩に相当）と定めていて，リスクの高い高血圧のグループならさらに厳しい上限を設けています。大豆製品を使うときは，必ず栄養成分表を読みましょう。完全に避ける必要はないので，摂取の量と頻度に注意し，すべての食品は適量を楽しむべきだというシンプルな規則に従いましょう。

　このスペアリブのつけあわせには，サヤインゲンの辛味炒め，長粒種のご飯，チンゲンサイと刻んだニンニクのピーナッツ油炒めがぴったりです。ここでサヤインゲンの辛味炒めのつくり方もご紹介しておきましょう（材料は2人分）。ピーナッ

ツ油少々をフライパンで熱し，サヤインゲン2カップを入れ，中火でふたをして約5分，固さを残しつつキツネ色になるまで焼きます。フライパンをいったん火から下ろして醤油大さじ1，紹興酒大さじ1，市販の唐辛子ニンニクペースト小さじ1（辛くしたくない場合は量を減らす）を加えます。よく混ぜあわせてサヤインゲンに絡めます。フライパンにふたをして，中火でさらに5分熱し，豆が柔らかくなったらできあがりです。

つくり方

まず，海鮮醤バーベキューソースをつくります。小さなフライパンに油とニンニクを入れて中火で1〜2分，様子を見ながらニンニクが軽く色づくまで炒めます。ニンニクが焦げると苦くなるので注意しましょう。海鮮醤，醤油，日本酒，ケチャップ，コメ酢を加え，量が3/4ほどに減ってとろみがつくまで煮ます。ソースが冷めたらゴマ油を合わせます。

次に，スペアリブの下ごしらえをします。スペアリブが丸ごと入る大きさでオーブン調理可能なキャセロール（鍋）の底に，冷めたソースの1/4ほどを入れます。ソースの上にスペアリブを入れ，その上に残りのソースを均等にかけます。ラップでおおい，6時間以上冷蔵庫で漬け込みます。

キャセロールを冷蔵庫から出して常温に戻します（20分くらい）。ラップを外してアルミホイルをかけます。オーブンは160℃に予熱しておきます。ふたをしたキャセロールをオーブンの中段に入れ，1時間30分焼きます。ふたを外し，さらに30分，ソースの水気を飛ばしつつ焼きます（スペアリブがパサつくのを防ぐため，焼き時間は全体で2時間を超えないようにします）。余分なソースを取り除いてから，皿に盛りつけます。

3

初期の科学が料理に創造性をもたらす
（1500〜1799年）

16〜17世紀，科学が息を吹き返した

ロバート・ボイルやアントワーヌ＝ローラン・ラヴォアジエを始め，入念な計画に基づき注意深く科学実験を実行する科学者が登場し始めました。彼らは開拓者として，早くも16世紀には物理学，化学，生物学からなる古典科学の基礎を確立しました。しかし，純粋科学と違い，調理科学には知識の基礎となる学術研究の歴史がありません。食品科学も比較的新しい分野です。この分野で科学研究を行う正式な食品科学部を1918年に初めて設けたのは，マサチューセッツ大学アマースト校で，ウォルター・チェノウェス博士が学部長を務めました。アメリカ初といわれていますが，世界的にも食品科学部の先駆けだったといえるでしょう。

調理科学は応用科学の一分野で，物理学，化学，生物学，工学，栄養学，それにもちろん食品科学の知識に基づく学問です。ごく最近まで，調理科学を扱う学部は存在しませんでした。最も近い分野はガストロノミー（美食学）で，食品の歴史，文化，そして古典的な調理技術と，分子ガストロノミーと呼ばれる近代的な調理技術を研究する学問で，オランダのヴァーヘニンゲン大学とアメリカのボストン大学が双璧です。また，やはり最近になって，調理科学の研究を公開する科学誌も創刊されました。そのうち「*Journal of Culinary Science and Technology*」は2005年から発行されています。「*International Journal of Gastronomy and Food Science*」は2012年に創刊され，調理科学に関する論文を，研究者による査読を経たうえで掲載してきました。イタリアのパルマ大学公衆衛生学部は，食品の栄養素に調理が与える影響に関する大規模な研究を

図3.1

ピーテル・ブリューゲル「錬金術師」，1558年（ニューヨーク・メトロポリタン美術館所蔵）。錬金術師たちの動作や顔の表情が，科学者を気取っている様子に注目しましょう。

発表しています（第6章を参照）。カリナリー・インスティテュート・オブ・アメリカ（CIA）は2015年，科学を調理技術に応用する必要性を認識し，調理科学の学士課程を開設しました。この学士課程を創設した関係者たちは，調理科学の知識によってプロのシェフたちが恩恵を受けられることを理解したのです。入手できる食材は収穫や保存の状況により変化し，水分や糖分，デンプンの含有量などの成分が一定しませんが，調理科学の知識に基づいてレシピを開発すれば，つくる量を増やしても常に高いクオリティの料理を安定して再現できるようになります。たとえば私が最近会いに行ったある地元の食品加工業者は，ポテトサラダをつくるとき，マサチューセッツ州産のジャガイモを使うか，それともメイン州産のジャガイモを使うかにより，調理のさまざまな要因を調整する必要があると教えてくれました。加工業者らは，同じクオリティの料理を常につくり続けるうえで，自分の専門分野が応用できることを知っているのです。

　調理科学の革命的な旅路をたどるため，6世紀あまり時代をさかのぼり，古典科学の初期の理論が生まれ，調理に応用されるようになった経緯を見てみましょう。先に述べた通り，錬金術は2000年前，エジプトのアレクサンドリアで実践されたときから，科学的思考を占領し始めました。そこから極東や中世ヨーロッパにも伝わり，1700年代初期まで生き残りました。錬金術に初めて疑問を投げかけた人物の一人が，イタリアの冶金学者ヴァンノッチョ・ビリングッチョ（1480〜1539）です。その論文には食品も調理も登場しませんが，化学と科学に関する新しい思考への道を切り開いた重要人物です。死後まもない1540年にイタリア語（ラテン語ではなく）で出版された著書『火工術（De la Pirotechnia）』の次の部分で，錬金術を強く批判しています。

「この理由から，錬金術による金と銀ではなく，鉱石から得られた天然の金と銀を用いるのが最良の方法だと信じていることを，私は言明し忠告する。錬金術は存在しないばかりか，それを見たと主張する者がたくさんいるが，実は本当に見た者は誰もいないと私は考える。なぜなら，すでに述べたように，原理がわかっていないからだ。そして，物事の始めの原理を知らない者は，その結末についてはなおさら理解できない」。

　錬金術の最終的な運命を知っている私たちには，ビリングッチョの著述が非常に論理的で洞察に富んでいることが明らかです。しかし，錬金術が科学として受容されていた当時，彼の批判はどのように思われたでしょうか。異端者としてばかにされたかもしれないし，預言者として称賛されたかもしれません。

　さらに調理の科学を進化させた重要人物の一人が，ヤン・バプティスタ・ファン・ヘルモント（1577～1644）です。ファン・ヘルモントはフランドル（現在のベルギー）の化学者で，医学博士でもありました。ブドウ果汁を発酵させると発生する気体を研究して「森林のガス」「ワインのガス」と名づけ，「ガス」という語を（推定で1635～1640年頃に）初めてつくった人物でもあります。ファン・ヘルモントは，その気体の正体が二酸化炭素であることは知りませんでしたが，炭を燃やしてできる気体と同じであることと，空気とはっきり異なることに気づいていました。また，消化についても研究し，「発酵素」によって食べ物が体内で消化されると初めて示唆しました。この「発酵素」は，今日知られている消化酵素に相当すると考えられます。錬金術を信じ，真の元素は空気と水だけと述べたファン・ヘルモントでしたが，それでも提示した科学的概念のなかには今日まで認められているものもあり，その功績は称賛に値します。

　次に，ロバート・ボイル（1627～1691）は，20を超える科学論文と本を発表しました。なかでも1661年の著書『懐疑的化学者（The Sceptical Chymist）』が最もよく知られています。ボイルは，元素の性質と燃焼における空気の役割に関する実験のほとんどを，助手のロバート・フック（1635～1703）とともに行いました。フックは長年にわたり，オックスフォード大学でボイルの研究を支えました。『懐疑的化学者』で，ボイルはアリストテレスの四元素「土」「空気」「水」「火」を否定し，元素を「ほかの物質によってできていない純粋な物質」と定義しました。この定義は，今日の周期表における銅や硫黄などの純粋な元素の定義と一致します。1650年，ボイルはドイツでオットー・フォン・ゲーリケ（1602～1686）の研究を知りました。そこには，気圧と真空についての実験や，密閉した容器から空気を除去するためのポンプの設計も含まれていました。ボイルは1660年にフォン・ゲーリケの研究を再現し，密閉したガラス容器から空気を除去できる独自のポンプを設計しました。こうして，ボイルは燃焼における空気の役割を研究できるようになったのです。1672年，『炎と空気の関係に関する新実験』を発表し，硫黄などのさまざまな物質を，空気がある条件とない条件で燃やした数多くの実験について記述しています。彼は注意深い実験によって，空気は燃焼に不可欠な要素であり，火は四つの基本的な元素の一つではないと証明することができました。アリストテレスが数千年前に打ち立てた科学的原理はついに崩れ始め，科学のルネッサンスへの道が開かれたのです。

科学のリバイバル，いよいよアツアツに

　ボイルは空気と気圧の実験も行い，ボイルの法則を打ち立てました。空気などの気体の圧力が増すと，気体の体積は減るという法則です（つまり，より小さな体積に気体を圧縮すると，気体の圧力は増します）。ボイルはこの法則を1662年に発表しました。その数年前，若いフランスの物理学者・数学者だったドニ・パパン（1647〜1713）がボイルの研究に注目していました。パパンは1675年，ボイルに会うためにロンドンを訪れ，二人はすっかり意気投合し，パパンは1676〜1679年イギリスに滞在し，ボイルのもとで研究を行いました。ボイルの法則をもとに，パパンは容積が一定の密閉した容器で水を熱すると水の圧力が増し，水の沸点が通常の100℃よりも上昇すると結論しました。残念なことに，重金属の容器でも，熱し続ければ熱くなりすぎて水蒸気の圧力によって爆発してしまいます。これを解決するため，パパンは初めて安全弁を発明しました。弁を開くのにおもりを使い，容器が爆発するほど圧力が高くなる前に，圧力を放出するのです。この巧みな発明により，パパンは食品に圧力をかけて通常の水の沸点よりも高い温度で調理する圧力調理器「スチーム・ダイジェスタ」を設計しました。パパンが発明した世界初の圧力調理器は，1679年にロンドンの王立協会で発表されました（図3.2）。パパンのスチームダイジェスタは脂肪分の多い安価な部位の肉や骨を水で調理して，おいしいシチューをつくるために使われました。パパンはロンドンを離れるとドイツに移住し，1690年には世界で初めてピストンで動く蒸気機関の模型をつくり，外車汽船を動かすのに成功しました。しかしパパンの人生は幸運には恵まれず，1713年に貧困に苦しみつつ亡くなり，貧民墓地に葬られました。

　ボイルの時代に発展した新しい実験科学は，17世紀のフランス料理界に大きな影響を与えました。とりわけ大きな革新をもたらしたシェフ，フランソワ・ピエール・ド・ラ・ヴァレンヌ（1615〜1678）は1651年『フランスの料理人（Le Cuisinier françois）』を出版し，フランス料理界で初めて影響力を放つ料理書となりました。この本にはフォン・ド・キュイジーヌとして知られるストックについての初めての言及があり，捨てられるようなキノコをスープストックの材料として使うことを勧めています。ラ・ヴァレンヌは，ストックを透明にするために卵白を使う手法も披露しています。卵白に含まれるアルブミンというタンパク質が，濁りの原因となる肉類の不溶性のタンパク質と結合する現象をうまく利用した方法です。

　ラ・ヴァレンヌは，ストックをつくるレシピを応用して，牛乳をベースとするベシャメルソース（この場合濁りをなくす必要はありません）のつくり方や，パン粉のかわり

図3.2

ドニ・パパンの圧力調理器（1680〜1681年）。左側に，圧力を放出するためのおもりがついた長い腕があります。写真：P. Faligot／パリ工芸博物館写真コレクションより，許可を得て掲載

に豚の脂肪でつくるルーを使ってソースにとろみをつける方法を初めて説明しました。ラ・ヴァレンヌは，自覚のないままに，世界で初めて乳化したソースをつくったのです。ベシャメルソースの例では，ルーのデンプンが牛乳のタンパク質と反応し，安定したとろみのあるエマルションを形成します。ラ・ヴァレンヌは，オランデーズソースと同類の乳化したソースの発明者ともいえるかもしれません。オランデーズソースは，卵黄を乳化剤として乳化を安定させたソースで，アスパラガスに添えて供されます。ラ・ヴァレンヌの影響により，ストックはさまざまなおいしいソースのベースとして使われるようになりました。こうして築かれた舞台の上で，18〜19世紀にかけて有名シェフ，アントナン・カレーム（1784〜1833）が先導役として活躍し，フランス料理は世界有数の料理としての地位を確立してきます。フランソワ・マラン（ポンパドール夫人のシェフで，1742年に出版された3巻組の料理書『コーモスの贈り物（Les Dons de Comus）』の著者）を始めとする有名なフランス人シェフたちは，自らを化学者と称し，料理を化学の一形態と呼びました。こうした科学志向の強いシェフについては，フランス革命の直前，アントワーヌ・ラヴォアジエによりフランスの科学が頂点に達した時代を取り上げる際に，追って詳しく紹介します。

　ボイルが，純粋な元素であり燃焼に必要な気体である酸素が空気に含まれること，そして燃焼によって発生する熱は物質ではなくエネルギーの一形態であることを実験で発見してから，100年あまりが経ち，科学は本格的なリバイバルを迎えました。熱なくして，言葉の本来の意味での「クッキング（調理）」はありえません（英語の「クッキング」のもともとの意味は，熱を加えることで食品を食用に準備することです）。酸素の発見は，歴史上非常に興味深い事件です。二人の科学者が別々に，生命を可能にする空気中の物質を発見したのですから。

　1772年，スウェーデンの薬剤師で化学者のカール・ヴィルヘルム・シェーレ（1742

〜1786）が，初めて酸素をつくり出しました。とはいえ，当時のシェーレには自分が何を発明したのかわかっていなかったのですが。シェーレはストックホルム近郊の自分の薬局で，酸化水銀，硝酸カリウム，炭酸銀などさまざまな無機化合物を加熱した結果，この発見をなしとげました。この実験で放出された気体は，そのなかではろうそくの火が明るく燃えるという特徴があり，シェーレによって「火の空気」と命名されました。この気体が酸素と命名されたのは長年の年月を経てからで，化学構造が明らかになったときのことです。不幸なことに，シェーレはこの重要な発見を急いで発表する必要性を認識していませんでした。論文の原稿は1775年に出版社に渡されたのですが，実際に出版されたのは1777年になってからでした。遅れた理由はわかっていません。

　同じ頃，1774年8月1日には，ジョゼフ・プリーストリー（1733〜1804）がイギリス・バーミンガムの実験室で，酸化水銀を熱することで初めて酸素の単離に成功しました。しかし，自分が単離したのが酸素だとはまったく知りませんでした。その気体を詰めたガラス鐘中ではろうそくが激しい炎を上げて明るく燃えること，ネズミが長く生きることを知っていただけです。後者の現象から，プリーストリーは自分がつくり出した「特別な空気」について，「ふつうの空気」に含まれていて生きるために不可欠な成分だと考えました。彼はすぐに，『異なる種類の空気の実験と観察（Experiments and Observations on Dierent Kinds of Air）』と題された全3巻の書物を出版しました。第1巻は1774年に，残りの2巻は1775年と1777年に出版されました。プリーストリーは酸素の分離について初めて発表した功績で知られるようになりましたが，シェーレは最初に酸素の分離に成功した人物として認められています。独学で化学者になったプリーストリーは，フランス革命の支持者で，イングランド国教会を否定する分離主義の神学者であり，イングランドでのキリスト教宗派ユニテリアン主義の提唱者でもありました。そうした主義主張がもとで，プリーストーリーとバーミンガムの地元住民たちとの間に激しい議論と争いが巻き起こりました。自宅と自分の教会に放火されたのち，プリーストリーは1791年にアメリカに逃亡し，ベンジャミン・フランクリンとトーマス・ジェファーソンと親しくなります。プリーストリーの実験室は復元され，ワシントンのスミソニアン博物館に展示されています。

科学的方法が新たな道を照らす

　1774年10月，『異なる種類の空気の実験と観察』第1巻の出版直後，プリーストリーはパリを訪れ，才気あふれる若いフランス人化学者，アントワーヌ＝ローラン・ラヴォ

アジエ（1743〜1794）と出会いました。プリーストリーは，自分がつくり出した「特別な空気」の性質について，そのなかではろうそくが激しい炎を上げて燃え，ネズミが長く生きると，ラヴォアジエに説明します。これを聞いたラヴォアジエは「特別な空気」の性質に興味をひかれたものの，赤い固体の酸化水銀を熱するとそれが生じる理由については，当惑するばかりでした。ラヴォアジエはボイルの初期の研究をよく知っていました。ボイルは，金属を空気中の炎で激しく熱したときに増える重さを正確に測定しました。金属の重さが増えるのは金属と炎が結合するからだとボイルは考えました。当時，火は物質だと考えられていたからです。シェーレとプリーストリーは，酸化水銀を熱することで生成する気体の重さは測定しておらず，実験は量的ではなくもっぱら質的なものでした。ラヴォアジエは並外れた洞察力があり，空中で熱した金属の重さが増えるのは，金属と，シェーレやプリーストリーが発見した「特別な空気」（ラヴォアジエは「純粋な空気」と呼びました）の結合の結果だと考えました。ラヴォアジエはのちに，この「純粋な空気」を酸素と名づけたうえ，炭素と水素の名づけ親にもなりました。

　ラヴォアジエはこの仮説を試すために行った実験によって名声を得て，「化学の父」と呼ばれるまでになりました。パリ郊外の王立科学アカデミーのために行った実験に，ラヴォアジエは強力な熱源を用いる必要がありました。熱源として用いたのが「燃えるガラス」と呼ばれる装置で，非常に大きな拡大鏡のレンズにより，太陽エネルギーを一点に集中させて熱源にするというものでした。ラヴォアジエはこの熱源を使い，固体の酸化水銀を，液体の水銀と，プリーストリーとシェーレが発見した純粋な空気（酸素）に分解したのです。この実験に密閉した装置（レトルトと呼ばれる）を使い，空気（酸素）をなかにとらえ，その体積を正確に測定し，また実験開始時の酸化水銀とその後できる液体の水銀も正確に測定できるようにしました。それから，この実験を逆行して行いました。液体の水銀から開始して，逆方向に反応を引き起こし，液体の水銀の重さと消費された純粋な空気（酸素）の重さが完全に一致することを発見したのです。化学反応の際の重さは逆方向であっても一定していて，物質は新しくできたり破壊されたりすることはないということを示しました。これが，質量保存の法則です。この驚異的な発見は，1777年に「王立科学アカデミー論文集」に発表されました。ラヴォアジエは，燃焼のプロセスをつかさどる自然の不変の法則についても記述するに至り，その論文を1783年にやはり「王立科学アカデミー論文集」に掲載しました。燃焼について，エネルギーを（熱と光として）生成する化学的な酸化の過程として理解する試みは，ボイルからラヴォアジエに引き継がれて進展し，100年あまりで完成したのです。

　比較的短い生涯を送ったラヴォアジエは，化学のさまざまな側面に興味をもっていま

図3.3

アントワーヌ＝ローラン・ラヴォアジエと妻のマリー＝アンヌ・ピエレット・ポールズの肖像。ジャック＝ルイ・ダヴィット，1788年（ニューヨーク・メトロポリタン美術館所蔵）

した。発酵の過程についても，もっぱら自分が新しく発見した質量保存の法則に基づいて考えました。発酵について，ラヴォアジエは次のように述べています。

「この作用［発酵］は，化学が我々に見せてくれるすべての現象のなかでもとりわけ衝撃的で並外れている。炭素のガス［二酸化炭素］と可燃性のスピリット［アルコール］が生成されるが，これらはどこから遊離するのか。また，甘さの物質である植物性酸化物（糖）がどのように転換して二つの異なる物質，つまり第一に可燃性物質［アルコール］，第二に高度な不燃性物質［二酸化炭素］になるかを，調べなくてはならない」。

　　ラヴォアジエは続けます。

「この原理に基づき，化学実験を行う技術のすべてが確立される。つまり，我々は常に，調べる物質の原理と，分析において得られる物質の原理との間に，真の平等を仮定しな

くてはならない。したがって，ブドウ果汁は炭酸ガス［二酸化炭素］とアルコールを発生させるから，ブドウ果汁＝アルコール＋炭酸［二酸化炭素が水に溶けると炭酸を生成する］といえるだろう」。

　ブドウ果汁がアルコールと二酸化炭素に転換することを示したこの式は，近代の化学式の最初の例です。プリーストリー，パパン，ヴァヴィロフと同様，ラヴォアジエも人生においては幸運に恵まれませんでした。ラヴォアジエは26歳で科学アカデミーの会員に選ばれ，同年，王立政府の徴税請負人に就任します。フランス革命を経て，1793年11月に徴税請負機関の全廃命令が出されると，すべての元徴税請負人は逮捕されました。ラヴォアジエは人民に対する罪を犯したとして，1794年5月8日に50歳でギロチンで処刑されました。1795年の年末，フランス政府は「えん罪だった」と認め，正式に無罪になったことをラヴォアジエの未亡人に通告しました。もしもラヴォアジエがあと25年生きたら，科学の進歩にどれだけ偉大な貢献ができたでしょうか。私たちはそれをただ想像することしかできません。時代の先駆けとなった科学者は，知識と社会の変革に多大な貢献をしたがゆえに，困難な人生を送ることがあったのです。

　200万年近くを経て，火と燃焼の謎はようやく解けて，光と熱を生成する酸化の化学的過程であることが明らかになり，熱の真実の性質を説明することが可能になりました。これを1798年に最初に提唱したのがランフォード伯（1753〜1814）です。この時点まで，熱はカロリック（熱素）と呼ばれる重さのない流体だと考えられ，ラヴォアジエを始めとする卓越した科学者たちもそう信じていました。ランフォード伯の本名はベンジャミン・トンプソンで，アメリカ・マサチューセッツ州のウーバンに生まれました。若い頃から科学の才能を示し，特に数学と物理が得意で，ハーバード大学の講義に出席するため家からケンブリッジまで16kmの道のりを歩くこともありました。19歳のとき，裕福でかなり年上の女性，サラ・ウォーカーと結婚し，ニューハンプシャー州ランフォードに引っ越しました。ランフォードはのちにコンコードと改名され，今ではニューハンプシャー州の州都です。革命戦争が勃発すると，トムソンはイギリスを支持し，イギリス軍のスパイとして協力するほどでした。1776年にイギリス軍がボストンから撤退すると，妻と娘をアメリカに残してイングランドに逃れます。1779年，イングランドの王立協会の会員になり，1784年にはナイトの爵位を受け，翌年にはバイエルンに移ります。バイエルンでは軍の司令官の役職を得て，伯爵の地位を与えられ，ニューハンプシャー州の町にちなんで自らランフォード伯爵を名乗るようになりました。ランフォード伯爵の任務の一つが，金属の固体の塊を穿孔して大砲の砲身を建造する作業の

監督をすることでした。ランフォードは，金属に穿孔するときに生じる摩擦が，大量の熱を発生させることに気づき，当初は，金属からカロリックが放出されたためだと考えていました。しかし，鈍いドリルを使うと，金属を貫通できないが，それでも新しい鋭利なドリルを使った場合と同量の熱が発生するということに気づきます。鈍いドリルは金属を貫通できないのに，どうしてカロリックが放出されるのでしょうか。1798年，ランフォード伯はこの疑問を抱いた瞬間に，熱は流体ではありえず，金属にドリルで穿孔する過程で生じる摩擦で発生するエネルギーの一形態であるに違いないと気づいたのです。ランフォード伯は，熱は金属のエネルギーであり，「熱と力学的に等価なもの」として測定できると説明しました。これがのちに，水，鉄，オリーブ油などの熱容量として知られるようになりました。

　同じ年の後半，ランフォード伯はイングランドに戻り，熱の研究を続けました。1799年にパリを訪れて，アントワーヌ＝ローラン・ラヴォアジエの未亡人，マリー＝アンヌ・ラヴォアジエに出会い，1804年に二人は結婚します（これに先立ってランフォード伯の最初の妻はアメリカで死んでいました）。マリー＝アンヌは最初の夫のために実験室で助手を務めていたことから，ランフォード伯の熱の研究を手伝うことができました。しかし，それを別にすれば，結婚生活はうまくいきませんでした。ランフォード伯はより多くの熱を放射するランフォード式暖炉を発明しただけではなく，ドリップコーヒーポット，ダブルボイラーなどの近代的な台所器具も発明しました。また，1799年には低温の真空調理法を発明したと考えられています。ジャガイモを乾燥させるために自分で発明した装置を用いて，マトンの肩肉を一晩かけて調理する様子を披露しました。当時のある評論によれば，料理されたマトンは，火の通り方が完璧でとても柔らかくジューシーで，風味豊かだったと記録されています。新しい調理法として，これはかなり奇妙なものでした。ランフォード伯は，熱に関する知識を応用し，数多くの便利な台所用品や調理用品を発明しました。才能と名声に恵まれ，科学者として，軍人として，政治家として大いに成功を収めましたが，1814年8月末にパリの中心から6kmあまりのオートゥイユで行われた葬儀には，ごく少数の参列者しか集まらなかったそうです。

　地球を半周した中国に目を向けると，1700年代の中頃から終わりにかけて，やはり科学と料理の世界で同じような進展がありました。中国でもヨーロッパと同様，少数の富裕支配層と，貧困層や恵まれない大多数の人たちとの間には明確な分裂が存在していました。長く続いた清（1644〜1911）の時代，人口は1600年代半ばの約1億5000万人から1800年代半ばには4億5000万人にまで増え，民衆を養うための食糧供給量が

図3.4

中国の南京近く，揚子江の水上で食品を売っている様子。トーマス・アロムのスケッチ（1843年）を題材に，著者が制作。木板に油彩（1988年）

不足し，全国的な飢餓に見舞われました。そこで，大きな貧富の差を埋め合わせるため，支配者階級の政治家たちは中国原産ではないデンプン質の多い植物の栽培を促進しました。サツマイモ，ジャガイモ，トウモロコシなどが，やがて中国の農民たちの人気を博しました。

　富裕支配階級では，食品と料理は芸術や文化と同じくらい尊重されていて，才能ある料理人は尊敬され，高給を得ていました。ヨーロッパと同様，中国の最高の料理人たちは宮廷で働き，それ以外の尊敬される料理人たちは，裕福なエリートの個人の邸宅でお抱え料理人として雇われました。個人の邸宅で雇われた料理人の多くは女性でした。中国では，ビジネスピープルのためのレストランや，数多くの宴会を請け負うケータリングの厨房でプロとして働く第3のカテゴリーの料理人たちもいました。ヨーロッパとは違って，中国では12世紀頃から，レストランが食の業界で大きな地位を占めてきました。実際，世界最古のレストランを名乗るマーユーチンは，中国の河南省開封に1153年に創業したとされています。店の看板料理である中国風「バケツチキン」の名前はケンタッキーフライドチキンを思わせますが，実は一切関係ありません。金銭的余裕がある人たちは頻繁に外食し，露店から茶室，大小のレストランまで，さまざまな店で食べ物を買っていました。乾隆帝（1736～1795）の宮廷で働いていた蘇州の料理が得意な

張東官などの料理人は，今日のセレブシェフと同様の人気と名声を誇りました。詩人，アーティスト，美食評論家の袁枚（1716～1798）は，中国のブリア-サバランと称されています。1796年に出版された有名な料理書『随園食単』を書いたことでも知られています。

　1700年代の中国では美食の地位が高かったのに対して，科学に関しては進歩も評価も遅れていました。科学的知識の多くがイエズス会やプロテスタントの宣教師たちによってもたらされたものでしたが，彼らは主に天文学と数学に力を入れていました。ヨーロッパは中国よりも化学において（火薬を例外に）進んでいて，また物理学や基本的な機械，工業生産，それに農業の機械化においても著しい進展が見られました。一方で中国は，絹や陶磁器の製造，またヨーロッパ人に需要があった茶葉の大規模生産において，卓越した技術を発達させていました。中国でこの期間に調理に欠かせない基本的な科学が発見され，発達していたという証拠はありません。その理由はおそらく，中国人が料理を科学というよりも高級な芸術だと考えていたことでしょう。同じことは，中国のお隣のインドにも当てはまります。中国料理とインド料理は，料理のスタイル，特にスパイスや調味料の使用において大きく異なりますが，双方ともに，唐辛子を多用します。唐辛子は中国の沿岸部に1670年頃にもたらされ，中国南西部の四川に伝わりました。約6500年前にメキシコで唐辛子が栽培化されてから，長い年月が流れていました。

コラム3.1　モチ性とウルチ性のジャガイモ

ラセットバーバンクなどデンプンの多いウルチ性のジャガイモはマッシュドポテトやベークドポテトに適している一方で，レッドブリスなどデンプンの少ないモチ性のジャガイモはゆでたりポテトサラダにしたりするのに向いているということを，どこかで読んだことがあるかもしれません（ラセットバーバンク，レッドブリスはいずれもアメリカなどで栽培されているジャガイモ品種）。モチ性とウルチ性のジャガイモの違いは盛んに語られていますが，異なる品種のジャガイモを調理するときの特徴については，科学的研究に反する説も目につきます。ここで，研究結果が教えてくれることを整理しましょう。

まず，モチ性とウルチ性のジャガイモの定義からおさらいしましょう。アイオワ州大学元教授のダイアン・マッコンバーによれば，官能評価パネリストは，調理したモチ性ジャガイモを「しっとりしていて，柔らかく，なめらか」と表現する一方で，調理したウルチ性ジャガイモは「固くて，乾いていて，口のなかで粒子が感じられる」と表現しました。一般に，モチ性ジャガイモは皮が薄く，きめが荒く，デンプンが少なく（湿重量比約16%），水分が多いという特徴があります。これに比べてウルチ性ジャガイモは，皮が厚く，きめが細かく，デンプンが多く（湿重量比約22%），水分が少ないです。分子レベルでは，モチ性ジャガイモの場合はデンプンのほとんどが枝状に分かれたアミロペクチンの大きな分子ですが，ウルチ性ジャガイモの場合，デンプンの内訳はアミロペクチンの分子（約74%）と，それよりずっと小さな直鎖状のアミロースの分子（約

26%）が混合しています。アミロペクチンもアミロースも多糖類であり，ブドウ糖の貯蔵形態として機能しています。

マッコンバーのさらなる研究によれば，デンプンの多いラセットバーバンクのジャガイモは調理すると（蒸すと），ジャガイモの細胞が「糊化したデンプンで完全に満杯」になりました。それとは対照的に，デンプンの少ないモチ性ジャガイモ2品種は「30〜50%だけ入った」状態になりました。核磁気共鳴分光法を用いると，ラセットバーバンクに多く含まれているデンプンの粒子は，より多くの水分を吸収している様子が見られました。これに比べて，デンプンの少ないモチ性ジャガイモではふくらんだデンプン粒子に吸収される水分が少なく，自由な水分が多く残されていました。ウルチ性ジャガイモはほくほくしていて，モチ性ジャガイモはしっとりしている理由がこれで説明できます。モチ性ジャガイモには糊化したデンプンがあまり含まれていないため，それを食べるときは，糊化デンプンにとらえられていない水分が口内に放出されるのです。

マッコンバーの研究で，モチ性とウルチ性の双方の品種において，蒸した後もジャガイモの細胞が破壊されていない様子が走査電子顕微鏡写真で観察されたのは興味深いことです。またマッコンバーの研究では，カルシウムイオンとマグネシウムイオンの濃度を比べると，モチ性のポンティアックよりも，ウルチ性のラセットバーバンクの方が高かったことを示しました。カルシウムイオンとマグネシウムイオンはペクチンを強化することで知られています。

ペクチンは細胞壁の一部を構成する多糖類で，さらに，細胞どうしを結束させる接着剤としての重要な役目を果たしています。これらの観察に基づき，マッコンバーは既存の研究に同意し，蒸したウルチ性ジャガイモは細胞単位には分離しにくいが，「粒子のかたまり」に分割されるため，モチ性ジャガイモに比べてざらざらした食感になると結論づけました。

　この研究により，ウルチ性・モチ性のジャガイモの食感が違う理由は説明されましたが，なぜ加熱調理したときに異なる反応を見せるのかは完全には説明されませんでした。この疑問に挑んだジョゼフ・バジネットは，フラミンガム州大学で2011年に私が行った食品分析学の授業の学生でした。バジネットは，ジャガイモ3品種を加熱調理したときの違いを，ブルックフィールド・エンジニアリング社が製造したテクスチャーアナライザー（分析装置）を用いて測定するプロジェクトを行いました（P144の図6.2を参照）。この研究は，モチ性とウルチ性のジャガイモを加熱調理したときの違いを解明するヒントを与えてくれます。この研究のために私たちが用意したジャガイモ3品種は，デンプンの多いラセットバーバンクと，デンプンの少ないレッドブリスに加え，デンプンを中程度含み，加熱調理するとモチ性とウルチ性の中間の性質を表すとされるユーコンゴールドです。小さな円柱状（1.3cm×2.5cm）のそれぞれのジャガイモのサンプルを抜き取り，沸騰させた蒸留水で10分間ゆでてから，氷水に入れて余熱を防ぎました。ジャガイモのサンプルよりも直径が大きな平らな円盤で各サンプ

ルを40％圧縮するのに必要な力（g単位でピーク荷重を測定）を，テクスチャーアナライザーを使って記録します（さまざまな条件を試した結果，最も信頼性が高いことからこの方法を選びました）。結果は図1に示されています（各品種について9回実験を繰り返したデータに基づいています）。

　この結果，ウルチ性のラセットバーバンクをゆでたものが最小の力でつぶせるということが明らかになりました。ユーコンゴールドとレッドブリスは同じくらいの力を必要としましたが，中間的なユーコンゴールドがわずかに下回りました。ウルチ性ジャガイモは，沸騰する湯によって細胞の構造が破壊されやすいという結果で，マッシュドポテトやベークドポテトに向いているという見方に一致しています。一方で，モチ性のレッドブリスと中間的なユーコンゴールドは，ゆでても形が崩れにくいので，ポテトサラダをつくるのに適しているといえます。ま

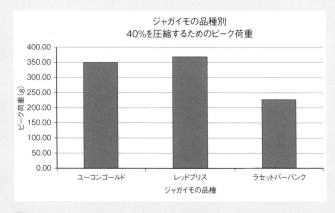

図1

3品種のジャガイモを同条件で加熱調理し，ジャガイモをつぶすのに必要な力をテクスチャーアナライザーを使って測定した結果を示したグラフです（図6.2を参照）。ラセットバーバンクをつぶすために必要な力は，ユーコンゴールドやレッドブリスよりも少ないことがわかります。グラフはフラミンガム大学で2011年に著者が行った研究をもとに作成

た，この実験は，ユーコンゴールドは加熱調理した
ときにモチ性のジャガイモと似た変化をすることも
示唆しています。ただし，この結果は，1ロットの
ジャガイモだけを対象とした実験で導かれたもので
す。ジャガイモは同じ品種でも，密度やデンプンの
量にかなりの個体差があることが知られています。

　オランダのヴァーヘニンゲン大学農業科学技術研
究所の研究も，私たちの実験と一致する結果を示し
ました。同研究所の研究チームは，ウルチ性のジャ
ガイモをゆでると，モチ性のジャガイモよりも多く
のペクチンを放出することを確かめました。さらに，
走査電子顕微鏡の画像により，加熱調理したウルチ
性ジャガイモは，モチ性ジャガイモより多くのペク
チンを放出する結果，細胞壁がゆるみ，細胞が壊れ
やすくなる傾向にあります（マッコンバーは，細胞
が小さな塊になって脱落する可能性を指摘していま
す）。やはり，加熱調理したウルチ性ジャガイモに
ついて，少ない力で簡単につぶれるという実験の結
果と一致していて，マッシュドポテトやベークドポ
テトには適しているが，なめらかでしっとりした食
感は得られないということが確かめられたのです。
オランダの同じ研究グループがその後発表した研究
では，ウルチ性，モチ性，そして中間的なジャガイ
モの乾物量（DM）が，栽培品種の違いよりもずっ
と大きな影響を調理上の特徴に与えることに加え，
DMが各品種のデンプン含有量と直接関連している
ことがはっきりと示されました。つまり，特定のジャ
ガイモ品種のデンプン含有量は，調理上の特徴を大
きく左右するということです。先に説明した通り，
ウルチ性ジャガイモはデンプンが多いだけではな
く，デンプンの内訳も異なっています（アミロース
とアミロペクチンが混合しています）。ウルチ性

ジャガイモを加熱調理すると，熱の浸透につれてデ
ンプンの粒子がふくらんで糊化する現象が，モチ性
ジャガイモの場合よりも急速に起こります。数多く
のデンプンの粒子がふくらむことで圧力が増すうえ
に，ジャガイモの細胞間にある接着剤としてのペク
チンを熱が破壊することから，加熱調理中に細胞が
ふくらみ，破裂し，分離し，そして脱落する現象が
盛んになるのです。

　ラセットバーバンクを使うとなぜおいしいマッ
シュドポテトができるのか。いわばこの疑問に答え
るためだけに行われたのが，ここで紹介した研究で
す。科学的事実を，私たちは経験的にすでに知って
いたというわけです。

参考文献

McComber, D. R., H. T. Horner, M. A. Chamberlin, and D. F. Cox. "Potato Cultivar Differences Associated with Mealiness." *Journal of Agricultural and Food Chemistry* 42 (1994): 2433-2439.

McComber, D. R., E. Osman, and R. Lohnes. "Factors Related to Potato Mealiness." *Journal of Food Science* 53 (1988): 1423-1426.

Nonaka, M. "The Textural Quality of Cooked Potatoes. I. The Rela tionship of Cooking Time to the Separation and Rupture of Potato Cells." *American Potato Journal* 57 (1980): 141-149.

Trinette van Marle, J., K. Recourt, C. van Dijk, H. A. Schols, and A. G. J. Voragen. "Structural Features of Cell Walls from Potato (Sola- num tuberosum L.) Cultivars Irene and Nicola." *Journal of Agricultural and Food Chemistry* 45 (1997): 1686-1693.

Van Dijk, C., M. Fischer, J. Holm, J.-G. Beekhuizen, T. Stolle-Smits, and C. Boeriu. "Texture of Cooked Potatoes (*Solanum tuberosum*). 1. Relationships Between Dry Matter Content, Sensory-Perceived Texture, and Near-Infrared Spectroscopy." *Journal of Agricultural and Food Chemistry* 50 (2002): 5082-5088.

コラム3.2　さまざまな材料でストックをつくる

　フランス人シェフ，ピエール・ド・ラ・ヴァレンヌ（1615～1678）は，1651年出版の料理書『フランスの料理人』のなかで，料理の味わいを出すための簡単なストックのレシピを初めて発表した功績で知られています。倹約家のラ・ヴァレンヌは，傷んだキノコを捨てずに，ストックの材料として活用する方法を説明しました。150年あまり経って，アントナン・カレーム（1784～1833）が，今日まで続く基本的なストックのレシピを完成させました。肉を冷水に浸してからゆっくりと加熱し，静かに弱火で煮て，タンパク質が凝固しすぎるのを防ぐとともに濁りの少ないストックに煮詰める方法です。それ以来，フランス人は素晴らしいストックをつくる名人になりました。

　カレームのレシピは，「抽出する」「濾す」「煮詰める」という三つ基本的なステップにわけることができます。第1のステップで，水やワインを使って食材から風味の分子を抽出します。第2のステップで，不要な凝固したタンパク質，脂肪，不溶性の成分を濾して取り除くことで透明なストックをつくります。第3のステップで，煮詰めて水分の一部を蒸発させ，凝縮された味わい豊かなストックにします。これらのステップはどれもストックの風味をつくり出すための役割を果たすものです。「抽出する」段階では，どの風味の分子が抽出されるかは食材によって決まりますが，加熱時間と温度によって揮発性の香り成分が失われる現象と，新しい風味の分子が生成される現象をコントロールできます。「濾す」ことには，澄んだストックをつくるとともに，凝固したタンパク質（アク）や変質した脂肪の苦味を取り除く効果もあります。「煮詰める」ことにより，風味が凝縮されると同時に，新たな風味の分子が生成されます。加熱を行う二つのステップ（「抽出する」と「煮詰める」）では，風味をつくり出すとともに，肉と骨の結合組織のコラーゲンからゼラチンを放出させます。ゼラチンはストックにとろみをつけ，なめらかな心地よい舌触りをもたらします。

　伝統的なストックの材料は，肉（または魚），骨，野菜（タマネギ，ニンジン，セロリがよく用いられる）です。肉，骨，野菜を生のままで冷水に入れて抽出を始めてもよいですし，オーブンでローストしてから抽出すれば，ストックの風味が高まります。この過程では，まず肉，骨，野菜の味と香りのもとである分子を抽出します。材料を煮る前にオーブンでローストする場合，エネルギー貯蔵分子であるアデノシン三リン酸（ATP）からは不揮発性の核酸成分が引き出され，タンパク質は不揮発性のペプチド（タンパク質の小さな断片）やさらに小さなアミノ酸に分解され，タマネギやニンジンからは不揮発性の糖が放出されます。これらの物質の分子は不揮発性なので，においは感じられませんが，どれも水に溶けるので，ストックのなかに抽出され，味は感じられます。ペプチドとアミノ酸が核酸成分と組み合わさると，濃厚なうま味が力強く感じられるようになります。また，糖と，グリシンというアミノ酸により甘味も生まれます。オーブンでローストするという条件では，私たちがにおいをかぐこともできる揮発性のにおい分子も生成されます。ペプチドとア

ミノ酸は，特定の糖（還元糖と呼ばれるブドウ糖や果糖。ショ糖は含まない）とメイラード反応を起こし，とても香ばしい揮発性のにおい分子をつくり出します（メイラード反応について詳しくは第5章を参照）。このにおい分子にはキャラメルのような4-ヒドロキシ-2,5ジメチル-3(2H)-フラノン，ポップコーンのような香りの2-アセチル-1-ピロリン，それに肉のような香りで硫黄を含む3-（メチルチオ）プロパノールがあります。さらに，脂肪が酸化して，2,4-デカジエナールや2,6-ノナジエナールなどの揚げ物の香りの成分になります。これらの二つの成分は油溶性で水溶性ではありません。水中で静かに煮てゆっくり抽出するステップでは，タマネギ（またはポロネギ）が，硫黄を含む水溶性成分3-メルカプト-2-メチルペンタン-1-オール（MMP）を生成します。2011年にドイツの研究チームが，濃厚な香りのMMPが，2,4-デカジエナールとともに，ストックの味をつくり出す主成分であるということを示しました。しかし，MMPが生成されるのは，タマネギをみじん切りにしたときだけです。まるごと調理したときは生成されません。というわけで，ストックをつくるときは，タマネギを必ずみじん切りにしましょう。

　数時間にわたってストックをゆっくり煮ますが，表面にタンパク質のアクが浮いてきたらすくい取り，さらに濁りがなくなるように濾します。最後のステップでは，さらに煮詰めて，水溶性・不揮発性の成分を凝縮させるのですが，料理書の多くは特定の「量」にまで煮詰めるように指示していて，その加熱時間は指定していません。このステップでは，揮発性の香り成分の一部は蒸気とともに失われます。同時に，新たな香り成分がゆっくり合成されま

す。特に重要なMMPの量を増やすには数時間煮込む必要があります。同時に，タンパク質が分解されて，ペプチドや，うま味のもとであるグルタミン酸などのアミノ酸になります。ATPが次々と分解して，核酸成分が生成されていきます。これはとても重要なことです。デンマークの最近の研究で，風味は量的にどれだけ凝縮するかだけではなくて，ストックを加熱する時間によっても影響されることが示されました。そして，量と加熱時間は必ずしも相関関係にはありません。加熱量（強火か弱火か）によって，ストックが凝縮されるスピードは変わるからです。急速に凝縮すると，香り成分の一部が失われる一方で，新たなにおい分子を合成するのに十分な加熱時間が得られません。MMPや2,4-デカジエナールのような成分が合成されるには一定の加熱時間が必要で，こうした重要な成分が増えるには，長い時間をかけてゆっくりと静かに煮なくてはなりません。さらに，カリナリー・インスティチュート・オブ・アメリカで行われた研究では，タンパク質由来のペプチドとアミノ酸，それにATP由来の核酸を増やすために最適な加熱の温度と時間が明らかになりました。これによると，ストックは85℃で60分以上煮るのがよいとされています。ストックの風味は明らかに時間とともに変化するので，数時間かけてゆっくり煮詰めることをお勧めします。

　肉と骨の結合組織のコラーゲンが分解してできるゼラチンも，香り成分と同様，非常にゆっくりと生成します。コラーゲンの分解は，比較的低温で数時間煮込むことで起こります。静かにぐつぐついうくらいの温度である85℃前後で6時間ほど煮ると，かなりの量のゼラチンが生成されます。したがって，「抽出する」と「煮詰める」のステップでは，少なく

とも6～8時間かけると，ゼラチンやMMPなどの重要なにおい分子の生成量を増やすことができます。ストックを16～22時間も煮る人もいますが，それほど長時間煮ることが必要かどうかはわかりません。でも，ストックをゆっくり煮詰めて1/2か1/4に凝縮するとおいしいドミグラスソースがつくれるのは明らかで，その理由はおわかりいただけたでしょう。おいしさの秘密は，単純に量を減らすことだけではないのです。

　ほかにもいくつか重要なファクターがあります。「抽出する」ステップを冷水で始めると，タンパク質はゆっくりと凝固して表面に浮くので，それをすくい取り，さらに全体を濾すことで，簡単に取り除けます。初めから熱湯で煮て液体を沸騰させると，凝固したタンパク質が分解して小さな断片になり，除去するのが難しいため，濁りのあるストックに

なってしまいます。さらに，仔牛の骨は成牛の骨と違い，含まれるコラーゲンに架橋がとても少なくなっています。つまり，仔牛の骨のコラーゲンはすばやく，完全にゼラチンに分解されるので，成牛の骨に比べてずっと多くのゼラチンが得られます。

参考文献

Christlbauer, M., and P. Schieberle. "Evaluation of the Key Aroma Compounds in Beef and Pork Vegetable Gravies a la Chef by Stable Isotope Dilution Assays and Aroma Recombination Experiments." *Journal of Agricultural and Food Chemistry* 59 (2011): 13122-13130.

Krasnow, M. N., T. Bunch, C. F. Shoemaker, and C. R. Loss. "Effects of Cooking Temperatures on the Physiochemical Properties and Consumer Acceptance of Chicken Stock." *Journal of Food Science* 77, no. 1 (2012): S19-S23.

Snitkjaer, P., M. B. Frost, L. H. Skibsted, and J. Risbo. "Flavour Development During Beef Stock Reduction." *Food Chemistry* 122 (2010): 645-655.

コラム3.3　おいしいソースの秘密，乳化と乳化剤

　油と水が混ざり合わないことは常識です。両者を混ぜてもすぐに分離し，水が沈んで油が表面に浮きます。勢いよくかき混ぜれば，どちらかが微粒子になって，もう一方のなかに分散します。でも，この分散も長くは続かず，いずれ前と同じように分離するでしょう。

　油と水を勢いよくかき混ぜると，二通りの結果が起こります。一つは，水が液体として連続していて，そのなかに油の微粒子が分散しているという結果です。もう一つは，油が液体として連続していて，そのなかに水の微粒子が分散しているという結果です。前者のように水のなかに油の微粒子が分散している場合は水中油滴型（O/W型）エマルション，後者のように油のなかに水の微粒子が分散している場合は油中水滴型（W/O型）エマルションと呼びます（図1を参照）。

　O/W型エマルションとW/O型エマルションの区別はとても重要です。なぜなら，口内で感じられる

のは，分散相の微粒子になった液体ではなく，連続相の液体だけだからです。典型的な例がマヨネーズです。マヨネーズの成分は，油がおよそ8割，酢がおよそ2割，それに少量の卵とマスタード，塩などの調味料です。マヨネーズについての驚くべき事実は，油が酢の4倍も入っているのに，酢の連続相に油が小さな微粒子として分散している（O/W型エマルション）ということです。その結果，マヨネーズは食べたときに油っぽく感じられることがありません。口内で感じられるのは水様の酢の連続相だけで，分散している油の微粒子は感じられないからです。

　ここで，油と酢を4：1の比率で用い，勢いよくかき混ぜてシンプルなドレッシングをつくる場合を考えてみましょう。この場合，油の連続相のなかに，酢が微粒子となって分散します（W/O型エマルション）。勢いよくかき混ぜながらゆっくりと油を酢に加える場合，W/O型エマルションはある程度の時間持続し，サラダの野菜にかけて味わうことも可能になります。W/O型エマルションのドレッシングはマヨネーズに比べるととても油っこい「味」がします。別の例ではバターがやはりW/O型エマルションで，口のなかで水気よりも脂気が感じられます。

　しかし，どちらも同じ比率で油と酢を含むのに，マヨネーズがO/W型エマルションで，ドレッシングがW/O型エマルションなのはなぜでしょうか。混乱し

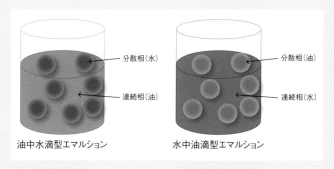

図1

油中水滴型（W/O型）と水中油滴型（O/W型）エマルションの構成

そうになりますが，答えはかなりシンプルです。マヨネーズに含まれる卵とマスタードが，油を微粒子として安定させる乳化剤の役割を果たすからです。乳化剤とは，液体がごく小さな微粒子として分散するのを助ける物質です。シンプルなドレッシングには乳化剤は含まれないので，油の連続相がずっと大きくなり，微粒子として分散する酢の量は少なくなります。乳化剤がないと，通常は多く配合された液体が連続する層を形成します。

　卵黄にはリポタンパク質と，レシチンなどのリン脂質が含まれ，油の微粒子の表面をコーティングし，油の微粒子が合体して連続相をつくるのを妨げます。油の体積が酢の体積の4倍に達するにもかかわらずです。しかし，すべての乳化剤が油を微粒子として安定させるわけではありません。乳化剤のなかには，酢を微粒子として安定させるのに適しているものもあります。乳化剤によって性質と働きが異なるのです。

　原則としては，連続相になるのは，乳化剤が溶解できる液体です。酢よりも油に溶解しやすい乳化剤を使う場合なら，油と酢がどんな比率で配合されていても，油が連続相を形成します。同様に，水溶性の乳化剤を使う場合なら，酢が連続相として安定します。家庭の台所で利用できる乳化剤の選択肢は限られていて，卵黄，マスタード，それに牛乳に含まれるカゼインです。卵黄もマスタードも，酢のなかに油の微粒子が浮遊するエマルションを安定させる働きがあります。したがって，卵黄を含む少量のマヨネーズを，油3，酢1を混ぜたものに加えると，かなり安定したO/W型エマルションができます。

　食品加工産業は，数十種類もの乳化剤を利用しています。そのなかには水溶性のものも油溶性のものもあります。溶解に関する特徴は，乳化剤のHLB値（親水親油バランス）で示されます。親水性物質は水を好み，親油性物質は油脂を好みます。HLB値は0〜20の値です。HLB値が高い乳化剤（たとえばステアロイル乳酸ナトリウム）は親水性で水に溶けます。HLB値が低い乳化剤（たとえばモノステアリン酸グリセロール）は油溶性です。HLB値が3〜6の乳化剤はW/O型エマルションを安定させますが，HLB値が11〜15の乳化剤はO/W型エマルションを安定させます。中間的な（8〜10の）乳化剤は湿潤剤として有効です（ココアパウダーなどの固相に水などの液相が分散するのを促進します）が，乳化の働きは弱いのが特徴です。

　これまで，乳化剤で安定させたエマルションについてお話ししてきました。乳化剤によって微粒子のまわりに保護バリアを形成することで，油と水が分離するのを防ぐという仕組みです。しかし，エマルションを安定させる別の方法があります。デンプン，小麦粉，糊などの増粘剤を用いてエマルションを安定させることです。これらの物質は乳化剤ではなく，水の粘性を高める働きがあります。デンプンでとろみをつけた水（デンプンと水を混ぜて加熱することでとろみを出します）のなかに油が分散すると，デンプンを溶かした水の連続相の高い粘性により，油の微粒子が動き回って合体するのが防がれるため，油の微粒子が安定します。例を思いつくかもしれません。スープ，ソース，グレイヴィーソースはコーンスターチや小麦粉でとろみをつけた場合，なかに含まれる油脂によって安定したO/W型エマルションができます。O/W型エマルションのソースはクリーミーでなめらかですが，水が連続相なので，油っぽさはありません。非常に安定したクリーミーなサ

ラダドレッシングの成分表示をスーパーでチェックすると，デンプンが含まれているかもしれません。

　安定したエマルションの連続相が油か水かを見極めるのは難しいものです。先述の通り，試食するとある程度わかります。でも，連続相を判断する最良の方法は，電気伝導度を測定することです。酢の連続相（それに少量の塩を加える）のエマルションは，低い電圧の電流を伝えやすく，油の連続相のエマルションはそうではありません。異なる割合の油と水の配合について，異なる乳化剤で安定させたり，まったく乳化剤を加えなかったりして電気伝達度を調べるのもおもしろいでしょう。

参考文献

Stauffer, C. *Fats and Oils*. St. Paul, MN: Eagan Press, 1996.

コラム3.4　トーマス・ケラーとバターポーチド・ロブスターの科学

　トーマス・ケラーは料理を知りつくした偉大な
シェフです。彼が最初にロブスターをワインやク
リームではなくバターでポーチすることを決めたと
き，そこには正当な理由があったはずです（1999
年の著書『名店フレンチランドリーのレシピ（The
French Laundry Cookbook）』）。明白な理由は，
ロブスターはバターでポーチすると，大変美味に
しっとりと柔らかく仕上がるという事実です。風味
と食感の完璧なマリアージュです。

　それでは，バターでロブスターをポーチすること
には，ケラーの料理のような新しいレシピをつくる
ときにも使える科学的な裏づけがあるのでしょう
か。その答えはイエスですが，直感には反している
ように思えるかもしれません。バターとワインの熱
容量の違いがカギになります。バターやワインなど
の物質に熱を加えると，物質の温度は上がります。
数学的に，物質に加えた熱の量を上昇した温度で割
ると，その物質の熱容量が得られます（つまり，熱
容量＝加えた熱の量÷上昇した温度）。熱量はカロ
リーで，温度の上昇は℃（実験室で使われる温度
の単位）で測定します。実験室で用いられる熱容量
の典型的な単位は，物質の温度を1℃上げるため
に必要なカロリー／g，あるいはカロリー／g（℃）
です。

　バターとワインの熱容量は，同じではありません。
バターに比べて，ワインの温度を10℃上げるには，
より多くのエネルギー（カロリー）が必要です。た
だし，ワインとバターはさまざまな成分の混合物で
すから，その熱容量は一定ではありません。一方で

水とオリーブ油は比較的純粋な物質であり，その熱
容量を正確に測定できます。そこで，オリーブ油と
水をバターとワインに代用すれば，熱容量の違いを
説明できるのです。水の熱容量はオリーブ油の2.1
倍に達します。これは，水の温度を10℃上げるに
は，同量のオリーブ油の2.1倍のカロリーにあたる
熱を加えなくてはならないということです。

　これはなぜでしょうか。温度とは分子がどれだけ
速く動いているかを示す尺度だということを思い出
しましょう。水分子は静電引力で引きつけ合うため
に親和力が強く，水分子間には，比較的弱い結合で
ある水素結合がつくり出されます。この水素結合の
結果，水分子どうしを引き離して速く動くようにす
るには大きなエネルギーが必要となります。オリー
ブ油の分子どうしの間にある親和力はずっと弱く，
引き離して速く動くようにするためのエネルギーは
ずっと少なくて済みます。

　つまり，水（またはワイン）を71℃に熱するに
は，オリーブ油を同温に熱するのに比べて2倍のエ
ネルギーが必要になります。でも，バターを使った
ポーチド・ロブスターといったいどんな関係がある
のでしょうか。水またはワインで食品を調理すると
き，水が71℃に達するまで加熱するのに用いられ
た余分なエネルギーは，すべてその食品に伝わりま
す。オリーブ油またはバターで食品を調理する場合
は，使われる熱エネルギーが半分になり，食品はじ
んわりと，ゆっくりと加熱されるのです。

　でも，この事実は直感に反しているように感じら
れます。油は水よりも熱くなるから，食品が水より

もオリーブ油のほうがゆっくり加熱されるということはありえないと思うかもしれません。油は揚げ物をつくる温度，通常177～191℃にまで熱することができるが，水は沸点の100℃を超えて熱することはできないという知識から，油は水よりも熱いと結論づけたくなるのです。でも，ロブスターを，いずれも71℃まで熱した油と水で調理すると，ロブスターに伝えられるエネルギーは，水には油の2倍含まれています。カギになるのは，油と水を同じ温度にまで熱した場合，食品に伝えられるエネルギーの量が異なるということです。

　そんなことは信じられないとお思いでしょうか。疑いを晴らすための簡単な実験をご紹介しましょう。小なべを2個用意し，それぞれに水と油を入れて，57℃に熱します（それ以上温度が上がらないように注意）。両手の人差し指を同時に水と油のなべに入れてみましょう。どちらが熱く感じられますか。この実験はテレビ番組「アメリカズ・テスト・キッチン」で行われ，結果がアメリカの料理専門誌「Cook's Illustrated」2012年3月・4月号に掲載されました（March & April 2012: 30）。答えは水で，

水はより多くの熱エネルギーを含むことから，オリーブ油よりもずっと熱く感じるのです。まったく同じ温度のとき，水はオリーブ油の約2倍の熱エネルギーを含みます（熱，温度，熱容量に関しては第2章のコラム2.3「温度とは何か，熱とはどう違うのか」を参照）。

　オリーブ油などの物質の熱容量について知っていれば，これらの物質に食品を入れて，真空調理法で温度を調整して長時間かけてゆっくりと加熱することができます。ケラーが，おいしいバターポーチド・ロブスターのレシピをつくったのち，真空調理法のみを扱った料理書『アンダー・プレッシャー——真空調理（Under Pressure: Cooking Sous Vide）』（Artisan, 2008）を出したのも不思議ではないでしょう。みなさんにはもう，プロの秘密がお分かりになりましたね。

参考文献

Resnick, R., and D. Halliday. "Heat and the First Law of Thermodynamics." Chap. 22 in Physics for Students of Science and Engineering, Part 1, 466-488. New York: Wiley, 1962.

レシピ3.1　クリスティーヌ風リッチなグレイヴィー

材料（4カップ分）

タマネギ　中1個
（みじん切り）

ニンジン　1本（皮を
むいて薄めの輪切りに
する）

セロリ　茎1本と葉
（みじん切り）

七面鳥の首と臓物
（砂肝，心臓，レバー）
1羽分

塩　小さじ1

小麦粉　大さじ2

野菜スープストック粉末
大さじ1（お好みで）

※アメリカの1カップの
容量＝約237cc

　感謝祭のディナーには，友だちと家族，そしてクリスティーヌ風のリッチなグレイヴィーが欠かせません。妻のクリスティーヌは数十年前からこのレシピでグレイヴィーをつくっていますが，私はこれを超えるグレイヴィーに出会ったことが一度もありません。リッチな褐色のグレイヴィーは最高のおいしさで，ローストターキー，スタッフィング，マッシュドポテトにとてもよく合います。残り物にこれをかければ一品おかずが完成しますから，多めにつくっておくとよいでしょう。

　おいしさの秘密は，自家製の七面鳥のストックを使っていること。みじん切りのタマネギを数時間かけて煮込んで生まれる豊かな味わいが，自家製ストックによってさらに深まります。まるごと，あるいは4等分のタマネギを短時間しか煮込まないレシピとは比べものになりません（タマネギは2〜4時間煮込むのが理想的です）。それから，ストックは小麦粉と脂肪でつくったルーでとろみをつけます。ルーに含まれる小麦粉のデンプンが熱によって糊化してとろみを出し，脂肪と水のエマルションを安定させてベルベットのようになめらかな舌触りになります。

　タマネギをみじん切りにすると無数の細胞が壊れ，アリナーゼという酵素が放出されます。アリナーゼはタマネギに含まれるイソアリインという天然の化合物と反応し，催涙性のある化合物，プロパンチアール-S-オキシド（PSO）を急速に生成します。みじん切りのタマネギに水を加えて数時間かけて弱火で調理すると，PSOがゆっくりと新しい化合物である水溶性の3-メルカプト-2-メチルペンタン-1-オール（MMP）に変化します。牛肉や豚肉，または野菜を，みじん切りのタマネギと合わせてつくる褐色のグレイヴィーソースには，風味をもたらす物質が50種類近く含まれます。そのなかでもシンプルな化合物であるMMPが，ごく微量しか生成されないにもかかわらず，グレイヴィーの豊かな風味を最も左右することが明らかになっています。タマネギの切り方が細かければ細かいほど，PSOとMMPが多く生成されます。タマネギをまるごと使う場合，あるいは半分や四半分だけに切る場合では，PSOはほとんど生成されません。涙が出ないで済むかわりに，リッチで濃厚なグレイヴィーの風味をつくる成分もつくり出されないというわけです。

　同様のプロセスは，鶏肉や牛肉，豚肉のローストのためのグレイヴィーや，野菜ベースのグレイヴィーをつくるときにも応用できます。ローストチキンなら，鶏の首肉や内臓を使ってグレイヴィーをつくりましょう。牛肉や豚肉の脂肪と骨からは

それぞれの肉のグレイヴィーがつくれます。また，肉のかわりにキノコなどのうま味成分が豊富な野菜，そして動物性脂肪入りのルーのかわりにストックと植物油を使えば，野菜バージョンのグレイヴィーがつくれます。

つくり方

　完成まで3時間ほどかかります。七面鳥をローストして休ませる間につくりましょう。

　自家製のストックをつくります。水4カップを深型の小なべに入れ，タマネギ，ニンジン，セロリを加えます。首と内臓を水に浸すように入れて，塩を加えます。沸騰したら，ふたをしないで弱火で静かに，最低2時間煮ます。その間，必要なら水を足して，なべの水分量が一定になるようにします。ストックは熱いうちに大きなボウルか1Lの計量カップに移し，固形分を取り除きます。七面鳥をオーブンから出すまでストックを取っておきます。

　焼き上がった肉を休ませている間，ロースト皿の肉汁をファットセパレーター（脂肪分だけを取り除くための容器）などの容器に移します。ロースト皿の底にたまった固形分（底にこびりついた肉汁や茶色い部分）はそのままにしておきます。浮いた脂を取り除いた肉汁をロースト皿に戻し，取り除いた脂のうち大さじ2～3杯はルーをつくるためにとっておきます。ロースト皿の中身と濾したストックを合わせてなべに入れ，弱火で静かに煮ます。固形分をストックによく混ぜます。同時に，小さなソースパンでルーをつくります。上記でとっておいた大さじ2くらいの脂を小麦粉と混ぜ，薄いキツネ色になるまで加熱します。ルーをストックのなべに加え，均等に混じり合い，だまがなくなるまで泡立て器で混ぜます。30～40分弱火でグレイヴィーを煮て，スプーンの裏側がおおわれるくらいなめらかなとろみがついたら火から下ろします。

　キャラメルの風味とうま味が凝縮された濃い褐色のグレイヴィーがお好みなら，理想的な色になるまで野菜スープストック粉末を少量ずつ加えます（少量で十分なので入れすぎないように注意しましょう）。肉汁や脂が少なすぎた場合（七面鳥の大きさやオーブンの温度によります），こうして風味を高めることもできます。好みで塩コショウしたらできあがり。

4 料理の技術に原子の科学が取り入れられる
（1800〜1900年）

原子論が科学を永遠に変えた

1799年，ランフォード伯が低温調理法の実験をしていた頃，フランス人化学者ジョゼフ＝ルイ・プルースト（1754〜1826）は，化合物を構成する元素が常に一定の割合で結合することを，実験で明らかにしました。プルーストは主に炭酸銅を用いて研究を行い，どのようにいつ化学反応を起こしたときでも，銅，炭酸，酸素の割合は常に同じであることを示しました。そして，ついに1805年，ジョン・ドルトン（1766〜1844）がプルーストの研究に基づき，原子論を証明したのです。ドルトンの原子論は，科学を永遠に変えました。ついに，地球上と宇宙全体に存在するすべての物質が，最も基本的な構成単位である原子で理解されるようになったのです。

ドルトンはイギリスのマンチェスターで気象学の研究をしていた頃，空気中の気体の物理的な特徴について考え始めました。ここから導き出された原子論によれば，すべての化合物は非常に小さな物質の粒子で構成されていて，その粒子をドルトンは原子（英語でアトム。「目に見えないもの」を意味するギリシア語「アトモス」に由来します）と名づけました。酸素のように単一の元素を含む原子は，その重さ（原子量）も化学的性質も同じですが，炭素や硫黄など異なる元素に含まれる原子は，酸素の原子とは重さと性質が異なります。それぞれの元素に含まれるすべての原子の重さと化学的性質が一定であることから，炭素銅などの化合物になる際にほかの元素の原子と結合する割合が決まります。ドルトンの理論のおかげで，たとえば炭素（C）原子1個は常に酸素（O）原子2個と結合して二酸化炭素（CO_2）になる一方で，炭素（C）原子1個は水素（H）原子

図4.1

ウィリアム・ヘンリー・ウォーシントンによるジョン・ドルトンの銅版画（1814年）。ロンドン科学博物館科学社会ピクチャーライブラリー所蔵。許可を得て掲載

なら4個と結合し，当時「沼の気体」と呼ばれていたメタン（CH₄）になるという現象が説明できるようになりました。

ドルトンの理論により，原子と呼ばれる物質の単位に基づいて化合物の構造を理解できるようになりました。さらに，ある元素の原子がほかの元素の原子とどのように結合して新しい化合物をつくり出すかも予想できるようになりました。食品中の分子，たとえば水，糖，タンパク質などが加熱されたときにどのような変化を起こすかも，これで見当がつくようになります。ローストした肉が素晴らしい風味になり，オーブンで焼いたジャガイモのデンプンが消化しやすくなり，野菜をゆでると柔らかくなる理由が，ドルトンの原子論に基づいて理解できるようになったのです。料理の秘密が科学によって少しずつ明らかになるにつれて，シェフたちは最高のおいしさと食感が楽しめる革新的な料理を創作できるようになりました。革命ともいうべきドルトンの科学への貢献について，ジェイコブ・ブロノフスキーは『人間の進歩』のなかで雄弁に語っています。

「ドルトンは規則正しい習慣の持ち主だった。57年間，毎日マンチェスター郊外に散歩に出かけ，降雨量と気温を測定した。当地の気候を考えるとこのうえなく単調な営みである。その膨大なデータのすべてからは，けっして何も導き出されなかった。しかし，探究を重ね，単純な分子の構造をつくる異なる物質の重さについてほとんど子どもじみた疑問を抱き続けたことで，近代の原子論が誕生したのだ。それが科学の本質だ。常識外れの疑問を抱くこと。そうすれば，適切な答えへの道が開かれるのだ」。

ウィリアム・ブレイクの詩句「手のひらに無限を／ひと時に永遠を握る」が意味するところは，ドルトンの原子論に基づいて理解すると明らかになります（この詩の冒頭の4行は序文で引用した通りです）。原子は無限なほど小さく，ごく最近まで，それを視覚的にとらえることはできませんでした。非常に小さいので，ほとんど無限の数を手のひらに握ることができます（指ぬき1個に入るくらいの水を例にとると，そこに含まれる酸素と水素の原子の数は膨大で，2の後に24個ゼロをつけたくらいになります）。そして，質量保存の法則により，物質をつくり上げる原子は，新しくつくることも破壊することもできず，永遠に存在するのです。

すでにこの世を去った曾祖父母が吐き出した二酸化炭素に含まれていた原子が，大気中や，地球上の有機物のなかに今も存在していると想像してみましょう。さらに驚異的なのが，ノーベル賞受賞物理学者エンリコ・フェルミ（1901〜1954）の有名な命題「カエサルの最後の息」です。これによると，私たちが吸い込む空気のなかに，カエサルが

最後の息で吐き出した空気（酸素，窒素，少量の二酸化炭素）のうちの少なくとも1分子が含まれている確率は100％です。呼気（およそ1L）のなかには約25×10^{21}（25の後にゼロを21個つけた数で，非常に大きい）の分子が含まれ，少なくとも吸い込んだばかりの分子のうちの1個は，カエサルの最後の息に含まれていた分子であることがほぼ確実です。統計的に，確率が100％に近ければ，ある出来事が起きる可能性はとても高く，確率が100％ならば，ある出来事がほぼ確実に起こります。この意味で，私たちは愛する人と連絡が途絶えることはけっしてないのです。インド生まれの偉大なアメリカ人作家ディーパック・チョプラは，この事実を次のように美しく表現しました。「あなたの祖先の香りは今ここに漂っている」。この考え方には本当に心を動かされます。

科学が料理の世界にやってきた

　フランス革命ののち，料理の芸術的な創造性は，ついにドルトン，ラヴォアジエ，ボイルによる新しい科学と融合しました。すべての創造的な活動のうち，料理ほど芸術と科学の双方の要素を含むものはほかにありません。だから料理は魅力的で楽しいのだと私は思います。当時，「シェフの王様」と呼ばれたアントナン・カレーム（1783〜1833）は，誰よりも完璧に芸術と科学を融合させた人物でした。偉大なシェフ，オーギュスト・エスコフィエは「（料理の）科学の基本原理を私たちはカレームから引き継いでいるが，それは今後，料理の歴史と同じくらい長く続くだろう」と述べました。一方で，カレーム自身はこう述べています。「科学に本気で取り組むシェフは，パトロンから与えられる称賛を，彼が受け取るかもしれない一握りの金よりも喜ぶだろう」。明らかに，カレームは本物のアーティストであり，その才能は素晴らしいお菓子や料理の創造に存分に発揮されましたが，その成功の多くは，レシピの裏にあった科学のおかげでした。

　11歳で両親に捨てられたカレームは，パリの路上にひとりぼっちになり，恵まれないスタートを切りました。しかし16歳で運よくパリの菓子店の徒弟になり，最初のパトロンでナポレオン統治下で外務大臣を務めていたシャルル＝モーリス・ド・タレーラン＝ペリゴール（通称タレーラン）に才能を見出されます。当時，フランスの最良のシェフたちは，レストランではなく裕福なパトロンのもとで働きました。フランス革命の余波で，食料不足で新鮮な食材が手に入らず，しかもほとんどの人たちはレストランで食事をする金銭的余裕がなかったからです。カレームは長年にわたってタレーランのもとで働いたのち，ほかの影響力の大きいパトロンに次々と仕えました。そのなかには，ロ

シアの皇帝やロスチャイルド男爵もいました。この間，カレームはフランス料理に関する書物を数多く執筆し，大きな影響力をもちました。「プライベートシェフとしてつくった料理よりも，万人のために書いた本の方がずっと多くの人たちのもとに届く」というのが，カレームの信念でした。カレームの評判は瞬く間に広がり，ヨーロッパで最も名高いシェフとなり，ヌーベルキュイジーヌ（新しい料理），すなわち近代フランス料理の創始者としての地位を確立しました。

　カレームのヌーベルキュイジーヌをもってフランス料理が絶頂期を迎えたのは，ラヴォアジエの卓越した実験によりフランスの科学が同様の地位を得てまもなくの出来事でした。これは偶然ではありません。カレームが入念につくり上げたディナーについてどこかで聞いたことがあるかもしれませんが，実際にはいつもシンプルな料理を目指しました。旬の食材を使い，スパイスの数は限定しました（多用したのはパセリ，タラゴン，チャーヴィルです）。ソースはなるべくシンプルにし，多くの場合は煮詰めたスープを少しの種類だけ組み合わせてつくりました。肉料理には，重たいグレイヴィーではなく自然にとれる肉汁を使いました。最後の著書『フランス料理術（L'Art de la cuisine française）』（1833年）では，スープ約300品と，358種類のソースのレシピを掲載しました。アンチョヴィバターや，小エビの尾からつくるペーストなどを見ると，うま味を意識していたことがわかります。実際に日本人の物理化学者によって1908年にうま味が発見される75年も前のことでした。カレームは名声あるシェフとしての地位を確立し，優雅な暮らしを楽しみましたが，不幸にもわずか49歳で，おそらく結核によって亡くなりました。

　フランス革命の間，ナポレオン・ボナパルト（1769〜1821）は卓越した政治家として，軍隊の指揮者として頭角を現し，ついにナポレオン戦争の時期（1799〜1815），1804年から1814年までフランス皇帝になりました。彼はとても早くから，軍隊は胃袋で戦うこと，したがって常に安全で栄養価の高い食べ物を供給しなくてはならないことを認識していました。ナポレオンの軍隊が領土を次々と広げていくにつれて，長期間にわたって長距離を運べるように食品を保存することは，どんどん難しくなりました。1795年ナポレオンの要請により，臨時フランス政府（総裁政府と呼ばれた）は，「食品を腐らせずに保存できる新しい方法を発明した者に，1万2000フランという大金の報奨金を出す」と呼びかけました。醸造業者，菓子屋，シェフだったニコラ・アペール（1750〜1841）がこれに応じ，人々の羨望の的だった報奨金を1810年に受け取りました。

　アペールは，シャロン＝シュール＝マルヌ（1998年にシャロン＝アン＝シャンパー

ニュに改名）に生まれました。パリからおよそ148km，フランス北東部のシャンパーニュ地方の中心にある町です。1780年，パリに移り，小さな菓子店を開き，人気を博しました。若い頃から食品に関する実験を行い，食品の製造と，当時知られていた保存技術に関する知識を深めました。当時の食品保存技術は二つのカテゴリーに分けられます。一つは食品の乾燥で，肉や魚の塩漬けや燻製がこれにあたります。もう一つが食品に別の材料を加える方法で，砂糖漬けや酢漬けにして発酵や腐敗を防ぐというものでした。これらの方法はいずれも食感と風味を損なうという欠点がありました。しかも，当時の人々はこれらの食品保存法の仕組みを知らなかったせいもあって，あまり長期にわたって食品を保存することはできませんでした。当時の通説では，空気に触れると食品は腐ると考えられていました。ルイ・パスツールにより，腐敗を引き起こす真の犯人がほとんど目に見えない微生物（多くの場合は空気中から付着する）であることが発見されるまでには，あと60年の歳月が必要でした。

　食品を扱う経験により，アペールは「熱は腐敗を食い止めるという本質的な特徴をもつ」ことと，「それら（食品）と空気との接触をできる限り確実に防いでから，適切な方法で加熱すると，完璧な保存が可能となる」ことを学びました。そしてこの知識をもとに，食品の長期保存の新しい方法を考案したのです。加熱と空気を完全に抜くことによる新技術を完成させるため，10年あまりにわたりテストを重ねました。そのプロセスは次の四つのステップに分けられます。

（1）食品を広口のガラスびんに入れる。

（2）（成功は主にここでの密閉の仕方にかかっているので）注意深く，びんにコルク栓をする。

（3）密閉した食品を，食品の性質により必要な時間だけ，沸騰している湯に入れて（湯せんして）加熱する。

（4）決まった時間が経ったら湯せんからびんを引き上げる。

　この裏にあった理論は，びんを密閉して（圧力を加えてコルク栓を挿入し，ニカワで密封し，針金で固定する方法が用いられました）沸騰する湯

図4.2

ニコラ・アペールが使用したガラスびん（1809年頃）と，ピーター・デュランドが開発した世界初の缶詰（1810年）。紙に水彩。初期の写真をもとに著者が制作

で熱し，食品のなかに残留する空気を完全に追い出すことで，腐敗を防ぐというものでした（図4.2）。この手法が成功したことにはいくつかの理由がありました。第一にガラスびんを選んだこと。アペールはガラスが空気を通さないことを知っていたのです（シャンパーニュをびん詰めする方法を知っていたからかもしれません）。第二に，比較的小さなびんを使ったこと。大きなガラスびんのほうが壊れやすいという理由からでしたが，小さなびんを使ったおかげで，食品の中心部も沸騰する湯の温度と同じになるまで，完全に熱を通すことができたのです。このプロセスが食品に隠れている有害な微生物を全滅させるという事実については，アペールはほとんど知りませんでした。もしも大きな容器を使っていたら，食品に完全に熱を通すことができず，完全な殺菌はできなかったかもしれません。不注意な食品業者の場合，こうした事態が実際に起き，死に至る事故に発展したケースもあります。こうした例については追って見ていきましょう。

　アペールが粘り強く試作を繰り返して完成させた保存食品は，ローストミート，チキン，魚，シチュー，スープ，ソース，野菜，果物，デザートまで十数種にものぼりました。肉料理はすべて部分的に加熱調理を済ませてガラスびんに詰めてから，沸騰する湯のなかで湯せんして熱しました。湯せんの時間は，通常1〜2時間でした。ちょうどいい時間は，試行錯誤の末に導き出されました。1804年，アペールは食品保存のための大規模な実験施設を創設し，開発したばかりの方法を使ってフランス海軍に試してもらうのに十分な量の保存食品を製造しました。この試みが成功したのを受けて，1809年に政府に結果を提出しました。政府はアペールの方法を承認し，保存食品を製造するプロセスを完全な報告書にまとめるように要請し，1810年には報奨金を支払いました。アペールがこの仕事に取り組み始めてから14年後のことでした。アペールの報告書「数年間にわたり全種類の動物性・植物性食品を保存するための技術」は，食品のびん詰めに関する詳細の説明など107ページにおよび，そのほかに61ページものレシピが付記されていました（Appert 1812）。アペールは報奨金を使って1812年に自分の会社と小さな工場を設立し，この工場は1933年まで操業しました。

　アペールが発明した方法は，多くの人々から注目を集めました。その一人でイギリス人発明家のピーター・デュランドは，ガラスびんよりも当時発明されたばかりの割れない金属の容器の方が適していると考えました。デュランドは1810年，はんだ付けしてつくった鉄の容器を，酸性の食品にも耐えられるようにスズで裏打ちし，これを利用して保存食品を製造するという方法で特許を得ました。食品を保存するためのまったく新しい方法，缶詰の誕生でした（図4.2）。1812年，二人のイングランド人，ブライアン・ドンキンとジョン・ホールが，デュランドの特許を購入し，ドンキン・ホール・アンド・

ギャンブル社を設立しましたが，缶詰の商業的な成功は限定的なものでした。というのは，当時の缶詰は非常に高くついたうえ，開封時には金づちとのみで開けなくてはならなかったのです（缶切りは1855年まで発明されませんでした）。缶詰の主な顧客はイギリスとフランスの政府で，自国の陸海軍に栄養価が高く，味がよく，腐らない食品を供給することができるようになりました。ナポレオンが最初に行った要請で求めたのは軍隊のために保存食品を製造する方法ですから，缶詰は少なくともこの条件を完全に満たしていたことになります。

　1800年代初め，缶詰の普及は比較的ゆっくりと進みました。主なネックは，費用がかさむために富裕階級か政府にしか利用できなかったことです。スズで裏打ちした缶をつくるだけで10数段階の製造工程が必要でした。缶詰を閉じてから，つなぎ目の表裏両面と，上下の縁の外側をはんだづけする必要があったからです。しかし，イングランド随一の製造業者，ドンキン・ホール・アンド・ギャンブル社から缶詰を購入する余裕があった富裕層は，その質と味に夢中でした。そして，安全性や欠陥に関するクレームは一切ありませんでした。イギリスの王立海軍はすぐに主要な顧客となり，長期の航海や遠征に出かける軍隊を中心に，軍船に供給するための缶詰を大量に買い上げました。1845年，王立海軍は，大きな利益に結びつく北西航路を開拓するために，莫大な費用をかけて史上最大規模の遠征に乗り出します。HMSエレバス号とHMSテラー号の2隻の軍艦が，北極海を航海するために装備され，3年間にわたり129人を十分に賄えるだけの食料が積み込まれました。遠征を指揮したのはジョン・フランクリン海軍大佐で，自ら指名した大佐や船員を率いました（さらに，犬のネプチューンとペットのサルのジャッコーも連れていきました）。王立海軍の見積もりでは，遠征には調理済みの肉，野菜，スープ，ソースの缶詰数十種類が合計でおよそ2万9500個必要とされました。積み込まれたスープ2万缶あまりはそれぞれ重さが1ポンド（454g），肉や野菜の缶詰9500個はそれぞれ1〜8ポンド（454〜3630g）でした。遠征の出発日は1845年5月19日に予定されましたが，海軍がすべての食料の注文内容を発表したのは同年の4月1日になってからのことで，予算内に期日を守って対応するのはほとんど不可能なくらいの難題でした。しかも悪いことに，王立海軍は，費用が最小で済むように入札で業者を選ぶことを決めたのです。ドンキン・ホール・アンド・ギャンブル社のように定評のある業者はすぐに競争から外れ，ロンドンのイーストエンドの場末にステファン・ゴールドナーが所有する小規模で不衛生な無名の缶詰工場が選ばれました。

　ゴールドナーが入札に勝ったのは，沸騰させた水道水ではなく，高濃度の塩化カルシウム溶液（純水よりもずっと高温で沸騰します）を用いて缶詰の食品を121℃に加熱す

る製法で特許を取得していたからかもしれません。この特許取得製法を用いればライバル業者よりもスピーディーに食品を缶詰にできるため，費用を抑えながらも納品期日に間に合わせることができるというのがゴールドナーのアイデアでした。しかし，ゴールドナーは悪徳業者で，利益を上げるためには手段を選ばず，結局は王立海軍を犠牲にしたのです。鮮度が悪く，重い骨が多く入ったごく安価な部位の肉や，腐ったりしおれたりした野菜を使いました。また，非熟練で不衛生な労働者を大勢路上で雇ったため，缶の製造と食品加工の過程で手抜きが行われました。血が飛び散っているような不衛生なゴールドナーの工場を，海軍は一度も検査しなかったと見られます。あるいは，契約書で検査はしない旨が定められていたのかもしれません。契約で定められた最初の月末まで，ゴールドナーは一個も缶詰を納入しなかったのです。心配し始めた（というよりもパニックだったかもしれません）海軍に対し，ゴールドナーは大型の12ポンド（5.44kg）の缶を使いたいと申し入れ，こうすれば早く製造することが可能になると主張しました。海軍はこれを批判せず，同意しました。そして実際に，ほとんどの缶詰に，海軍が当初指定していた1ポンドの缶よりもずっと大きな缶が用いられました。すべての缶詰がようやく埠頭に届けられたのは，出航の48時間前になってからでした。当然のことながら，出航のスケジュールを守るために急いでいた海軍は缶詰の中身を確認せず，評価もせずにそのまま受け入れ，すべてを船の下階にある貨物室に詰め込みました。ゴールドナーは納入期限を守り，全額の支払いを得ましたが，1852年以降は行方をくらませました。なお，これらの情報のほとんどは，当時の政府の記録に詳しく記載されたものです。

　フランクリンの遠征がたどった運命については，わかっていないことがたくさんあります。遠征に参加した129人全員の命が失われたからです。凍死，肺炎などの病死に加え，原因不明のケースもあり，それらはもしかしたら食中毒や人肉食が死因だったかもしれません。長年にわたり，数多くの救助や捜索の計画が試みられました。船が2隻とも2年間にわたり完全に氷に阻まれたこと，船員たちはやがて船を見捨てて氷と雪の上を逃走する道を選んだことが，のちに明らかになりました。1984年，遠征に参加した船員の遺体数体が，保存状態のよい凍死体で発見され，アルバータ大学のオーウェン・ビーティー博士によって検視されました。2014年と2016年，2隻の船は驚くほど損傷の少ない状態で沈んでいるのが見つかりました。

　遺体の組織からは，非常に高いレベルで残留した鉛が検出されました。最近まで，乗組員たちは鉛の中毒で体調を崩し，やがて死んだと考えられました。船内で飲用や料理用の水を通すのに使われていたパイプと，缶詰を密閉するのに使われたはんだは，いず

れも鉛を含んでいたからです。しかし今では，ボツリヌス菌が出す致死性のある神経毒，ボツリヌス毒素で汚染された不良品の缶詰を食べたことが多くの人の死因だったことが，証拠により明らかになりました。一人の遺体の内臓からは，クロストリジウム属菌の一種の芽胞（ほう）が検出されました。食中毒は，ゴールドナーが急いで注文をこなすために大型の缶を使ったことが原因と考えられます。12ポンドという大きさの缶の食品を完全に加熱することは，121℃に熱した塩化カルシウム溶液の湯せんを用いた場合，1ポンドの小さな缶よりもずっと長い時間が必要となり（必要な時間は食品によって異なります），食品の中心部に低温の部分が残り，クロストリジウム属菌の芽胞が完全に死滅しなかった可能性があります。クロストリジウム属菌の芽胞を全滅させるには，115〜121℃で3分間熱する必要があります。しかし，ゴールドナーは12ポンドの缶を，1ポンドの缶のときと同じ時間しか熱しませんでした。有毒な微生物を殺菌するのに熱が必要だということをまったく知らなかったからです（しかも，注文をこなすために急いでいました）。ボツリヌス菌は1897年まで知られていませんでした。1845年にはアペールさえも，熱は食品に含まれる空気を完全に抜くためだけに必要だと考えていたのです。缶詰のなかに閉じ込められると，嫌気性のクロストリジウム属菌の芽胞はしぶとく生き延び，熱によって活性化されると成長し，致死性のある神経毒を生成します。燃料が不足していたこともあり，缶詰の一部，特に氷原からの避難ルートを探していたソリ部隊が持ち出したものは，十分に高い温度で加熱されなかったために残留毒素を破壊できなかった可能性があります。ボツリヌス毒素C型を99％破壊するには，食品を80℃で5分間加熱する必要があります。

　手抜きが原因で起きたこの悲劇的な事件を別にすれば，缶詰は食品保存の非常に安全な方法だということが示されています。1974年には，アメリカの国立食品加工業協会が，1865年に製造された缶詰の食品を開けてテストしました。中身の見た目，におい，ビタミン含有量については劣化していましたが，細菌による汚染の痕跡は見られませんでした。おいしそうには見えないとしても，問題なく食べられる安全性があると評価されたのです。

料理の芸術が調理の科学と融合する

　1820〜1860年にかけて，フランスとドイツで科学の世界，特に食品化学の分野には大きな進展がありました。両国の大学の科学者たちは，激しい競争を繰り広げ，おかげで研究は加速されました。1830年代末までに，植物と動物には，糖，脂肪，それに

やがてタンパク質として特定される窒素含有物質が含まれることをつきとめました。これらの物質は，水とともに，食品に存在する多量栄養素すべて，つまりは食品が調理されると起きる変化に関わるすべての成分を含んでいることを発見したのです。何年も前に私が大学院生で有機化学の博士課程にいた頃は，ドイツ語で科学論文が読み書きできるようになることが求められました。私のように語学の才能がない学生にとって，科学の分野で使われるドイツ語はとりわけ難しいものでした。文が1段落にわたって切れ目なく続いていたり，いくつもの語をつなげてつくられた合成語が次々出てきたりするからです。たとえば，7254はドイツ語で「siebentausendzweihundertvierundfünfzig」となります。ギネスブックに掲載されている世界で一番長い単語は，やはりドイツ語の「rechtsschutzversicherungsgesellschaften」で，「法的保護を提供する保険会社」を意味します。

　なぜドイツ語の科学論文の難しさについて触れたかといえば，1812年，ドイツ人化学者フリードリッヒ・アックム（1769～1838）が調理科学の先駆けとなる本を書いたのですが，その題名が下記のように，すべての科学書のなかで，あるいはすべての本のなかで最長ではないかと思われるからです。『調理の科学的原理を示す調理化学–おいしくて健康的なピクルス，酢，ジャム，フルーツゼリー，マーマレードなど家政において用いられる多様な食品をつくるための簡潔な手引きも掲載。さらに，食品の種類別の化学構成と栄養価を付記』。幸いなことに，この本は通常は短く『調理化学』と呼ばれています。長ったらしい題名にもかかわらず本がよく売れたおかげで，アックムは貧困から脱しました。アックムは「食品を料理する技術は化学の一分野であり，台所は化学実験室だ」と書いています。また，当時広く出回っていた粗悪な加工食品を「びん入りの死」と呼びました。この問題に一般の読者の注意を引くうえで，アックムの本は，冗長な文体は別にして，大いに役立ちました。ドイツ人に負けないくらい活躍したのが，フランスのジャン・ブリア＝サヴァラン（1755～1826）です。本業は法律家でしたが，美食家，アマチュア調理科学者として有名で，死の2カ月前に出版された著書『味覚の生理学』（1825年，邦訳：1953年，創元社）は広く知られています。この本のもとの題名はアックムに負けていません。『味覚の生理学，または卓越した美食についての自省録–複数の文学ソサエティーに属する学者によってパリの美食に捧げられた理論的，歴史的，時事的な作品』です。ブリア＝サヴァランについては料理や美食の世界で非常によく知られており，著書の題名にすべてが表れているので，その生涯についてはここでは割愛します。

　ユストゥス・フォン・リービッヒ（1803～1873）は，当時よく知られていたドイツ

の化学者で，食品化学と調理科学に多大な貢献をしました。化学者として精力的に活動し，薬学から，有機化学，農業化学，生理化学，食品化学，それに下水の化学に至るまで，幅広い分野に数多くの業績を残し，多大な影響を与えました。また，実験は非常に注意深く行い，学生たちにはほかの科学者の仕事を再点検させ，評価させることもよくありました。リービッヒが書いた数多くの著作のうちの代表作で1847年に出版されたのが，『食品の化学に関する研究（Research on the Chemistry of Food）』という簡潔な題名の本です。食品に含まれる糖，脂肪，タンパク質の発見に関わった科学者は多数いて，フランスのミシェル・シュヴルールとジャン・デュマ，オランダのヨハンネス・ムルデル，スウェーデンのイェンス・ベルセリウス，それにドイツのフリードリッヒ・ヴェーラーの名が挙げられます。しかし，とりわけ重要な貢献をしたのがリービッヒで，特に食品の成分が健康維持のために果たす栄養学的な役割を解明しました。呼吸が燃焼の緩やかな形態であり，食品中の有機物質が酸化して二酸化炭素を合成し，それが呼吸で吐き出されることに加え，その化学反応で発生する熱が体温のもとであることを示したのです。リービッヒはさらに，「食品中の吸収されなかった窒素は，燃やされなかった，つまり酸化されなかった炭素とともに，尿や便として排泄される」とも述べました。

　とりわけ成功したリービッヒのプロジェクトには，貧困層や病人，障がい者のための安価で栄養価の高い食品としての肉エキスの開発があり，1862年には，共同事業者のゲオルグ・ギーベルトとともにリービッヒ肉エキス社を設立しました。ギーベルトがビジネスを軌道にのせ，リービッヒは裕福になりました。同社は今では多国籍企業ユニリーバの傘下に入っています。リービッヒの肉エキスの製法は，刻んだ肉を重量比8〜10倍の水で30分間ゆでて，肉に含まれる栄養分をすべて溶かし出し，脂肪を取り除き，蒸発によってエキスを濃縮するというものでした。このやり方で，15kgの肉が，450gの「（薄めたときに）128人分のスープをつくるのに十分なエキス」に濃縮されるのです。

　数多くの偉業を成し遂げたリービッヒですが，残念ながら，今日の調理科学の世界では犯してしまった間違いの方がよく知られています。リービッヒは，肉を沸騰した湯に入れると，表面のタンパク質が固まって，肉汁や栄養素が失われるのを防ぐバリアになると主張しました。それ以来，高温のフライパンやオーブンで焦げ目をつけた肉の表面は殻のようになり，肉から肉汁の損失を防ぐとシェフたちの間で信じられるようになりました。しかし，リービッヒは，肉を煮るのではなくその表面を焼く場合について，自説が当てはまると主張したことはありませんでした。1930年にミズーリ大学で行われた研究で，非常に高温のオーブンで焼いたロースト肉は，低温のオーブンで調理した場

合に比べて水分が多く失われることが示され，表面を焦がすことに肉汁の損失を防ぐ効果はないと証明されました。実際，加熱調理した肉から失われる水分量は，肉の内部温度と比例することが明らかになっています。肉を蒸し煮にすると肉がジューシーになるという神話は，1970年代と1980年代に行われた研究で否定されました。水などの液体を煮立たせて肉に熱を加えると，筋肉繊維が縮み，オーブンで焼いたロースト肉と同じくらいの水分が絞り出されることが示されたのです。

　リービッヒは料理のもう一つの分野で，今ではシェフたちに忘れられている功績を残しました。リービッヒの教え子のアメリカ人，エーベン・ノートン・ホースフォード（1818〜1893）がハーバード大学の化学教授になり，1856年，パンや焼き菓子をつくるときにこれまでの酵母のかわりに使える新しいベーキングパウダーの特許を取得しました。ホースフォードはロードアイランド州ラムフォードにラムフォード化学工場を設立し，商品名を「ラムフォード・ベイキングパウダー」として製造販売しました。ドイツではリービッヒが，白い精製小麦粉から「パンをつくるための化学的な製法」としてベーキングパウダーを宣伝しました。リービッヒの指示のもとで，教え子の二人が，カルシウムリン酸塩とマグネシウムリン酸塩，それに炭酸水素ナトリウム（重曹）の混合物を使い，ヨーロッパでのベーキングパウダー製造を行いました。1868年，リービッヒは白い精製小麦粉（ふすまを除去した小麦粉）からつくられた白パンが，全粒粉でつくられたパンよりも栄養価において劣ることを示しました。

　ルイ・パスツール（1822〜1895）は，ワインと牛乳の発酵と腐敗における微生物の役割について1857年に発表した偉大な研究で知られています。牛乳や果物のジュースの保存性を高めるために，一定の温度で一定の時間熱することで微生物を殺菌する低温殺菌法は，英語では彼の名にちなんでパスチャライゼーションと呼ばれています。これよりも知名度はぐんと下がりますが，科学の世界で同じくらい重要なのが，自然発生する有機物の分子に鏡像異性という3次元の形があることの発見でした。まだキャリアの初期にあったパスツールは，結晶の形，とりわけワインから得られる酒石酸塩の結晶の形に大きな興味をひかれていました。酒石酸の酒石酸ナトリウムアンモニウムの結晶を人工的につくる試みを繰り返すうちに，小さな結晶のうちのいくつかに互いに鏡像をなすものがあること（図4.3）に気がつきました。右の結晶は左の結晶の鏡像です。私たちの両手も同じ関係にあります。右手は左手の鏡像ですが，どちらを下にしても完全に重ね合わせることはできません。右手を左手の上に，あるいは左手を右手の上に重ねると，親指が反対側にきてしまい，ぴったり重ね合わせることはできないのです。

　さらにパスツールは，「右手」の結晶だけを水に溶かしてつくる水溶液は右回り（時

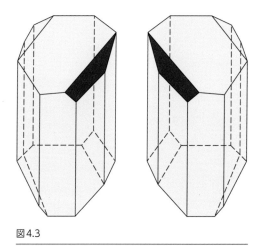

図4.3

ルイ・パスツールが発見した左旋性と右旋性の酒石酸ナトリウムアンモニウムの結晶

計回り）に偏光面を回転させ，「左手」の結晶の水溶液は同じ偏光面を左に回転させることを示しました。つまり，結晶の鏡像の一対は，偏光面を左にも右にも回転させることができることから，光学的に活性であるといえます。結晶を水に溶かすと，すべての分子が水溶液に放出されます。つまり，水溶液を通過する偏光の回転は，水に溶けた分子によるもので，結晶によるものではありません。酒石酸ナトリウムアンモニウムの結晶の3次元構造は，鏡像として存在することになります。一つの鏡像は右手のように，もう一つは左手のように形づくられます。パスツールはこの見事な研究結果を，1848年5月にフランス科学アカデミーの講義で発表しました。今日では，偏光面を反対に回転させる分子を鏡像異性体と呼びます。

　なぜ，食品と調理の科学においてこのことが重要なのでしょうか。光学的に活性な形態で存在する分子の多くは，かなり異なる味とにおいをつくり出すからです。それはなぜかというと，口内と鼻孔内で味やにおいの分子を感知するタンパク質受容体も，光学的に活性であり，特定の鏡像異性体だけを感知し，もう一方の鏡像異性体は感知しないのです。このため，同じグルタミン酸ナトリウムでも，偏光を右に回転させる（右旋性といわれる）光学異性体（鏡像異性体）はコクとうま味を生み出しますが，反対に偏光を左に回転させる（左旋性といわれる）光学異性体は無味なのです。

　においに関連した例として，カルボンと呼ばれ，自然に発生し，光学的に活性な分子があります。偏光を右に回転させる鏡像異性体は，キャラウェイシードのような香りがありますが，鏡像の鏡像異性体はスペアミントの香りを放ちます。この場合，キャラウェイシードのような香りの鏡像異性体は，スペアミントの香りを生成する鏡像異性体とは異なるタンパク質受容体を活性化させると考えられます。パスツールの発見は，香りの化学の理解を根本から揺るがすような影響を与えました。これについては第5章で詳しく見てみましょう。

　同じ時代に調理科学に大きく貢献した有名シェフに，ジョゼフ・ファーブル（1849〜1903）がいます。マリーアントワネット・カレームの弟子で，科学を料理に応用することの重要性を若いうちから学び，スイス人でありながらフランス料理界の最高峰に

まで名を上げました。14歳で孤児になり、スイスの貴族の家庭で料理人の徒弟を3年間務めてから、1866年にパリに移りました。独立すると、フランス、ドイツ、スイス、イングランドの数多くのレストランで働きました。1877年には、業界誌「*L'Art culinaire*（調理科学）」を創刊しました。料理に科学を応用することを促す内容で、7年間にわたり刊行されて好評を得ました。さらに、1879年にはシェフの職業組合をつくり、別の業界誌「*L'Art culinaire*（料理のアート）」を創刊し、アートと科学の双方を料理に融合させるシェフの第一人者になりました。ファーブルはまた、魅力的でおいしくて健康によいレシピの開発に科学を応用することの重要性を認め、「調理の科学の目的は、食を通して、活力と知的能力を支える健康に寄与することだ」と述べました。ファーブルは、1895年に出た4巻組の『実践的世界料理事典（Dictionnaire universal de cuisine pratique）』の著者として最もよく知られているかもしれません。

　19世紀の章を閉じるにあたり、最後に登場するのがエラ・イートン・ケロッグ夫人（図4.4）です。調理科学について本を書いた最初の女性の一人で、1892年に出版された著書『台所の科学（Science in the Kitchen）』は、健康的な調理法とレシピが主な内容でした。エラ・イートンはアルフレッド大学（ニューヨーク州アルフレッド）を1872年に卒業すると、すぐに傷病兵のリハビリを行うバトルクリーク療養所で働き始めました。そこで療養所の創設者で、コーンフレークで有名なケロッグ社一族のジョン・ハーヴィー・ケロッグ博士と出会い、やがて結婚します。療養所でのケロッグ夫人の主な役割は、料理学校を創設して運営することと、患者のための健康的な献立をつくることでした（患者は最盛期の1906年には7000人に達しました）。1884年に「健康料理の原理を打ち立てる」ことを目的に料理の実験室を創設し、これが有名な著書『台所の科学』につながりました。2018年4月、アルフレッド大学で「台所の科学」という題の招待講義を行い、大学図書館に所蔵されている『台所の科学』の初版本（図4.5）を閲覧する幸運を得ました。

図4.4

エラ・イートン・ケロッグ夫人。写真＝ニューヨーク州アルフレッド、アルフレッド大学所蔵

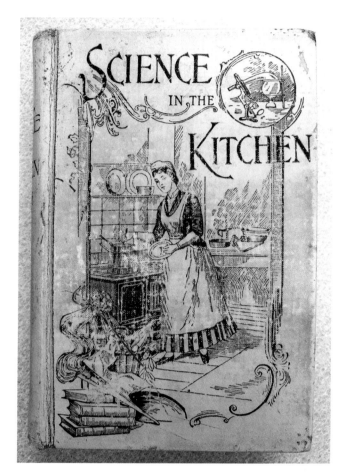

この本は，ファーブルが手掛けた調理科学の業界誌と同じように，調理科学の新たな方向性を打ち立てるもので，食品の栄養成分の解説とともに，健康的な食生活のための食品の選び方と料理の方法が書かれています。第6章で説明するように，料理をする人が調理科学から得られるとりわけ重要な利点は，魅力的でおいしく，そして健康によい料理をつくる方法を示すことです。ケロッグ夫人は，調理科学の先駆者として，人類の健康に大きな貢献をする道を切り開いたのです。

図4.5
エラ・イートン・ケロッグ著『台所の科学』（1892年）表紙。ニューヨーク州アルフレッド，アルフレッド大学所蔵

コラム4.1　大きな数と小さな数

　数は混乱を招くことがあります。サケのグラムあたりの値段や銀行の普通預金の残高など，日常的に目にする数字ではない場合はなおさらのことです。科学の世界や先進国の多くでは，重さ（kgなど）から長さ（mなど）まで，すべてを測定するのにメートル法・十進法が使われています。一方，アメリカなど一部の国では，長さにインチとフィート（12インチ＝1フィート），重さにオンスとポンド（16オンス＝1ポンド）など，複雑な単位が使われています。非常に大きな数や，非常に小さな数を扱う場合はメートル法の方がずっと扱いやすいです。光の速さは非常に速いということは誰もが知っています。秒速は 3.00×10^8 m，そして1年間に進む距離（光年と呼ばれる）は 9.46×10^{15} m，すなわち 1×10^{16} m弱にも達します。このような数字の場合，距離を10の単位で図ることはとても便利です。なぜなら，10の10倍は，$10 \times 10 = 100$ で，10^2 で表せるからです。この「2」を累乗の指数といいます。10を3回掛けると $10 \times 10 \times 10 = 1000$ となり，10^3 と書きます。累乗の指数は，10をいくつ掛けるかを表し，したがって数の大きさを1000（10^3），100万（10^6），1兆（10^{12}）などと表すことができます。1光年をmで表すと，1の後に16のゼロが続き（10を16回掛ける），つまり約10,000,000,000,000,000mになります。この巨大な数の1のすぐ右に点をつけるなら，その点の後には16のゼロが続きます（数えてみましょう）。すなわち 1×10^{16} mが，1年間に光が進む距離です。100万光年では，光は $10^{16} \times 10^6 = 10^{22}$ m進みます。累乗の数どうしを掛けあわせるときは，累乗の指数を足すだけでよいのです（$16 + 6 = 22$）。メートル法は，こうした非常に大きな数を扱うのを比較的容易にしてくれます。

　このほかの非常に大きな数の例としては，ある物質の特定の量に含まれる原子や分子の数があり，グラム単位で原子量または分子量を表したものにあたります。分子は，1個を超える数の原子で構成された物質です。たとえば，水の1分子は，水素原子2個が酸素原子1個と化学結合したものです（H-O-H，H_2O とも書かれます）。水素の原子量は1，酸素の原子量は16で，水分子の分子量は18となり，1898年に化学者たちはモル（分子量すなわちモレキュラー・ウェイトの短縮形）と呼ぶことを決めました。化学の授業を受けたことがあれば，モルという語に聞き覚えがあるかもしれません。基準として，大さじ1杯の水は15gで，18gすなわち1モルの水は，約大さじ1.2杯にあたります。何年も前に（1811年頃），イタリア人科学者アメデオ・アボガドロ（1776〜1866）が，ある物質の1モルには 6.022×10^{23} 個の分子が含まれ，それは6の後にゼロを23個つけた数にほぼ等しいと定めました。たった18gの水に含まれている分子の数ですが非常に大きな数です。どんな物質でも1モルに含まれている原子または分子の数は 6.022×10^{23} 個であり，これはアボガドロ定数として知られるようになりました。もう一つの例としては，二酸化炭素（CO_2）の分子量は44（$2 \times 16 + 1 \times 12$，炭素の原子量）であり，つまり二酸化炭素44gは1モルに相

当し，やはり6.022×10^{23}個の二酸化炭素の分子が含まれます。標準大気圧と常温では，二酸化炭素などの気体1モルの体積は22.4Lで，つまり二酸化炭素22.4Lの重さは44gとなります。同様に，酸素（O_2）1モルは分子量が32（2×16）で，体積は22.4L，重さは32gになります。また，窒素（N_2）1モルなら，体積は22.4L，重さは28g（2×14）になります。

　空気を構成する気体（窒素78%，酸素22%，そして二酸化炭素わずか0.04%）は，どれも1モルの体積が22.4Lで，6.022×10^{23}個の分子を含むことになります。この知識をもとに，空気1Lには25×10^{21}の分子が含まれると計算することができます。イタリアのノーベル賞受賞物理学者エンリコ・フェルミ（1901〜1954）は物理学の講義のために，空気1Lに含まれる分子の数を計算しました。さらに，地球を取り囲む空気のおおよその体積と，その体積の空気に含まれる分子の数を計算し，二つの数の割合を出しました。すると，今日生きている人一人が呼吸する空気1Lに，カエサルが最後の息で吐き出した空気に含まれていた分子が少なくとも1個含まれている確率は，100%に達すると見積もることができました。もちろん，フェルミは確率の計算を簡易化するために，さまざまな仮定をしています。たとえば，カエサルの呼気に含まれていた分子は今も空気中にあって，木や人体など空気以外の物質には取り込まれていないという仮定も含まれます。

　ここで，原子や分子の大きさなど，非常に小さな数について考えてみましょう。大さじ1.2杯の水（1モル）におよそ6.022×10^{23}個の分子が含まれているのですから，それぞれの分子は想像を絶するくらいに小さいはずです。1000万個の原子（たとえば炭素の原子）を取り出して一列に並べるとしたら，その長さは約1mmにすぎません。同様に，えんぴつの先には1000万（10×10^6）個の原子が含まれています。原子の直径を最初に推定したのはスウェーデンの物理学者アンデルス・オングストローム（1814〜1874）で，自分のラストネームを原子の直径の単位として定めました。今日では，ごく短い長さにオングストロームよりもnm（ナノメートル）を用いますが，原子の直径は単位が変わっても昔も今も変わらず，約0.1nm，1×10^{-10}mです。1nmは1×10^{-9}m，もしくは0.0000000001mに等しく，本当にごく小さな数です。

　メートル法で非常に小さな数を扱うときには，10の累乗の指数が正ではなく負になります。累乗の指数が正の場合は10をいくつ掛けるかを表しますが，負の場合は10で何回割るかを表します。したがって，10^{-3}は10で3回割った数で，0.001にあたります。このときの累乗の指数は-3です。同様に，10^{-6}は0.000001で，1/100万です。ヒトの嗅覚では，空気中に1/1兆にも満たないレベルでも，いくつかのにおい分子を嗅ぎ分けられるという事実を思い出しましょう。これは，水や空気などの1兆個の分子のなかに，1個の分子が放たれた状態になります。これは$1/10^{12}$，つまりは3万2000年のうちの1秒に等しくなります。ヒトの嗅覚は非常に敏感なのです。例として，たばこを吸わない人なら，運転していて窓を開けた車とすれ違うときに，その車内で誰かがたばこを吸っているにおいを感じたことがあるかもしれません。このとき，吸い込んだ空気のなかに，たばこの分子はいくつ入っていたと思いますか。小さな質量を表す単位は，グラム，

ミリグラム（1gの1/1000，すなわち10^{-3}g），マイクログラム（1gの1/100万，すなわち10^{-6}g），ナノグラム（1gの1/10億，すなわち10^{-9}g），ピクトグラム（1gの1/1兆，すなわち10^{-12}g）です。あなたが吸った空気には，たばこの分子が1ナノグラムでも含まれていたでしょうか。あるいはもっと少なかったかもしれません。

参考文献

Morrison, P., P. Morrison, and the Office of Charles and Ray Eames.
Powers of Ten: A Book About the Relative Size of Things in the Universe and the Effect of Adding Another Zero. New York: Scientific American Library, 1982.

コラム4.2　肉を蒸し煮にするとジューシーになるのか

　ストックやワインなどで肉を蒸し煮にすると
ジューシーになるという説は，料理の世界で広く信
じられている神話です。たしかに，煮汁が浸透して
肉がジューシーになるような気がしてしまうかもし
れません。これが事実かフィクションかを決めるに
は，まずは肉の構造と，ジューシーな肉とパサつく
肉の違いをもたらす要因を調べる必要があります。

　食肉は，動物の筋肉組織です。主に，筋線維，結
合組織，脂肪，水でできています。筋繊維と結合組
織はタンパク質です。筋繊維の主要なタンパク質は
アクチンとミオシンで，結合組織の主要なタンパク
質はコラーゲンです。筋肉とその構成部の解剖図を
示したのが図1です。筋肉は何千もの筋線維の集ま
りで，それぞれの筋線維は非常に長い独立した筋細

胞でできています。筋細胞は束にまとめられ，結合
組織に包まれています。それぞれの繊維は，数百の
筋原線維と呼ばれる細管で構成されます。筋原線維
は，アクチン（細いフィラメント）とミオシン（太
いフィラメント）と呼ばれるタンパク質の帯状組織
が集まってできています。筋肉が収縮すると，アク
チンとミオシンのタンパク質が化学的な架橋の形成
によって結びつき，タンパク質どうしが密着します。
筋肉が弛緩すると，架橋が壊れ，アクチンとミオシ
ンがもとの位置に戻ります。アクチンとミオシンは，
Z線と呼ばれる別のタンパク質によって位置が固定
されています。

　動物の肉は，重さの75%が水です。そのうちの
80%が筋原線維に含まれ，太いフィラメントと細
いフィラメントの間のスペースに存在し
ます（図1を参照）。肉を高温で調理す
ると（ウェルダンにすると），筋原線維
が縮んで細くなり，内部の水分の一部が
失われます。この現象は40℃ですでに
始まり，60℃以上になると大量の水分
が失われます。50〜70℃に加熱すると，
筋線維は急速に縮み，もとの体積の半分
くらいになることが明らかになりまし
た。肉を調理してからすぐに薄く切ると
肉汁が出てくるのが見えますが，これは，
加熱調理の結果，筋原線維のなかにあっ
た水分が筋線維の間のスペースに絞り出
されていて，肉を切るとすぐに流れ出す
からです。調理中に筋原線維が激しく縮

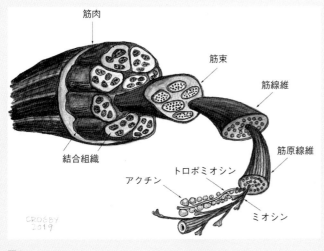

図1

筋繊維の構成と構造。紙に水彩とインク。著者によるイラスト

むことが，肉の水分損失の主要な原因なのです。

　筋肉組織の内部に水を閉じ込めておく力は，水分保持容量（WHC）と呼ばれ，調理によってどれだけの水が保たれるか（または失われるか）を左右します。肉のWHCに関係しているのが，塩溶液から水を吸収する機能です。肉のWHCを決定する最も重要なファクターの一つが，肉のpHです。調理した肉のジューシーさは柔らかさとして感じられるので，生肉のpHが，肉を調理したときの味を決める最も重要なファクターといえるかもしれません。

　ゼムクリップをつないでつくった長い鎖のように結合してタンパク質を合成するアミノ酸の多くは，電荷をもちます。タンパク質のさまざまな部位の電荷は，近くにあるタンパク質とどのように作用し合うかに大きく影響します。これらの電荷は，タンパク質のまわりの環境のpHに直接的に左右されます。酸性の環境では，タンパク質は正の電荷をもちますが，アルカリ性の環境では，負の電荷となります。等電点と呼ばれるpHでは，隣り合うタンパク質同士の正負の電荷が等しく，完璧にバランスが取れた状態となり，タンパク質の電荷がゼロになります。このpHでは，タンパク質の間に反発し合う作用は働かず，すべてのタンパク質が群衆のような集まりを形成します。このように筋肉のタンパク質が密集していると，筋原線維のなかに水を保持できるスペースはほとんどありません。しかも，密に詰まった筋線維は噛み切りにくくなります。つまり，pHが等電点にある肉を調理すると，固くパサついた肉になるわけです。

　牛肉や豚肉などほとんどの肉の等電点はpH 5.2前後で，筋肉のタンパク質が負の電荷となるため，タンパク質どうしが反発します（プラスどうし，マイナスどうしが退けあうことを思い出しましょう）。こうして，水が入り込めるスペースが増えて，筋線維が噛み切りやすくなります。脂肪のない豚肉の質は，pHに大きく影響されます。豚肉が柔らかくジューシーであるためには，pHが6.5以上でなくてはなりません。幸いにも豚肉のpHを判断するのは簡単で，色の濃い豚肉ほどpHが高くなります。アメリカ農務省の新たなガイドラインによれば，豚肉は比較的色が濃くて脂肪が全体に散っているものを選び，一番厚い部分の内部温度が63℃になるように調理するのがおすすめです。加熱後の肉の中心部はまだピンク色であるべきです。牛肉は，豚肉よりも酸性で，pHが5.5〜6.0くらいのことが多いです。でも，カットした牛肉の内側は無菌状態なので，52〜54℃で調理しても食中毒のリスクはありません。のちに見るように，肉の内部温度を低く保って調理すれば，より柔らかくジューシーに仕上がります。さて，とうとう「肉を蒸し煮にするとジューシーになるのか」に答える準備が整いましたが，その前に，肉のpHは動物が屠殺の直前にどのように扱われていたかに大きく左右されることに触れておきましょう。動物のストレスが大きいほど，屠殺後の筋肉組織に乳酸が増大し，pHの低下を引き起こします。ストレスが多い＝酸が増える＝pHが低下するというわけです。

　では，肉を蒸し煮にすると，本当にジューシーになるのでしょうか？　答えはノーです。pHが決まっていれば，肉のなかに保たれる水分量は温度に左右され，調理法とは関係ありません。なぜなら，肉の温度が，どれだけ筋線維が縮むか，どのくらいの水分量を保持するか，ひいては肉がどれだけ柔らかくなるかを決定するからです。この結論を裏づける研

究は，すでに40年前に発表されています。「*Journal of Food Science*」，「*Journal of Animal Science*」，「*Meat Science*」（参考文献参照）各誌に1970年代から1980年代初頭にかけて掲載された論文も，この結果を支持しています。表面を焼いてから蒸し煮にすると肉がジューシーになるという神話が今も不滅なのは，驚くべきことです。

　次の表は，「*Journal of Food Science*」誌に発表された研究結果をまとめたものです（McCrae and Paul 1974）。ここでは，厚さ2.5cmのステーキ用牛モモ肉を用い，表面を焼いてから蒸し煮にする場合とローストする場合で「クッキングロス」を比べました。双方とも，内部温度70℃で調理しました。ローストのオーブンの温度は163℃でした。蒸し煮には水を使いました。

計測したもの	蒸し煮	ロースト
クッキングロスの合計	29.58%	28.20%
肉汁の損失	20.02%	5.62%
蒸発	9.57%	22.58%

　（少量の脂肪とともに）失われた水分量に注目すると，どちらの調理法でもほぼ同じです。しかし，興味深いことに，失われた水分の内訳は違っていました。蒸し煮で失われた水分は肉汁が失われた分がほとんどでしたが，ローストで失われた水分の多くは蒸発によるもので，これは論理的な結果です。肉を蒸し煮にしてもジューシーにならないことは明らかでしょう。

参考文献

Bendal, J. R., and D. J. Restall. "The Cooking of Single Microfibers, Small Microfiber Bundles and Muscle Strips from Beef Muscles at Varying Heating Rates and Temperatures." *Meat Science* 8 (1983): 93-117.

Bengtsson, N. E., B. Jakobsson, and M. Dagerskog. "Cooking of Beef by Oven Roasting: A Study of Heat and Mass Transfer." *Journal of Food Science* 41 (1976): 1047-1053.

Cross, H. R., M. S. Stanfield, and E. J. Koch. "Beef Palatability As Affected by Cooking Rate and Final Internal Temperature." *Journal of Animal Science* 43 (1976): 114-121.

McCrae, S. E., and P. C. Paul. "The Rate of Heating As It Affects the Solubilization of Beef Muscle Collagen." *Journal of Food Science* 39 (1974): 18-21.

Offer, G., and J. Trinick. "On the Mechanism of Water Holding in Meat: The Swelling and Shrinking of Myofibriles." *Meat Science* 8 (1983): 245-281.

Schock, D. R., D. L. Harrison, and L. L. Anderson. "Effect of Dry and Moist Heat Treatments on Selected Beef Quality Factors." *Journal of Food Science* 35 (1970): 195-198.

コラム4.3　重曹の多彩な運命（と使い方）

重曹は，炭酸水素ナトリウム（$NaHCO_3$）とも呼ばれ，遅くとも1869年からふくらし粉として使われてきました。重曹は熱したり，酸と混ぜたりすると，二酸化炭素（と化学反応の副産物である水）を生成します。単独でも用いられますが，リン酸二水素カルシウムと混ぜてベーキングパウダーとして使われることの方が多いです。また，特にバターミルクなど酸性の材料を使うレシピの場合は，重曹とベーキングパウダーを合わせて使うことがよくあります。ベーキングパウダーはオーブン内でゆっくり気体を発生させるようにつくられているのですが，重曹を入れないと，バターミルクの酸がすぐにベーキングパウダーを中性化してしまうのです。

こうしたことは，料理の世界では常識です。でも，重曹がほかのさまざまな料理にも使えることはあまり知られていません。ここで紹介する使い方はいずれも，重曹が弱いアルカリ性であることを利用しています。ほとんどの食材は中性か酸性で，重曹を除くと，よく使われるアルカリ性の食材には卵白しかありません。

長年にわたり，重曹は野菜の調理時間を短縮するために使われてきました。アルカリを加えると，ペクチンの分解が大幅に促進されるからです。ペクチンは植物の細胞壁を強化し，細胞どうしをつなぎ合わせる役目をもっています。現在では，野菜は固ゆでが好まれるので，重曹がこの目的で使われることはほとんどありません。でも，アルカリ性の重曹をひとつまみ加えることで料理がずっと楽になることがあります。たとえば「失敗なしのクリーミーなポレンタ」というレシピが，「Cook's Illustrated」（March & April 2010: 18–19）に掲載されました。粗びきのコーンミールを煮るのにごく少量（文字通りひとつまみ）の重曹を水に加えると，コーンミール細胞壁が柔らかくなり，調理時間も混ぜる手間も大幅に削減できました。ひとつまみで十分なのは，アルカリ性の重曹がペクチンの分解をいったんスタートさせれば，その後はひとりでに分解が進むからです。

ほかの用途としては，「カリッとしたジンジャースナップクッキー」のレシピ（Cook's Illustrated, November & December 2011: 22–23）に見られるように，重曹の量を増やすと，クッキーにきれいなひび割れができ，焦げ色がついて風味がよくさくっとしたクッキーに仕上がります。この場合，重曹はグルテンの形成を弱め，クッキーは多孔質な構造になります。アルカリ性の生地は，クッキーの伸びもよくなり，メイラード反応（メイラード反応の詳細は第5章の「風味のルール」を参照）により焦げ色がつき，風味がよくなります。

重曹を少量使うと，「家庭でつくる最高のフライ」も簡単です（Cook's Illustrated, January & February 2012: 12–13）。ジャガイモをサイコロ切りにして，重曹を少し入れた湯で1分間だけゆでると，外側が柔らかくなり，デンプン分子の一種，アミロースを放出します。これにより，ジャガイモをオーブンでローストしたときに，外側はカリッとキツネ色になりますが，なかは固くしっとりしたままで，仕上がりはクリーミーに柔らかくなります。この場合，重

曹はジャガイモの細胞壁が分解するのを促し，アミロースの放出を可能にするのです。

　最後の例として，重曹は肉を柔らかくするのにも使えます。豚肉の柔らかさは，肉のpHによって決まり，ある程度まではpHが高ければ高いほど，肉は柔らかくなります。「四川風ニンニクソースの豚肉炒め」（*Cook's Illustrated*, March & April 2012: 10–11）を例に考えてみましょう。豚肉を15分間だけ重曹の水溶液（重曹小さじ1を水カップ1/2に溶かす）に漬けると，肉がジューシーに柔らかく仕上がります。肉のpHを上げることで酸性が弱まり，保持される水分量が増して，柔らかくなるのです。

　これらの反応が起きる仕組みを理解するために，重曹の化学をもっと詳しくみてみましょう。アルカリ性物質の水溶液のpHは，中性を示す7よりも大きくなります。7よりも小さいpHの水溶液は酸性です。pHの尺度（0〜14）は，水溶液中の水素イオン（H^+）と水酸化物イオン（OH^-）の濃度を示します。酸を水に溶かすと，水素イオンが過剰にでき，それが水と組み合わさってヒドロニウムイオン（H_3O^+）を合成しますが，アルカリを水に溶かすと水酸化物イオンが過剰につくり出されます。中性のpH 7では，二つのイオンの濃度は同じです。重曹の5％の水溶液はpHが8前後になり，中性の7よりもそれほど高くないので弱いアルカリ性といえます。

　酸，アルカリ（塩基とも呼ばれる），pHについては，料理をする人なら誰でもよく耳にし，理解しているでしょう。しかし，重曹があまり安定していないことは理解していない人が多いようです。最初の段落で述べたように，重曹は熱で簡単に分解し，二酸化炭素と水を放出します。このとき，化学反応に

よって生じる副産物に炭酸ナトリウム（次の化学式を参照）があります。炭酸ナトリウムはずっと強いアルカリで，5％の水溶液のpHは11を超えます。このことは，重曹の水溶液に比べて1,000倍もの水酸化物イオンが含まれることを意味します。

$$2NaHCO_3 \Rightarrow Na_2CO_3 + CO_2 + H_2O$$

　では，重曹はどれくらい分解しやすいものなのでしょうか。私が「アメリカズ・テスト・キッチン」で重曹の5％水溶液のpHを測ったところ，pH 8でした。それから溶液の体積が減らないようにゆっくり熱し，わずかな量のサンプルだけをテストのために取り除きました。冷ました後，サンプルのpHをpHメーターで測りました。30分間熱した後，pHは約9.7に上昇していて，重曹の大部分が炭酸ナトリウムと水と二酸化炭素に分解し，このうち二酸化炭素は沸騰する水から空気中に放出されたことが確認できました。また，同じ化学反応をオーブンで引き起こすことも可能です。重曹を121℃のオーブンで1時間熱すると，炭酸ナトリウムが生成します。重曹も炭酸ナトリウムも白い粉なので，変化は目には見えません。しかし，それぞれの水溶液のpHを測ると，化学反応が起きたことがすぐに確かめられます。

　このことは，興味深い疑問を呼び起こします。食品に重曹をひとつまみ加えて煮たり焼いたりするとき，重曹の化学的な変化はどれくらい重要なのでしょうか。料理のうえで得られるさまざまな利点は，重曹のおかげか，それとも炭酸ナトリウムのおかげなのでしょうか。でも，料理がおいしくなれば，そんなことはどうでもいいかもしれませんね。

レシピ4.1　特製パン粉をのせて焼いたタラ

材料（2人分＊下記の注を参照）

エキストラバージンオリーブ油　大さじ1

赤ピーマン　30g（みじん切り）

ニンニク　1かけ（みじん切り）

辛口ベルモット1/4カップ＋適量（魚に振りかける分）

乾燥したパン（できればバゲット）2/3カップ（使う直前におろす）

バター　大さじ1

タラのフィレ（皮は取り除く）　340〜370g

しぼりたてのレモン汁

パセリ（みじん切り）

＊注：このレシピは何人分にも材料を増やして同じようにつくれます。小分けにして冷凍保存すれば数カ月保存できます。

※アメリカの1カップの容量＝約237cc

　もっと魚が食べたいと思いながらも，サケには飽きてしまい，タラのような白身魚は味気なくて面白味がないと思っていませんか。特製のパン粉をトッピングすることで，淡白な白身魚がとてもおいしくなるレシピをご紹介しましょう。平日の夕食にもぴったりの簡単さですが，特別な機会のごちそうにもなります。白身魚はすぐに火が通りすぎて固くパサパサになりがちですし，高価なので，家では白身魚を料理しないという人も多いようです。失敗はしたくないですよね。白身魚の料理を成功させるコツは，パン粉のトッピングをのせて焼くことで，魚が乾いたり火が通りすぎたりするのを防ぐことです。本当においしくなります。オイルを加えたパン粉は魚の水分を保ち，熱のあたりを柔らかくして焼きすぎを防ぐ効果があります。このパン粉は，ニューイングランドで海辺のレストランを経営する私の義父が，店で出す小エビの詰め物焼きのトッピング用に考案したレシピです。私はこれを応用し，ふっくらとおいしい白身魚の料理を完成させました。

　トッピングのおいしさの秘密は，赤ピーマンとニンニクで，みじん切りしてオイルでソテーし，ベルモットを少しふりかけます。どんなパン粉でも十分ですが，私はバゲットの残りを細かくおろしたものを使うのが好みです。また，リッツのクラッカーをおろして使うこともあります。ちなみにおろしたリッツをベースに，さまざまな材料を加えてトッピングがつくれますが，やはりバゲットでつくったパン粉のほうが食感も見た目もよくなります。市販のパン粉も使えますが，スーパーで売られている商品はかなり風味が落ちるので避けましょう。また，市販のパン粉は必ず成分表示を見るように。部分的に水素添加した植物油であるショートニングを使ったパン粉が，いまだに売られているからです。ショートニングは有害なトランス脂肪酸のもとになります。

　マッシュしたカリフラワー（第6章のレシピ6.2を参照）の上にこの魚をのせ，緑の濃い葉物野菜（ホウレンソウ，スイスチャード，カラシナ，チンゲンサイなど）とニンニクの油炒めと，少量のブラウンシュガーとバターでローストしたニンジンを添えれば，健康的なごちそうになります。

つくり方

　オーブンを180℃に予熱します。20cmのステンレスのフライパンを中火にかけ

てオリーブ油を熱し，ピーマンを加え，ピーマンの赤が少し色づき始めるまで，4分くらい炒めます。ニンニクを加え，1分ほどさらに炒めます。フライパンを火から下ろして1分ほど少し冷まします（ベルモットが熱いフライパンから飛び散るのを防ぐためです）。ベルモットを加えたら再び火にかけて，ベルモットがすべて蒸発するまで炒めます。再び火から下ろして1分ほど冷まし，パン粉を加え，よく混ぜます。好みにより，少量の塩と挽きたてのコショウで調味します。

　バターをほんの少量，浅い耐熱皿にしきます。魚のフィレを並べ，少量のベルモットをふりかけます。パン粉のトッピングでまんべんなく魚をおおい，オーブンの中段で20分焼きます。レモン汁を少しと刻んだパセリを振り，2人分に分けて供します。

5

近代科学が料理のアートに革命を起こす
（1901年〜現在）

風味のルール

　料理の腕を競い合うテレビ番組で，審査員が料理の味を評価するのに使われる表現に注意を払ったことがありますか。たとえば，「甘さと酸味のバランスが素晴らしい」とか，「苦味と塩味のコントラストを強調したら，もっとおいしくなる」とかいわれますね。何かお気づきの点はありませんか。そう，こうしたコメントでは，料理の味ばかりが言及されていて，風味については触れられていません（第1章で論じたように，味とにおいと風味はまったく別物です）。甘味，酸味，苦味，塩味は，どれも私たちの口のなかで味わうもので，それらににおいはありません。大規模な研究の結果，口の奥から鼻へ吸い込まれるレトロネーザル（後鼻腔）を中心としたにおいが，食品の風味の85%を左右します。しかし，審査員のコメントはにおいや風味ではなく味についてであることがほとんどです。人類は200万年にわたり食べ物を料理して味わってきたというのに，においと風味についての語彙をほとんど発達させませんでした。それはおそらく，感知できる基本味が6種類しかないのに対して，かぎ分けられるにおいは1万種類もあり，さらにその組み合わせで生まれるほとんど無限の風味を脳内でとらえているからではないでしょうか。そのすべてを言葉で表現することなど，どうやっても無理でしょう。アメリカの最高裁判所判事ポッター・スチュワートは，ポルノグラフィーの判断基準について「見ればわかる」と言いました。風味の描写は，これに似ています。自分の好きな風味はよくわかっていても，言葉で表現するのは難しいものです。料理番組の審査員ですらこの限界を逃れられません。けれども味については言葉で表現できるため，味だけ

図5.1

アートと食が美しい融合を見せるガラスボウルの桃の静物画。A・F・ボナーデル（1867〜1942）の油彩に基づき，著者が制作したパステル画（1956年）

を語らざるを得ないわけです。タラゴンのにおいを「タラゴンのようなにおい」以外の言い方で表現することはできますか。少なくとも，料理の風味が生まれる秘密を解き明かす科学を学ぶことは，風味について理解する助けになるでしょう。たとえ，風味を言葉で説明することはできないとしても。

　近代以降の人間が食べているものが食用に選ばれた理由はたくさんあります。風味，栄養，外見，食感，安全性，便利さなどです。世界中で数多くの研究がはっきりと示しているのは，人々が特定の食品を好きになり，それを食べることを選ぶ最大の要因は，その食品がもつ風味であるという事実です。ひいてはその人の食生活が健康なものになるか，危険なものになるかも，風味の好き嫌いが左右するわけです。こうした意味で，風味は，個人の遺伝的性質と同じくらいのインパクトを人間の進歩に与えた可能性があります。おいしくて魅力的な料理を家庭やレストランでつくれるかどうかを，食材の質と同じくらい左右するのが，調理科学の応用ができるかどうかです。すぐれた風味をつくり出す技術とプロセスのなかでもとりわけ重要なのが，1912年にフランスのパリ大学医学部の物理学者・化学者，ルイ・カミーユ・メヤールが発見したメイラード反応です。メヤールは，腎臓病と，腎臓で起きるある種の化学的プロセスがもたらす影響に興味をもっていました。多くのアミノ酸と，ブドウ糖（デンプンやグリコーゲンに由来する）や乳糖（牛乳に含まれる）などの単純な糖は，体液の一般的な成分であり，したがって腎臓を通ります。メヤールは，さまざまなアミノ酸を単純な糖とともに水に溶かして熱し，このときに起きる化学反応を調べることにしました。おそらくは彼自身も予想していなかった結果で，深い茶色の水溶液ができることがわかりました。メヤールは，この化学反応が，アミノ酸（タンパク質由来）と糖（デンプン，または哺乳類がブドウ糖を貯蔵する形態であるグリコーゲンに由来する）を含む肉のローストやパンに見られる焼き色のもとだと結論づけました。メヤールの英語読みに由来してその後メイラード反応と名づけられた現象が，肉やパンを焼いたり，コーヒー豆やカカオ豆を炒ったりするときに生まれる魅力的な風味のもとであることは，メヤール自身も想像しなかったでしょう。

　加熱調理した食品が茶色くなる現象は，非酵素的褐変（かっぺん）と呼ばれます。一方，ジャガイモやリンゴ，アボカドなどを切って空気にさらしたときに茶色になるのは，ポリフェノールオキシダーゼ（PPO）と呼ばれる酵素による反応で，こちらは酵素的褐変と呼んで区別します。メイラード反応はタンパク質・アミノ酸とさまざまな単純な糖（ショ糖を除く糖で，還元糖と呼ばれる）との間で起こり，タンパク質やアミノ酸は関与せず糖だけの化学反応であるカラメル化反応とは別物です。熱したフライパンで「肉をカラメル化

図5.2

アメリカ農務省の化学研究員ジョン・エドワード・ホッジ

する」と説明するシェフがいたとしたら，化学的に使い方が間違っています。実際には，肉に豊富に含まれるタンパク質とアミノ酸と，ごく少量のブドウ糖により，メイラード反応ならではの色と風味が生まれるのです。

　化学者たちは，メイラード反応の発見を受けて，これが調理した食品の風味に関わる可能性に気づいていました。しかし，メイラード反応の真の重要性を明らかにしたのは，1953年，アメリカ農務省（USDA）勤務の化学者ジョン・エドワード・ホッジ（1914〜1996）が発表した本格的な研究結果です。これは，「*Journal of Agricultural and Food Chemistry*」に掲載されたなかで最も引用数の多い論文となりました。ホッジの論文は，自分自身とほかの化学者によるメイラード反応の調理された食品の色と風味の役割に関する研究をまとめたもので，化学の世界を文字通りひっくり返すほどのインパクトを与えました。ホッジはカンザスシティ生まれのアフリカ系アメリカ人で，カンザス大学に学んだのち，イリノイ州ピオリアの農務省の研究所に40年間勤務した化学者でした。風味の化学に関して，ルイ・カミーユ・メヤールと同等の功績が認められるべき人物です。

　ホッジの先駆的な論文を受けて，世界中でさらなる研究が活発に行われました。その結果，食品を調理するときのメイラード反応をさまざまなやり方で調整すれば，風味がよくなることが明らかになっています。たとえば，室温でもメイラード反応は非常にゆっくりと起こりますが，150℃以上になると急速に進みます。肉やパンなどをオーブンで焼いたりフライパンで表面を焦がしたりすると，低温で調理したときよりも色と風味が濃くなるのはこのためです。ほとんどのレシピはパンや肉を焼く温度を180℃と指定していて，150℃よりも低温のことはほとんどありません（ただしバーベキューは除く）が，それはなぜだろうと思ったことはありませんか。ロースト肉は焼き色が濃いほど風味が増すことは，経験則として長年にわたり知られていました。それに，メイラード反応の進行は食品中の水分レベルに大きく左右され，水分量が多すぎも少なすぎもせず，中間的なレベルのときが最適になります。したがって，パン生地やローストビーフの表面に焦げ色が現れて風味がよくなり始めるのは，オーブンの熱によって表面の水分量が大幅に減ったときです。ステーキ肉は，表面の水分を取り除いてから熱したフライパン

に入れれば，ずっと早く焼き色がつき，風味を増し始めます。肉を蒸し煮にしたときの風味はローストした場合とかなり異なりますが，それも水分が高いレベルで煮汁に含まれるため，メイラード反応が起きにくく，ほかの反応が起きやすくなるからです。さらに，水をベースとした煮汁は100℃以上の温度には達しません。食品中のpHも重要な役割を果たします。pH（pH 7が中性）が5から9に上昇すると，メイラード反応速度が500倍も増すからです。アルカリ性の重曹でふくらませたクッキーは，重曹を入れずに焼いた場合よりもずっと焼き色が濃くなります。色が濃くて風味のよいローストチキンやターキーをつくるコツの一つが，少量のベーキングパウダーなどの弱アルカリ性物質を皮にすり込むことです。

　メイラード反応によって形成される化合物は3500種類以上見つかっており，調理された食品の風味が非常に複雑なものであることがわかります。これらの化合物のうちのほんの一部だけが，パンを焼いたり，コーヒー豆を炒ったりするときに生成されます。そしてほとんどはごく少量だけ生成されるのですが，感知できる閾値（特に嗅覚を通して）は非常に低く，ほんの微量が含まれているだけでも風味に影響を与えることがあります。メイラード反応生成物の一部は，数百万から1兆分の1未満という微量が生成され，それでも感知できます。1兆分の1とは，時間の長さでいえば3万2000年のうちの1秒にすぎないことを思い出しましょう。つまり，ごく微量しか生じない化合物が，風味を大きく高めることもありうるのです。ホッジの時代は，メイラード反応により生じる化合物の発見ができたのは，mg単位以上のみでした。これらのきわめて微量の化合物の多くが分離・同定できるようになったのは，高度な実験装置であるガスクロマトグラフィー質量分析計（GC-MS）が開発され，研究に使われるようになった1950年代末のことでした。ガスクロマトグラフィーは，複雑に入り混じった状態の化合物を，揮発性に基づいて分離します。私たちが嗅覚で感知するにおいのもとになる化合物において，揮発性は重要な要素です（におい（アロマ）は風味の最も重要な構成要素であることを思い出しましょう）。質量分析計はそれぞれの化合物の質量と構造を決定します。質量分析装置は1952年に開発されましたが，世界初のコンピューター制御できる質量分析計が導入されたのは1964年で，これを受けて，化合物を同定するプロセスは格段にスピードアップしました。以来，GC-MSはワインやエキストラバージンオリーブ油の風味のもとになる微量の化合物を同定するために盛んに使われています。

　さらに1970年代初めには，高速液体クロマトグラフィー（HPLC）と呼ばれる分析装置が開発され，質量分析法と連携して使えるようになりました。HPLCは気体ではなく液体の溶媒を使って，物性の違いをもとに，複雑に混じり合った化合物を分離します。

図5.3

フレーミングハム州大学で，著者がHPLC-MSを使っている様子（2011年）

こうして，においよりも味に重要かもしれない不揮発性の化合物の分離を可能にします。高速液体クロマトグラフ質量分析計（HPLC-MS）はより洗練され，比較的大量の水溶液または有機溶媒を質量分析計に用いることができるように開発されました。1980年代には，コンピューター制御により，これらの装置が風味の分析に日常的に使われるようになりました。図5.3はフレーミングハム州大学でHPLC-MSの装置の前にいる私の写真です（右側の装置の一部が質量分析計です）。メーカーによる1週間のトレーニングコースを受けたのですが，それでも，今まで使ったさまざまな装置のなかでとりわけ使いこなすのが難しいと思いました。幸い，私は大学院にいた最後の2年間に，化学部で最初の質量分析計操作をするために有給のティーチングアシスタントとして務めたことがあり，質量分析法の基本的な原理についてはある程度は理解していました。フレーミングハム州大学では，HPLC-MSを，ワインに含まれるレスベラトロールと呼ばれる

ポリフェノールの成分を測定するのに使いました。これらの高度な装置を用いることで，食品を調理することで生成される重要な風味の成分のほとんどすべてを同定することができます。

　メイラード反応でこれまでほとんど注目されなかった反応の一つが，肉をローストしたときに見られるアミノ酸やタンパク質と油脂の酸化生成物の反応です。肉を調理したときの油脂の酸化により，揮発性の各種のアルデヒド，ケトン，アルコール，そのほかさまざまな化合物の生成を通して，風味が格段によくなります。しかし，こうした酸化生成物は肉に含まれる豊富なアミノ酸やタンパク質とも反応し，新たな風味の分子と色素を生成します。この過程はブドウ糖のような単純な還元糖のメイラード反応における変化にとてもよく似ています。なかでもアルデヒドの一種である2,4-デカジエナールは，多価不飽和脂肪酸の酸化により比較的多く発生し，メイラード反応を通してロースト肉の風味のもととなる化合物を多数生成することがわかっています。油脂の酸化は，かなり高温で肉の表面が乾いた条件のときに起こります。この条件は，メイラード反応に必要な条件と似ています。不飽和脂肪酸が豊富な油脂は鶏肉や牧草で飼育された牛肉に多く含まれ，飽和脂肪酸に比べて酸化しやすく，アミノ酸やタンパク質と反応しやすいという特徴があります。穀物で飼育された牛は脂肪の総量は多いのですが，牧草で飼育された牛は不飽和脂肪酸を5倍含みます。その結果，屠殺直前の120〜150日間を穀物飼料で飼育された牛の肉と比べると，ローストしたときの風味の特性がかなり異なります。ステーキやローストにする食肉は，鶏肉や七面鳥も含め，表面に不飽和脂肪酸の多い油をすりこむと，風味も色も増します。

　料理の仕方で食品の風味をよくも悪くもできるのは，野菜も例外ではありません。世界中で一般的に消費されているアブラナ科の野菜はおよそ36種類あります。ケール，メキャベツ，カリフラワー，ブロッコリー，ブロッコリーラーブ（菜の花に似た葉野菜），コールラビなど欧米でよく食べられている野菜のほか，ルッコラ，ホースラディッシュ，ワサビなど，意外な野菜も含まれます。どれも，生で食べるとピリッとした刺激的な味がするのが共通点で，多くの場合は苦味も感じられます。これらの野菜について驚くべき事実は，生の野菜にはまったく風味がないということです。少なくとも，切ったり刻んだり，あるいは歯でかんだりして野菜の細胞を破壊しない限りはそうなのです。味覚，嗅覚，風味の科学についての講義をする際，新鮮なルッコラのサンプルを配り，学生の代表に香りをかいでもらうことがあります。葉が新鮮で傷んでいない限り，香りはまったくありません。次に，鼻の下にルッコラの葉をもってきて，すばやく葉をちぎるよう指示します。すると突然，ピリッとした香りが強く感じられて，学生たちは驚きます。

何が起きたのでしょうか。葉をちぎると，細胞が壊れて，そのなかのミロシナーゼという酵素が放出され，細胞内のグルコシノレートという化合物と迅速に反応します。グルコシノレートはミロシナーゼと接触すると，すぐに揮発性のピリッとくる香りの化合物，イソチオシアネートに変化します。この現象は，程度の差はあってもアブラナ科の野菜すべてに，数秒間のうちに起こります。グルコシノレートは数十種類存在し，アブラナ科の野菜は細胞が損傷を受けると，それぞれ違った独自のピリッとくる苦い風味を生成します。

　グルコシノレートもイソチオシアネートもかなり苦味が強いので，アブラナ科の野菜はどれも共通して苦味があります。細胞壁が損傷を受けるほどに風味が増すので，薄切りよりはみじん切りにした方が風味がはっきりします。しかし，小さな子どもを始めとして，ブロッコリーなどのアブラナ科の野菜の苦味が苦手な人は少なくありません。沸騰した湯で30秒間下ゆでするとミロシナーゼの大部分が不活性化します（およそ60℃以上で不活性になります）。下ゆでしてから料理すれば，苦味はかなり弱まります。小さなお子さんがいる方は，ぜひこの方法を試してください。お子さんも，アブラナ科の野菜が少しは好きになるかもしれません。最後に，イソチオシアネートは硫黄原子を含む分子です。刻んだり切ったりしたアブラナ科の野菜を調理すると，ピリッとくる風味のイソチオシアネートの分子が，よりまろやかでナッツのような風味の硫黄化合物であるジスルフィドやトリスルフィドにゆっくりと変換します。「アメリカズ・テスト・キッチン」では，カリフラワーのゆで時間を変えてゆで，パネリストに間をあけて試食してもらいました。その結果，カリフラワーは10〜20分だけゆでると，揮発性の硫化水素の生成による硫黄臭い味が感じられました。そして，30〜40分ゆでると，カリフラワーは一番まろやかでナッツのような風味になり，50〜60分ゆでるときわめて味気なくなりました。すべてのアブラナ科の野菜の風味は，含硫（硫黄）化合物に由来しているため，畑の土壌の硫黄の含有量がきわめて重要です。硫黄の含有量が多ければ多いほど，風味が濃くなります。これはフランス人が言う「テロワール」の一例です。テロワールは通常，ワイン原料のブドウが育つ自然環境の特徴がワインの風味に影響するという事実を意味する言葉です。でも，アブラナ科の野菜などほかの植物性食品の風味においても，テロワールは同じくらい重要なのです。

　次に，ニンニク，タマネギ，リーク，エシャロット，チャイブ，シャロット（ワケギ）など，個性的な風味のネギ属の野菜（ネギ類）を見ていきましょう。ネギ属の野菜はアブラナ科と同様，新鮮で傷みがなければ，細胞が損傷を受けない限りは無味無臭です。これを確かめる実験として，生のニンニク1玉，傷のないタマネギやシャロットのにお

いをかいでみると，においは全然感じられないはずです。ネギ属の野菜の細胞が損傷を受けると，切り口から酵素アリナーゼが放出され，硫黄を含有する無臭のアミノ酸であるシステインスルホキシドを，ピリッとくる風味の揮発性化合物であるチオスルフィン酸塩に変えます。細胞の損傷が多ければ多いほど風味が増すので，ニンニクを細かくみじん切りにすれば，薄切りにしたり大きめに刻んだりする場合に比べて風味が強くなります。ネギ属の野菜は，高温の油で炒めるよりも，常温の油に入れてから熱した方がおいしくなります。こうすると，酵素が熱によって不活性化してしまう前においい分子を生成できる時間が長くなるのです。ここでもやはりアブラナ科の野菜と同様，ネギ属の野菜の風味においては含硫化合物が非常に重要な役割を果たします。マイルドで甘いヴィダリアオニオンは，ジョージアの硫黄含有量が低い土壌の地域で栽培されています。これも，テロワールが多くの食品の味を左右していることの例です。調理によっても，チオスルフィン酸塩がジスルフィドやトリスルフィドに変わることから，ネギ属の野菜特有の鋭くピリッとくる風味はやわらぎます。しかし，ニンニクを熱い油に入れて色づくまで炒めるなど，加熱しすぎると苦味のある化合物が生成されるので注意しましょう。

　すべてのネギ属の野菜は，風味の化学において非常に似通っていますが，タマネギ，エシャロット，リーク，チャイブは，ニンニクとはある一点で決定的に異なります。それは，ニンニクには存在しないもう一つの酵素を含有するということです。この酵素は催涙因子合成酵素（LF合成酵素）と呼ばれ，刺激的な香りのチオスルフィン酸塩を，揮発性の化合物プロパンチアール-S-オキシド（PSO）に変換します。PSOは涙を出させる作用があるため催涙性物質と呼ばれます。細胞の損傷が多ければ多いほど，PSOも活性化するため，タマネギを細かくみじん切りすれば，ただ薄切りにするのに比べて涙が出やすくなります。実際，タマネギを縦に切れば細胞の損傷が少なくなり，輪切りにする場合と比べて涙が出にくくなります。最後に，タマネギを刻んだりみじん切りにしたりすると，涙が出るのは困りものですが，風味を高めることにおいては決定的な効果があります。比較的最近の調査によると，細かく刻んだタマネギを1〜2時間以上水に浸してからゆでると，コクのある風味の化合物，3-メルカプト-2-メチルペンタン-1-オール（MMP）が生成されます。単純な含硫化合物ですが，化学構造を示す複雑な名前がついています。このほかの有機化合物の多くの名前も同様です（図5.4の化学構造を参照）。MMPはごく微量しかつくられませんが（黄色タマネギ1kgあたり約50マイクログラム），ネギ類を使った野菜ストックやビーフストック，それにグレイヴィー中に生成されるすべての風味の化合物のうち最も大きなインパクトをもつことがわかっています（MMPの識別閾は水1L中0.0016マイクログラムです）。

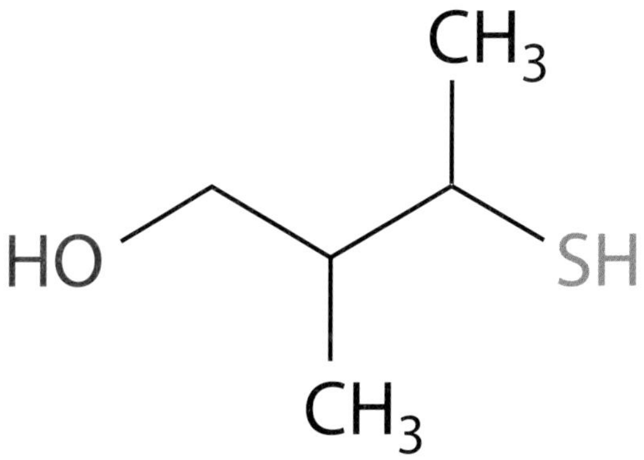

図5.4

3-メルカプト-2-メチルペンタン-1-オール（MMP）の化学構造

　私の個人的な経験では，この水溶性の化合物が
ゆっくりと生成されると，ストックやグレイヴィー
のコクのあるおいしさの風味に膨大なインパクトを
もたらします。したがって，風味を強めたいなら，
ストックに使うタマネギは，丸ごとではなく細かく
みじん切りにしてから用いるべきです。みじん切り
のタマネギを使って数時間にわたってストックを煮
るとおいしくなり，タマネギを油で炒めるときより
も水で煮る方が風味が増す理由もここにあります。
油で炒めると，カラメルの風味の化合物が増えるの
です。リークやチャイブは，黄タマネギに比べて5
〜7倍のMMPを生成します。通常料理に使われる
ことの多いシンプルな黄タマネギよりも，リークや
チャイブを使った方がストックがおいしくなるのは
このためです。

近代的な調理法

　1900年代初めまで，食品科学には学問的な興味がほとんど向けられなかったため，
調理の科学を支える基本的な研究は十分に行われませんでした。この分野でわずかに行
われた研究は，家政学で実施されました。初期の研究の努力は，焦点が動植物の科学に
あり，食品や調理よりも農業を支えるものでした。1905年までに，コーネル大学，ウィ
スコンシン大学，アイオワ州立大学，パデュー大学，ペンシルベニア州立大学の各ラン
ドグラント（土地付与）大学にできた農学部など，アメリカとカナダで乳製品の酪農学
校が10校創設されましたが，食品科学の学科はありませんでした。1908年にアメリ
カ化学会が農業食品化学部門を設立し，1918年にマサチューセッツ大学アマースト校
が初の食品科学部を創設しました。1936年「*Food Research*」が創刊され，すぐに
「Institute of Food Technologists（食品技術者協会）」（1939年設立）により買収され，
「*Journal of Food Science*」と改称されました。食品科学は初期の努力を経て発展し，
化学，生物学，物理学，工学，微生物学，栄養学の研究を取り入れた学問として確立さ
れました。2017年現在，アメリカ国内には食品科学の研究機関や学部が45あり，そ
の多くが栄養学部と提携しています。これらの機関で行われた研究が，過去100年間

にわたり調理の科学の知識を豊富にもたらしてきましたが，食品科学部は，独立した研究分野としての調理科学にはあまり注意を払ってきませんでした。

三つの基本的な調理法（ローストやグリルなど乾燥した状態で加熱する方法，ゆでたり煮たりする加水調理法，そして油脂で揚げたり炒めたりする方法）は，少なくとも過去5000年にわたって用いられてきました。比較的低温でじっくりと調理する真空調理は，1799年に起源がさかのぼります。これを除いて唯一，真の意味で新しく生まれた調理法といえるのが，1945年にレイセオン社のパーシー・スペンサーが発明した電子レンジです。食品を加熱するための電子レンジは，レイセオン社が第二次世界大戦中に開発したレーダー技術に基づいていました。1947年「レーダーレンジ」として最初に売り出された電子レンジは，今日の冷蔵庫くらいの大きさで，業務用でした。台所のカウンターに置ける電子レンジは，1967年にアマナ社が初めて売り出して大人気を博し，1997年までにアメリカの全世帯の90%以上に電子レンジが普及しました。

電子レンジは短時間で食品を加熱したり，温め直したりするのは得意ですが，肉に焼き色をつけたり，カリッとしたフライドチキンをつくったりすることはできません。基本的に，電子レンジは食品中の水分子を刺激して活発に動くようにする仕組みなので，100℃を超える温度で加熱することができず，これでは低温すぎて食品に焼き色をつけたりカリッとさせたりすることはできないのです。このほかにも欠点があります。庫内ではマイクロ波が不均一に伝わるため，ラセット種のジャガイモやある程度以上の大きさの肉などは，冷たい部分ができてしまうのです。食品を電子レンジにかける短い時間では，電磁波は食品の表面から約2.5cm（食品により異なる）までしか浸透しないうちに，すべて水分子に吸収されてしまいます。食品の内部は，熱伝導により，熱い表面から食品内部へとゆっくり熱が伝わる過程で調理されるのです。こうした欠点はあっても，すばやく食品を加熱できる便利さのおかげで，電子レンジは大いに普及しました。

真空調理は近代の発明とされ，1974年にフランス・ロアンヌのレストラン，トロワグロでフランス人シェフのジョルジュ・プラルスが初めて用いたとされています。しかし，第3章で見たとおり，1799年には，ベンジャミン・トンプソンが，ジャガイモを乾燥させる装置を用いてゆっくりマトンのローストをつくる低温調理法を披露しました。トンプソンは，今日とは違ってプラスチックのパウチで食品を真空状態で密封することはしなかったため，その調理法は真空調理の定義には当てはまりません。しかし，非常に長時間かけて，一定の低温を維持して肉を調理すると，固い部位の肉でも柔らかく，ジューシーに，風味よく仕上げることができることをはっきりと示したのです。真空調理では，食品をプラスチックパウチを使って真空状態で密封し，一定の低温を正確

に維持してゆっくり調理することによって，肉や魚の水分と栄養素は保たれ，固い結合組織がゆっくりとゼラチンに分解されます。真空調理は，今では数多くの高級レストランで広く用いられています。ありとあらゆる種類の食品をゆっくりと途中まで調理しておいて，真空でプラスチックパウチに密閉したまま長時間かけて急速冷凍しておくと，客の注文がキッチンに入り次第，短時間で料理を仕上げられるので非常に便利です。レストラン業界の国際企業は，本部工場で大量の食品を真空調理して瞬間冷凍し，それから世界中に配送して，各地のレストランやカフェテリアで料理を仕上げているようです。

　ここで，分子ガストロノミーとして知られるようになった新しい調理法の分野に触れないわけにはいかないでしょう。最近では分子料理と呼ばれ，「通常キッチンでつくられる料理の開発，創作，性質を扱う科学の学問分野」と定義されています。私は分子料理という用語の方が好きで，その定義は「唯一無二の風味と食感と外見が味わえる卓越した料理を創造する目的で，科学を応用すること」だと考えています。誤解されることも多いのですが，たとえばフュージョン料理などとは違って，これは単なる料理のスタイルではありません。科学に基づくアプローチが生まれたルーツは，1992年にイタリアのエリーチェでこの分野をテーマに開かれた会議にあります。多くの有名シェフが分子ガストロノミーを採用していますが，すぐれた料理をつくるのではなく目先の変わったことをしたいのだと思われるのを恐れて，そこから離れたシェフもいます。多くの熱心な美食家やシェフが，分子ガストロノミーの概念は混乱を招くだけでなく虚勢にすぎないと考えています。その理由はおそらく，ガストロノミーが手元の辞書では「おいしく食べることのアートまたは科学」とか「特定の地域の料理」とか定義されているからかもしれません。しかし食べることと料理のどちらなのでしょう？　アート？　それとも科学？　そんなわけで，誤解を避けるために「分子ガストロノミー」ではなく「分子料理」と呼びたいと思います。「分子」という言葉を「ガストロノミー」や「料理」の前につけると，それが本当にアートと科学のつながりの発見を導くのかと疑い，よくできたマーケティングのワナにすぎないのではないかと思う人も少なくありません。でも，分子ガストロノミーすなわち分子料理を，卓越した味をつくるために実践する人は，料理のアートに科学を応用することの利点を真剣に信じています。この本のテーマである調理科学は，分子料理よりもずっと幅広く，ずっと包括的な分野です。

　アリス・ウォータース，フェラン・アドリア，ヘストン・ブラメンタール，ルネ・レゼピ，ワイリー・デュフレーヌ，トーマス・ケラー，グラント・アハツら，料理のトレンドセッターとして世界に名だたる有名シェフたちに採用されている事実は，分子料理の概念が料理に対する新しいアプローチとして軽視できないことを示しています。それ

と同時に，こうしたシェフたちは，分子料理が自分の料理に対するアプローチを定義も制限もしないことをはっきりと表明しています。分子料理とは，シェフたちの手中にあるさまざまなツールの一つにすぎないのです。偉大なシェフたちは，料理の食感や外見を風味と同じ最高のレベルにまで引き上げ，目と鼻と口を喜ばせる真の意味で革新的な食の形態を創造しています。食べられるゲルや泡，エマルションは，数百年前から料理に使われてきましたが，その仕組みが科学的に解明されたのは過去100年ほどのことです。私が社会人に成り立ての頃に勤務していたFMC社は，さまざまな紅藻類（こうそう）を原料に多糖類の一種カラギーナンを生産する世界最大の企業です。カラギーナンはゲル化剤として分子料理で用いられます。FMC社は1940年代からカラギーナンの生産を開始しており，ゲルの科学を深く理解していました。1980年代初期には，カラギーナンと，それに類似する物質であるアルギン酸ナトリウムを用いて，ビーズのような球形のゲルも生産していました。これは，近年になってシェフのフェラン・アドリアが有名にしたスフェリフィケーション（球化）でつくられるゲルに似たものでした。しかし，分子料理は，ゲルや泡，エマルション，ロータリーエバポレーターなどの特殊な装置，液体窒素を始めとする新奇な物質を用いて新しい形態の食品をつくることにとどまりません。革新的なシェフは，科学の知識を調理の技術と組み合わせ，多くの場合は高品質で地元産の旬の食材を生かして，真にインスピレーションに富んだ新しい形態の食品を創造してきました。こうしたシェフは，アートと科学を融合させて美食の悦びをつくり出す乳化剤のような存在です。でも，採れたてイチゴにサワークリームを添えてブラウンシュガーをふりかけただけのシンプルなデザートも，想像力の賜物である分子ガストロノミーの凝ったデザートを超えることはないとしても，同じくらいおいしいと私は思います。新鮮な果物を引き立てるこのレシピのデザートを最初に味わわせてくれたのは，何年も前，私の親友だった故ビル・ベンツとルースの夫妻でした。

　世界中を旅した経験のある現代のレストランシェフたちは，分子ガストロノミーの領域をはるかに超えて，多様な伝統と文化のバックグラウンドをもとに，ハイブリッドな料理を探究し，異なる食材を組み合わせ，世界中の食文化にインスピレーションを得た大胆な風味を創造しています。フランス料理の最盛期とは異なり，今では偉大な食や料理は一つの形にとどまりません。今日では料理もグローバル化の流れを強く受けていて，科学がその進展の道標となっています。たとえば，ニューヨークのモモフクなど数々の人気レストランを経営するオーナーシェフ，デイビッド・チャンの革新的な料理があります。チャンは時代に先駆けて，微生物学者と共同で，発酵を使ってユニークな新しい料理や風味を創造してきました。学術誌にも自分の研究を発表しているほどです。チャ

ンのチームは地域に自生する型の菌類や細菌といった環境微生物を使い，肉や穀物を発酵させてアミノ酸やうま味を増やすという新しい試みをしており，これを微生物テロワールと呼んでいます。カツオブシの製造過程（カツオを燻し，発酵，乾燥させる）の研究を経て，チームは豚肉を蒸して発酵させてつくるブタブシのほか，新しい形態の米麹（発酵させた米）や味噌（発酵させた大豆）を開発しました。このプロジェクトからは，穀物やナッツ，種子類，それに大豆以外の豆類を発酵させてつくるホゾン，ボンジ，サームの3種の新しいソースが誕生しました。

　「多様な食材を使って新しい風味の料理を創造したい」という願いは，有名シェフやレストランの領域にとどまらず，今では家庭のキッチンにも入り込むようになりました。名高いシェフの故アンソニー・ボーデインが大きな役割を果たしたのではないかと思います。ボーデインは，料理好きの人たちが，世界のエキゾチックな食べ物のみならず，素晴らしい味と料理を創造した多様な文化に興味をもつきっかけをつくったのです。クリストファー・キンボールのベンチャー事業であるミルクストリート（ボストンで料理学校を運営し，雑誌発行のほかテレビ・ラジオ番組も発信している）は，こうした動きを応援するため，ヨーロッパ，中東，アジアなど世界中から集めた食材と調理法を使って大胆な風味が堪能できるシンプルなレシピを開発しています。こうしたレシピの開発に科学が表向きのツールとして使われることはありませんが，レシピのなかで使われるテクニックを開発するうえでは，科学は今でも非常に重要な役割を果たしています。その例は，スパイスの香りを引き出す方法（インド料理でタルカと呼ばれる手法で，油またはバターで炒める）を始めとするシンプルなものから，湯種（日本のパンづくりの手法で，熱湯を少量の小麦粉に加えて急速にデンプンをゲル化する）に基づくプロセスで失敗なく柔らかいパイ生地をつくる方法など，複雑な方法まで多岐にわたります。

料理──アートと科学の見事な結晶

　シンプルな料理でも，かなりの知識と技能を必要とする特殊な工芸品であり，高級料理は芸術だといわれます。料理をおいしく調味できることが一つの熟練の技術なら，シェフ，トーマス・ケラーの店，フレンチラウンドリーで供される秀逸な創作料理のモモとサマーオニオンはアート作品です。

　これらの例をもってしても，アートとしての料理の意味は明確ではありません。1970年代の初めに，アーティスト・写真家のマーサ・ロスラーが，フランス料理シェフのジュリア・チャイルドとニューヨークのレストラン批評家クレイグ・クレイボーン

の架空の対話として執筆した作品が「料理のアート」です。

ジュリア・チャイルド：クレイグ，ねえ，私考えていたんだけれど，料理はアートだっ
　　てみんな知っているわよね。でも，料理はどうやってアートになったのかしら。だっ
　　て，アートと呼ばれるものは，たいてい壁にかかっているか，中庭にそっと置かれ
　　ているかよね。

クレイグ・クレイボーン：そう，料理はかりそめのアートなんだ。画家や彫刻家，作曲
　　家は，後世に残る作品をつくるかもしれない。でも，類まれな才能があるシェフだっ
　　て，自分の傑作がすぐに消え去ることを知っている。一口，二口，小さなゴクリと
　　いう音，それで思考と人生が生み出した見事な作品は，もうそこにない。

ジュリア・チャイルド：なるほど。傑作とか才能とか見事な作品とかいうけれど，料理
　　はまずはテイスト（味）の問題なのではないかしら。

クレイグ・クレイボーン：もちろん。でも，すべてのアートはテイスト（趣味）の問題じゃ
　　ないかい？

ジュリア・チャイルド：そうね。だけど，どちらも同じ種類のテイストかしら。

クレイグ・クレイボーン：クラシックなフランス料理が高級芸術であることは，絵画や
　　彫刻がそうであるのと同じくらい間違いない。肥育鶏のネヴァ風とか，牛フィレ肉
　　のリシュリュー風とか，フランス料理の傑作は，舌にも目にも悦びを与えてくれる
　　だろう。そして，クラシックなフランス料理では，食感と色と風味の絶妙なハーモ
　　ニーが，注意深くつくり出され，輝くクリスタル，きらめく銀器，まっさらなテー
　　ブルリネンとともに供される。これらすべての結晶は，文明世界の栄光の一つにほ
　　かならないんだ。

　ここでは，有名アーティストが「料理のアート」の解釈を披露しているわけです。「で
も，偉大な芸術は科学の力がなくてもつくれるじゃないか」という意見もあるかもしれ
ません。その通りです。でも，科学はどんな形態のアートも，そして料理のアートも，
大幅に向上させます。約2000年前にはすべての絵画が二次元のままに描かれ，遠近法
は使われていなかったことを思い出しましょう。それから西暦約1000年頃になって，
偉大なアラブ人の数学者・物理学者であるアル＝ハイサムが，人間の目が三次元的に対
象をとらえる仕組みを数学的に認識し，数百年の間に，レオナルド・ダヴィンチやアル
ブレヒト・デューラーら偉大な芸術家たちが，三次元の空間を遠近法を用いて写し出し，
偉大な芸術作品を生み出したのです。ほかの例としては，当時の化学者が美しく安定し

た色素をつくる方法を研究したことで，オランダの画家ヨハネス・フェルメールや，より近年のルミニズムのアメリカ人画家フィッツ・ヘンリー・レーンの絵画に見られる卓越した色彩に大きく貢献しました。これと同じように，サヤインゲンの緑色の色素であるクロロフィルが酸に反応し，くすんだ深緑色に変化することを知っているシェフなら，新鮮なサヤインゲンならではの鮮やかな緑色を保つために，調理の際に重曹をひとつまみ加えるかもしれません。また，ケラーの例では，バターなどの脂肪がワインに比べてずっと少ない熱エネルギーを食材に伝えることを理解していたおかげで，絶妙の食感のバターポーチド・ロブスターを考案しました。肉が一定の温度に達すると筋線維が縮んで水分が絞り出されてしまう事実を知っていれば，シェフは肉を柔らかくジューシーに仕上げることができます。最後の例として，「アメリカズ・テスト・キッチン」の実験シェフであるアンドレア・ギアリーは，脂肪の結晶構造の知識を見事に応用して（私が少しだけお手伝いしました），しっとりもちもちのチョコレートブラウニーをつくりました。

　私は科学者として，アマチュアアーティストとして，そして情熱的な料理愛好家として，料理は過去200年に，芸術と科学の見事な結晶といえるまでに進化したと確信しています。現代の料理の未来は，新鮮な旬の地元産の食材を，科学とアートを生かして愛情を込めて扱い，大胆でエキゾチックな風味に彩られ，目にも舌にもおいしい料理を追求する方向に進んでいます。同時に，真空調理などの科学をベースにした調理法は，食品の栄養価を維持したり，ときには高めたりするのに用いられます。終わりの2章では，これについて見ていきましょう。おいしくて栄養価も高い。そんな料理も夢ではありません。

コラム5.1　テロワール──土地の味

　土地の味，すなわちテロワールの大切さを，世界に先駆けて認識したのはフランス人でした。フランスでは昔から，食材が育つ土地と食材の質とを結びつけてとらえてきました。そのため，フランスのワインには，原料のブドウが栽培された地域の名前がつけられています。アメリカではブドウ品種がワインの名前になっているのと対照的です。さらに，テロワールはワイン以外の食材にも当てはまることが広く認められるようになりました。オリーブ油，チーズ，ハチミツの品質や風味の特徴は，それぞれ，オリーブの木の栽培，乳牛の飼育，ミツバチの生息する土地に関連しているのです。ワインなどの農産物には，フランスのアペラシオン・ドリジン・コントロレや，イタリアのデナミナツィオーネ・ディ・オリジネ・コントロラータといった原産地呼称制度の認証がついていることがあり，特定の国の特定の地域で生産されたことを示します。アメリカでは，1986年のヴィダリアオニオン条例により，ジョージア州南東部のヴィダリアで栽培されたタマネギだけを「ヴィダリアオニオン」と呼ぶことができます。食材の質にテロワールが果たす役割については，エイミー・B・トゥルベックが著書『場所の味（The Taste of Place）』ですぐれた論考をしています。

　アメリカでは，地産地消の料理が大きなトレンドになっています。地元でとれた食材は新鮮なだけでなく味もよいというのが，シェフの間での常識です。そして，この考え方が科学的に裏づけられているかといえば，答えはイエスです。栽培・飼育の条件や環境が食品の風味や食感に与える影響を示す科学論

文が，これまでに数多く発表されています。なかでもよく知られているのが，タマネギ，ニンニク，リーク，シャロット（ワケギ），エシャロット，チャイブ，ランプ（ギョウジャニンニクに似た野生のネギ）などネギ属の野菜でしょう。ネギ属の野菜に独特のピリッとくる辛さや風味は，細胞が損傷を受けたときに放出される酵素のアリナーゼが，含硫化合物のS–アルケニルシステインスルホキシド（ACSO）と接触したときだけつくり出されます。ニンニクやタマネギが丸ごとの状態で無臭なのは，そのためです。タマネギやニンニクは細かく刻めば刻むほど，風味と辛さが増します。ACSOは天然の含硫アミノ酸であるシステインに由来しています。ネギ属の野菜の風味と辛さの強さは，土壌の硫黄肥沃度，つまり土壌に含まれる硫黄の含有量によることが，複数の研究結果で明らかになったのも当然かもしれません。硫黄は硫酸塩の形で土壌に存在しており，植物に吸収されるとシステインなどの硫黄を含む数種のアミノ酸に変換されます。土壌の硫黄が高レベルだと，そこで育つネギ属の野菜の風味と辛さが増すという相関関係があります。ヴィダリアなどマイルドで甘いタマネギは，硫黄の含有量が低レベルの土壌で育ちます。

　また，アブラナ科の野菜に独特の風味と辛さも，ネギ属の野菜と同様に化学的なプロセスで生まれます。アブラナ科の野菜の場合は，細胞が損傷を受けるとミロシナーゼという酵素が放出されます。ミロシナーゼは，やはり含硫化合物であるグルコシノレートを，イソチオシアネートと呼ばれる化合物に

変化させます。現在世界中で一般に消費されているアブラナ科の野菜は，36種類前後あります。アメリカでよく出回っているのは，キャベツ，ケール，メキャベツ，ブロッコリー，ブロッコリーラーブ（菜の花に似た葉野菜），カリフラワー，カラシナ，コラードグリーン，カブ，チンゲンサイ，スイスチャード，ラディッシュ，ルッコラです。これらの野菜はすべて，刻んだり切ったりするか歯で噛まない限りは無味です。細胞の損傷が多ければ多いほど，風味が増します。アブラナ科の野菜をゆでると，ミロシナーゼが不活性化して，風味がマイルドになり苦味が抑えられます。アブラナ科の野菜もネギ属の野菜と同様，土壌の硫黄肥沃度が，風味と辛さと相関関係にあります。

　私がテロワールの威力について深く考えさせられたのが，2013年に「アメリカズ・テスト・キッチン」で，乾燥カネリーニ豆を調理して味見した実験でした。五つの産地のカネリーニ豆を，そのままの状態と，ディップ，それにスープに入れた状態にしたものが用意されました。21人の官能検査官からなるパネルが，全種類の豆をそれぞれ6回ずつ味見しました。さらに，5種類の乾燥豆は実験室に送られ，カルシウムの含有量を調べました。豆に含まれるカルシウムは，細胞どうしをつなぎとめ，細胞壁を強くする働きのあるペクチンに最も大きく左右されます。カルシウムが多く含まれていれば，豆の表皮が弾けることが少なくなり，豆の食感が損なわれないと予想されました。結果は驚くべきものでした。次の表に示された通り，豆の味と食感の順位はカルシウムの含有量と完璧な相関関係にあり，カルシウムの含有量が多ければ多いほど高得点でした。もう予測がついたかと思いますが，研究の結果，豆のカル

シウムの含有量は，遺伝子型と土壌の含有量に左右されることが明らかになっています。ですから，豆の場合もやはり，どこで育ったかがとても重要なのです。

調理後の乾燥カネリーニ豆

順位	ブランド	カルシウム（100gあたりの含有量，mg）
1	A	362
2	B	204
3	C	176
3	D	175
5	E	168

　植物性食品以外では，レストラングループ，モモフクのシェフオーナーであるデイビッド・チャンが，微生物テロワールという概念について興味深い説明をしています。チャンは，土地に生息する微生物が，発酵食品の風味の個性を生み出すということについて実験をしています。ハーバード大学でチャンと共同研究を行い，現在はタフツ大学に在籍する研究者が，ベンジャミン・ウルフです。ウルフは，異なる地域でつくられているサラミを数種用意し，それぞれのサラミにコロニーをつくっている細菌，酵母，カビを分析したところ，驚くべき結果が出ました。ウルフによると，サラミはコロニーをつくっている微生物が異なる場合，明らかに違う風味になるのです。図1では異なる地域の酵母とカビがサラミの表面に増殖している様子が示されています。まさに，微生物テロワールが進行中というわけです。

　さて，ほかの食品の場合，テロワールの影響はどうなのかが気になります。ネギ属やアブラナ科の野

菜の風味が，育った場所と密接に関係していることは明らかです。アミノ酸のシステインに由来する含硫化合物が数種あり，それらの化合物の酵素反応で風味が決まります。したがって，土壌の硫黄の含有量が，これらの野菜の風味の強さを決める非常に重要なファクターとなります。しかし，ほかの多くの野菜の風味は，より複雑な要素で成り立っています。ジャガイモはその一例です。ジャガイモは，ゆでたり，焼いたり，蒸したりすると，調理の過程で多種多様な化学反応が起き，それらに由来して風味が生じます。脂肪・糖・アミノ酸の化学反応，含硫化合物の生成，強い香りを放つ化合物であるピラジン類を生成するメイラード反応などです。研究によって，調理したジャガイモの風味は遺伝子型と環境条件の双方により決定することが明らかになりました。し

かし，風味を生成する数多くの化学反応があることから，土壌の硫黄含有量などただ一つの環境要因が調理したジャガイモの風味を決定するわけではありません。すべての食品が土地の味に関係づけられるわけではないのです。

参考文献

Boyhan, G. E., and R. L. Torrance. "Vidalia Onions—Sweet Onion Production in Southeastern Georgia." *HortTechnology* 12, no. 2 (2002): 196–202.

Falk, K. L., J. G. Tokuhisa, and J. Gershenzon. "The Effect of Sulfur Nutrition on Plant Glucosinolate Content: Physiology and Molecular Mechanisms." *Plant Biology* 9 (2007): 573–581.

Felder, D., D. Burns, and D. Chang. "Defining Microbial Terroir: The Use of Native Fungi for the Study of Traditional Fermentative Processes." *International Journal of Gastronomy and Food Science* 1 (2012): 64–69.

Quintana, J. M., H. C. Harrison, J. Nienhuls, J. P. Palta, and K. Kmiecik. "Differences in Pod Calcium Concentration for Eight Snap Bean and Dry Bean Cultivars." *HortScience* 34, no. 5 (1999): 932–934.

Randle, W. M., D. E. Kopsell, and D. A. Kopsell. "Sequentially Reducing Sulfate Fertility During Onion Growth and Development Affects Bulb Flavor at Harvest." *HortScience* 37, no. 1 (2002): 118–121.

Trubeck, A. B. The Taste of Place—*A Cultural Journey Into Terroir*. Berkeley: University of California Press, 2008.

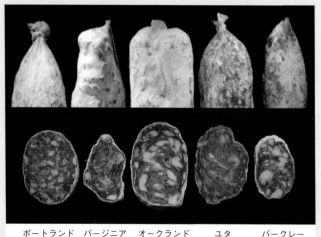

| ポートランド | バージニア | オークランド | ユタ | バークレー |

図1

アメリカのポートランド（オレゴン州），バージニア州，オークランド（カリフォルニア州），ユタ州，バークレー（カリフォルニア州）で生産されたサラミのサンプルの内側と表面の比較。土地固有の微生物によって異なるサラミができることを示しています。写真提供：タフツ大学，ベンジャミン・ウルフ

コラム5.2　ソフトマター──ゲルの科学

　物理学では物質の研究を行いますが，物質の一つの形態として食と料理の分野で重要なのが，ソフトマターです。泡やゲルだけではなく，液体，コロイド懸濁液，エマルション，ポリマーなども含まれます。よく見る泡やゲルの形態として，アイスクリーム，メレンゲ，ムース，プディング，パイのフィリング，フランが挙げられます。エマルションはマヨネーズ，ドレッシング，ソースがよく知られています。分子料理の誕生により，ソフトマターの科学知識に基づいた新奇な形態の泡やゲルが生まれています。しかし，結合組織を原料とするゲル化剤や増粘剤は，2000年以上前から家庭料理で使われてきました。ゼラチンという言葉は，ラテン語で「固いか，凍っている」を意味する「ゲラトゥス」に由来し，1700年頃から一般的に用いられています。精製ゼラチンの商業生産は1850年代にアメリカで始まり，その25〜30年後にヨーロッパにも導入されました。

　ゼラチンは，結合組織の主なタンパク質であるコラーゲンが原料です。コラーゲンはタンパク質の集まりで，強靭な繊維の形で存在しています。動物の皮や骨などコラーゲンを豊富に含む原料は，酸かアルカリで処理し，コラーゲン繊維をトロポコラーゲンと呼ばれる基本単位のタンパク質に分解します。トロポコラーゲンは似通ったタンパク質の鎖3本が絡み合った三重らせん構造です。さらに熱処理することで，三重らせんがほどけ，ゼラチンと呼ばれるタンパク質になります。ゼラチンは冷水に入れると，重量比で5〜10倍の水を吸収して膨張します。それから高温にすると溶けて，27〜34℃に冷ますと比較的柔らかく，しかし弾力性のあるゲルになり，口に入れると溶けます。ゲルの強度はブルーム値で示され，ピストンをゲル（ゼラチン約7％でつくった）のなかに4mmの深さまで入れるのに必要とされる重さを測定して決定され，グラムで表します。ゼラチンはさまざまな用途があり，糖菓類やゼリーなどのデザート，ヨーグルトなどの乳製品，脂肪の代替原料として肉製品，ソースやドレッシングなどに用いられます。ゼラチンが最も役立つのは料理のソースに使うことかもしれません。ソースに加えると，仔牛肉のストックを煮詰めたデミグラスソースのようになめらかな舌触りが楽しめるようになります。通常の牛や豚の固い部位のコラーゲンは何時間も煮込まなくてはなりませんが，仔牛（特に仔牛の骨）のコラーゲンは大変分解しやすく，より低温で分解するので，同量のゼラチンが簡単に得られます。

　ゼラチンは非常に大型のタンパク質の分子で，溶液が冷めると，らせん状の領域が形成されます。らせん領域は単一のゼラチンの分子のなかにも形成されることもあれば，数個の分子が二重または三重のらせんにからみ合って非常に大きなネットワークとなり，柔らかいゲル構造を形成することもあります。水とともにゲルを形成する物質はハイドロコロイドといいます。大きな分子の一般的なメカニズムは，互いにからみ合って分子のネットワークのなかに水をとらえた構造（しかし必ずしもらせんは形成していない）で，カラギーナン，ペクチン，アルギン酸塩，キサンタンガム，ゲランガム，それにデンプン（第1章のコラム1.2「食物に含まれるデンプンの顕微鏡

的世界」で見た通りです）などほかのゲル化剤にも
見られます。これらの分子はすべて，タンパク質で
はなく，非常に大きな多糖類（小さな糖の分子のポ
リマー）です。

　中国では2600年も前から，さまざまな形態の紅
藻類が食用に用いられてきました。カラギーナンは
1930年代から商業生産されていて，さまざまな種
類の紅藻類をアルカリで処理してから，アルコール
または塩化カリウムで沈殿させてつくります。カラ
ギーナンには，カッパ，イオタ，ラムダの三つの形
態があり，それぞれ異なる種類の紅藻類からつくら
れます。カッパカラギーナンは，カリウムイオンと
カルシウムイオンによって固くてもろいゲルを形成
します。イオタカラギーナンはカルシウムイオンに
よって，弱くて弾力性のあるゲルを形成します。ラ
ムダカラギーナンは，水に粘性をつけますが，イオ
ンによってゲルを形成することはありません。カッ
パとイオタのカラーゲンは，非常に低い濃度でも，
カルシウムイオンによってゲルを形成する力があ
り，プディング，フラン，ヨーグルトなど牛乳をベー
スとしたゲルをつくるのに便利です。カラギーナン
は，グアーガムやローカストビーンガムなどのゲル
化しない食用増粘剤と影響しあって相乗効果を発揮
し，非常にユニークな特性のあるゲルをつくります。
ゲル化剤から増粘剤まで特性が多岐にわたることか
ら，肉類，冷凍デザート，ウォーターゲル，それに
多くの乳製品（アイスクリーム，チーズ，チョコレー
トミルクなど），歯磨き粉，サラダドレッシング，
飲料，コーヒー用クリーム，ペットフードなど，数
多くの用途に使われています。

　ペクチンは別の多糖類のハイドロコロイドで，
1825年に初めて比較的純粋なペクチンが単離さ

れ，自家製の果物ジャムなどに長年にわたって使わ
れてきました。ペクチンはほとんどの植物性素材に
自然に含まれ，細胞壁の一部を形成して植物の構造
を支える働きをしていて，柑橘類やリンゴにとりわ
け豊富です。イチゴを始めとする一部の果物はペク
チンの含有量が非常に少ないため，イチゴジャムや
イチゴゼリーをつくる際にはペクチンを加える必要
があります。販売されているペクチンには，低メト
キシルペクチンと高メトキシルペクチンの2種の形
態があります。後者は比較的低いpH（最適なpHは
3.2〜3.4）で強いゲルをつくりますが，これは糖が
高濃度で存在しているときに限ります。低メトキシ
ルペクチンはカルシウムイオンによってゲルを形成
し，このときカルシウムイオンはペクチンの分子を
ネットワークにまとめる橋のような役割を果たしま
すが，これも比較的低いpHが必要条件となります。
酸はペクチンの分子の電荷を変化するために必要
で，これにより分子どうしの結合が促されます。低
メトキシルペクチンはジャム，ゼリー，プリザーブ
のほか，ヨーグルトや発酵乳など牛乳をベースとし
た食品にも広く使われています。

　アルギン酸ナトリウムでつくられたゲルは，
1940年前後から商業利用されるようになり，今も
加工食品によく使われています。アルギン酸ナトリ
ウムはカラギーナンと化学的に似ていますが，紅藻
類ではなく褐藻類に含まれています。カラギーナン
と同様，カルシウムイオンを加えるとゲル化します。
カルシウムイオンが，アルギン酸ナトリウムの分子
を結合させる橋の役割をして，分子の無限のネット
ワークのなかに水をとらえます。カラギーナンのゲル
と違い，アルギン酸ナトリウムのゲルは高温でも
安定しているため，成形する食品に広く使われてい

ます。たとえば，オニオンリング，オリーブに詰めるためのトウガラシ，魚のハンバーグ，ペットフード，パンなどのなかに詰めて焼いても溶け出さないクリーム，サラダドレッシング，マヨネーズ，ケチャップ，インスタントのプディングなどです。

　もっと最近になって食品用ハイドロコロイドのリストに加えられたのが，キサンタンガムです。アメリカ農務省によって発見されたキサンタンガムは，1960年代に商業生産がアメリカで始まり，1969年，食品への使用がアメリカ食品医薬品局（FDA）によって認可されました。キサンタンガムは，先述した複雑な多糖類とは違い，植物性素材から抽出するのではなく，キサントモナス・キャンペストリスという細菌を培養させて生産されます。厳密にいえば，キサンタンガムはゲル化剤ではありません。ごく低い濃度でも強力に作用する増粘剤であり，グアーガムやローカストビーンガム，アルギン酸ナトリウムといったほかの増粘剤と相乗効果を発揮します。そして，高速のミキシング（せん断と呼ばれる）に対する反応と安定性，酸，塩基，タンパク質，糖類，塩類への耐性など，ほかにない特性をもつ増粘剤として使われています。キサンタンガムはこうした特性により，サラダドレッシング，ソース，グレイヴィー，スープの缶詰，アイスクリーム（氷の結晶ができるのを抑えるため），シロップ，フィリングなどに用いられています。

　一番新しく食品への使用が認可された多糖類のゲル化剤は，ゲランガムです。シュードモナス・エロデアという細菌の好気性発酵によって生産され，1980年代に特許が取得されました。ゲランガムは冷水でもすぐれた増粘剤として作用し，80〜90℃に熱してから常温に冷ますと，0.05％という非常に低濃度でもゲル化します。カルシウムイオンとナトリウムイオンを含むゲル化作用をもつ塩類を加えると，ゲルの強度が増します。ゲランガム，塩類のそれぞれの濃度を調整することで，柔らかく弾力性のあるゲルから固くてもろいゲルまで，できあがるゲルの性質を変えることができます。水をベースとしたゼリー，アイシング，牛乳ベースのデザート，パイのフィリングなど幅広い用途に使えます。

　私が食品材料の業界で働いていた最後の10年間に扱ったのが，非常に興味深い食品ハイドロコロイドであるコンニャク粉です。これは中国，日本などのアジア諸国が原産の植物，コンニャクのイモから得られる複雑な構造の多糖です。コンニャク粉は，中国と日本では長年にわたり，ゲル化の特性に加えて血中コレステロール値を下げる働きが知られ，広く使われてきました。コンニャク粉1％のとろみのある水溶液を，炭酸カリウムや，牡蠣の殻を粉状にひいたもの（主成分は炭酸カルシウム）などの弱いアルカリで処理し，80℃前後で数分間加熱してから常温に冷ますと，固くて非常に弾力性に富むゴム状のゲルができあがります。このゲルは驚異的な熱耐性があり，177℃の鉄板で数時間焼いても，溶けることも乾くこともありません。さらに驚くべきなのは，このゲルを凍る直前まで冷やすと（4℃前後），粘液に戻ることです。コンニャク粉はアメリカでも食品医薬品局の認可を受け，ベジタリアンバーガーや肉のハンバーグ，カニかまぼこ，めん類などの原料として使われています。

参考文献
Imeson, A., ed. *Thickening and Gelling Agents for Food.* Glasgow: Blackie Academic and Professional Press, 1992.

コラム5.3　星の力──八角の話

　八角（スターアニス）は，アジアの代表的なスパイスで，長時間かけてつくる蒸し煮や煮込み料理に使われます。単独で使用されることも，中国料理の有名なブレンドスパイス，五香粉の一成分としても使われます。五香粉に一般的に使われるのは八角のほか，花椒（アニスペッパー），肉桂（カシア），丁子（クローブ），茴香（フェンネル）で，これらを細かい粉状にしたものをブレンドしてつくります。五香粉はマリネ液やバーベキューソース，ロースト，シチュー，スープに用いられ，たとえばベトナム料理の牛肉入りスープそば，フォーにも使われています。中国料理では，豚肉の蒸し煮や煮込みに，水と醤油を4対1の割合で混ぜた煮汁を八角で調味して用います。これは脂身の多い豚バラ肉の調理法として人気があります。八角は16世紀の終わり頃に中国からヨーロッパにもたらされましたが，今日でも西洋料理ではあまり用いられていません。

　八角はトウキシミという常緑樹の実で，中国南西部とベトナム北部に自生し，現在では両国のほかラオス，インド，フィリピン，日本，韓国で栽培されています。八角の実は，その名の通り，8個のとがった角がある星状のさやに入っています。さやが緑色のうちに収穫しますが，天日干しにすると赤茶色になり，甘草のような甘さとピリッとする風味が生まれ，シチューやスープに入れて長時間煮込むとさらに風味が強くなります。乾燥させた八角のさやは，重量比で2.5〜3.5%のエッセンシャルオイルを含みます。オイルの85〜90%はトランスアネトールと呼ばれる揮発性の化合物で，別の揮発性の

化合物であるメチルカビコールがおよそ2%，そしてそれ以外の数多くの化合物が微量含まれています。純粋なトランスアネトールは常温（21.4℃）で解ける結晶性半固体で，八角のほか，アニスやフェンネルのオイルにも含まれています。そして，個性的な甘草のような風味をこれら3種のオイルにもたらします。これらのオイルは油脂とアルコールには溶けますが，水にはほとんど溶けません。興味深いのは，トランスアネトールが甘味のある化合物で，砂糖の13倍も甘いということです。

　トランスアネトールは，水中で長時間加熱すると，バニラのような快い香りのある4-メトキシベンズアルデヒド（別名p-アニスアルデヒド）という油性の液体にゆっくりと変化します。食肉をゆっくりと蒸し煮や煮込みにすると風味がよくなるのは，この化合物によるところが大きく，だからこそ，おいしさを極めたければ数時間にわたって煮なければなりません。このことが，肉料理の風味を高めるうえで重要な点です。生肉にかすかに感じられる風味は，肉に残留した血の風味に由来しています。加熱調理した肉の特徴的な風味は，調理の過程で起きる化学反応によるものです。おいしい風味をもたらすとりわけ重要な要因はメイラード反応で，これはブドウ糖やフルクトースなどの糖と，タンパク質の分解で生じるさまざまなアミノ酸の間で起きる化学反応です。しかし，この反応は，肉の水分量が非常に低いとき，そして150℃を超える温度でローストするときに起きやすくなり，たとえばロースト肉の熱く乾いた表面によく見られます。ゆでた肉はロースト

肉とかなり風味が違いますが，それは煮汁の水分によってメイラード反応が抑制される結果，起きる化学反応の種類が大きく異なるからです。

　肉をゆっくり蒸し煮にする過程を経てこそ，八角は風味を大きく引き立てます。アメリカのラトガース大学の食品科学部で行われた最近の研究によれば，トランスアネトールは煮汁のなかでゆっくりと4-メトキシベンズアルデヒドに分解され，これが，いずれも含硫アミノ酸であるL-システインやシスチンと反応し，豚肉を煮込んだ中国料理に特徴的な風味を生み出します。L-システインとの反応で生じる主な物質は，含硫化合物である4-メトキシベンゾチアルデヒドで，八角を入れてじっくり煮込んだ肉の風味をつくり出す主成分です。トランスアネトールは料理に甘草のような風味をもたらしますが，八角を味つけに使った料理の独特の風味は，トランスアネトールから新しく生成される含硫化合物

が正体なのです。

　家庭で料理に用いる際は，中国の八角が，日本のシキミ（学名：*Illicium anisatum Linn*）とは全く異なる植物であることに注意しなくてはなりません。シキミには猛毒のアニサチンが含まれ，人間だけでなく魚や動物にも神経毒として強く作用します。八角とシキミは見た目がほとんど区別がつかないため注意が必要で，中国の八角が日本のシキミによって汚染されているという報告もあります。

参考文献

Pu, X. "Thermal Reaction of Anisaldehyde in the Presence of L-Cysteine, a Model Reaction of Chinese Stew Meat Flavor Generation." Master of science thesis, Rutgers University, New Brunswick, NJ, 2014.

Nutra. "FDA Warning on Star Anise Teas." September 10, 2003, https://www.nutraingredients-usa.com/Article/2003/09/11/FDA-warning-on-star-anise-teas.

レシピ5.1 ジュリア・チャイルドのタマネギの蒸し煮

材料（6人分＊下記の注を参照）

澄ましバター
大さじ1杯半

エキストラバージン
オリーブ油
大さじ1杯半

ホワイトパールオニオン
24個（直径2.5～4cm
くらいの白い小玉タマ
ネギ。皮をむいておく）

ビーフストック
またはブイヨン
1/2カップ

辛口の赤ワイン（ピノ
ノワールやボジョレー
など）　1/2カップ

パセリ　4本

ベイリーフ　1/2枚

乾燥タイム　小さじ1/4

ライトクリーム　1/2
カップ（なくても可）

＊注：このレシピは，
材料を2～3倍に増や
して直径30cmのスキ
レットを1個か2個
使ってもつくれます。
クリスティーヌは，大
勢のゲストを招いた感
謝祭のディナーに60
個あまりのタマネギで
つくりました。

　ジュリア・チャイルドのレシピによるホワイトパールオニオンの蒸し煮は，過去数十年にわたって私たちの感謝祭の食卓に欠かせない定番になっています。いつも，あまり出回らない品種であるホワイトパールオニオンを使い，妻のクリスティーヌが料理します。タマネギの強い風味が，厳選したハーブとワインの絶妙な香りに引き立てられ，ニューイングランドのさわやかな秋晴れのもとに祝う感謝祭の思い出を，鮮やかに蘇らせてくれます。ジュリア・チャイルドはもともとこのレシピをコックオヴァン（鶏の赤ワイン煮）やブフブルギニオン（牛肉の赤ワイン煮）のつけ合わせとしてつくったのですが，私たちの考えでは，伝統的な感謝祭の食卓にぴったりです。感謝祭のメニューはこのほか，栗を詰めてオーブンで焼いたローストターキー，深いオレンジ色のバターナッツカボチャ，クリーミーなマッシュドポテト，蒸した明るい緑色のサヤインゲン，自家製のクランベリーとオレンジのレリッシュ（甘酢漬け）。そして，タマネギの蒸し煮ととりわけ相性がいいのが，七面鳥のストックをゆっくりと煮詰めてつくったクリスティーヌ風リッチなグレイヴィーです。

　口溶けのよいタマネギの強い風味は，数多くの複雑な要素から生まれます。その第一段階では，エキストラバージンオイルと澄ましバターでタマネギが色づくまで炒めることで，糖がカラメル化し，バターとタマネギの糖とタンパク質がメイラード反応を起こします。澄ましバターを使うのは，すぐに高温に達し，カラメル化とメイラード反応が起きる条件が整うからです。通常のバターだと，含まれる水分が蒸発した後に温度が上昇するため，高温になるのに時間がかかります。タマネギには，不揮発性で無臭の有機含硫化合物であるアミノ酸，1-プロペニル-L-システインスルホキシド（1-PRENSCO）が豊富に含まれています。この物質は，土壌から吸収された無機硫酸塩から生成されます。

　第二段階では，色づくまで炒めたタマネギを水ベースの液体でゆっくりと煮ます。ワイン，ストック，それに水でも煮汁として使えて，不揮発性の含硫化合物から，揮発性の強力な香りをもつ化合物を生成します。生成されるのは，おいしさのもとであるプロペニルプロピルジスルフィドや，コクのある味を出す化合物，3-メルカプト-2-メチルペンタン-1-オール（MMP）などで，0.01～0.1ppmという低濃度でもヒトの嗅覚で感知できます。さらに，タマネギには比較的高濃度のグルタミン酸塩と核酸が含まれ，両者は相乗的に作用し合ってうま味を生成します。実際，う

※アメリカの1カップ
の容量＝約237cc

ま味のもととして有名なシイタケと比べても，その70％ものグルタミン酸塩と核酸がタマネギには含まれているのです。ゆっくりとタマネギを調理することでこれらの強力な風味の化合物が生成されるうえ，ワインとハーブからも香りと味が放出され，このうえない豊かな風味のハーモニーが生まれます。

つくり方

　バターとオリーブ油を25cmのステンレスのフライパンに入れて，静かに泡が立つまで（ただし煙が出ないくらいまで）中火で熱します。タマネギを加え，中火で15分ほど，バターとオリーブ油のなかで時おり転がしながら炒め，全体が均一に茶色く色づくようにします。ビーフストックかブイヨン，赤ワイン，パセリ，ベイリーフ，タイム，塩少々を加えて混ぜます。ふたを少しずらしてかけて，ごく弱火で1時間半ほど，煮汁が減ってシロップ状にとろみがつくまで煮ます。必要なら，ふたをとって水分を蒸発させ，煮汁が煮詰まるのを促します。煮汁が減り始めたら頻繁にチェックして，タマネギを焦がさないように気をつけます。お好みでライトクリーム1/2カップを加えると，よりクリーミーなソースになります。冷蔵庫で数日間保管し，温め直して食べることもできます。

6 調理の科学に火がついた

高まる調理科学の人気

　2005年1月，私がハロルド・マギーに初めて会ったのは，カリフォルニア州パロアルト，ユニバーシティー通りのコーヒーショップでした。そこで，前年に出版されて人気を博していた著書『マギー キッチンサイエンス 食材から食卓まで』（2012年，丸善出版，改訂版は未訳）改訂版にサインを頼みました。私は2005年3月，「アメリカズ・テスト・キッチン」のパートタイムの科学監修者として参加し始めたところだったので，この本には大いにインスピレーションを受けました。「アメリカズ・テスト・キッチン」の創設者であるクリストファー・キンボールは，調理科学に大きな興味をもち，それを応用した家庭料理のすぐれたレシピの開発に真剣に取り組んでいました。私は食品工業の業界からリタイアしたところで，ここで新しいスタートを切ることにワクワクしていました。マギーはコーヒーを飲みながら，1984年に出版された『マギー キッチンサイエンス』の初版は正直なところあまり売れなかったこと，一方で大幅な加筆修正を加えた改訂版は大成功を収めていることを教えてくれました。改訂版はジェームズ・ビアード賞と，国際料理専門家協会（IACP）賞を受賞し，料理好きな人でこの一冊を持っていない人はいないくらいです。

　初版が出ても売り上げは振るわず，改訂版が大きな成功を収めたのは，その間の20年で何が起きたからでしょうか。単純に言えば，家庭で料理をする人も，プロのシェフも，誰もが調理科学に夢中になったということです。マギーはこの本の初版に続いて，1990年に2冊目の著書である『好奇心いっぱいのシェフ——キッチンサイエンスの知

図6.1

フライパンで焼いたハタとローストしたニンジンを，野菜と全粒穀物のつけあわせの上にのせた目にも舌にもおいしくて健康的な一品。持続可能なシーフード料理専門シェフ，リック・ムーネンの作品。写真：Sabin Orr

識続編（The Curious Cook: More Kitchen Science and Lore）』を発表し，人々に調理科学を忘れさせることはありませんでした。一般の人たちが調理科学の楽しさに目覚めるきっかけをつくった功績は明らかで，2004年の改訂版はそのバロメーターとなりました。でも，多くの人がマギーに興味をもつきっかけをつくったのは，クリストファー・キンボールによる「Cook's Illustrated」誌だったと思います。キンボールが1979年に創刊した「Cook's Magazine」はすぐにコンデナスト社に売却され，1989年に廃刊になりました。キンボールはこの後，1992年に「Cook's Illustrated」を創刊しました。

　同誌の創刊号には，牛乳の煮沸の必要性とバターの科学について，マギーが調理科学の見地から書いた短い記事が掲載されました。さらに，「ローストチキンへの道」と題した特集記事では，ローストチキンをつくる最良の方法を見つけるため，マギーが12羽以上のニワトリを条件や温度を変えて丸焼きにした実験が紹介されました。マギーはレシピを常に科学的なアプローチで開発する姿勢を貫き，これが「Cook's Illustrated」誌の成功の法則となりました。1992年に出たこの革新的な創刊号には，「卵白の科学」についての匿名の小さな記事も掲載されています。この創刊号は料理好きの人たちの間で熱狂的に受け入れられ，通常の料理雑誌の2倍のスピードで定期購読者が増え，2009年までに120万人に達しました。初期にマギーが参加したおかげで，誌面で扱われる科学の信憑性が得られたことが，成功のカギを握りました。今日でも，インターネットを中心に，にせ物の調理科学（「でっち上げられた調理科学」とでもいうべきでしょうか）の情報があふれています。調理科学の本やブログを読むときは，それが信頼できる調理実験をもとにしているか，あるいは科学論文を参考文献としているか，つまりは「事実」の裏づけがあるどうかを確かめ，そうでない場合は十分注意しましょう。裏づけがなければ，著者を情報源として頼るしかなく，著者がどこからその「科学」を得たのかが怪しくなります。一方でマギーは著書『食品と料理について（On Food and Cooking）』の終わりの15ページを参考文献のリストに割いていますから，この本が情報源として信頼できないはずがありません。

　アメリカでは，科学に基づく料理に対する興味が，大人気のテレビ番組「アメリカズ・テスト・キッチン」でさらに広がりました。2000年に始まり，現在は第19シーズンを制作中です。番組では毎回，巧みなアニメによって視聴者の興味をひきつけ，レシピの裏にある科学を解説しています。もちろん，調理科学への関心に火をつけた変化はほかにもありました。1993年の「フード・ネットワーク」チャンネルの創設，アルトン・ブラウンによる科学に基づく大人気の料理番組「グッド・イーツ」の放映などです。「グッド・イーツ」は1998年にシカゴのローカルテレビ局で放映が始まり，翌年から

は「フード・ネットワーク」で放映されるようになりました。さらに，生化学者シャーリー・コリハー著『賢い料理　料理の成功のコツと理由（Cookwise: The Hows and Whys of Successful Cooking）』（1997年）などの出版も大きな影響を与えました。キンボールと，上級編集者のジャック・ビショップに，私が2年間にわたって調理科学の本を出そうと執拗に頼み続けた結果，とうとう出版にこぎつけたのが，2012年の『すぐれた調理の科学（The Science of Good Cooking）』でした。この本は8週間にわたってニューヨークタイムズ紙のベストセラーランキングに入り，あっという間に，出版社の創立以来2番目に売り上げが多い本となりました。2016年に出版されたキンボールの2冊目の科学の本『料理人の科学（Cook's Science）』は，ジェームズ・ビアード賞の候補作となりました。これらの本の共著者である私は，科学に関するリサーチと執筆を全面的に担当し，約350本の科学論文を参考にしました。

　一般の人たちは，調理科学に本物の興味を抱いているのでしょうか，それともこれは一過性の流行にすぎないのでしょうか。私は，多くの人が本物の興味をもっていて，そうした傾向は今後もますます高まっていくと思います。なぜなら，次のセクションで述べる通り，調理科学は健康によい料理のつくり方を教えてくれるからです。アメリカの疾患予防管理センターはアメリカ国内で2014年に死亡した人の70%は慢性疾患が死因であり，食生活と身体活動を改善しない限り，この割合は2020年までに75%に増加すると推定しています。肥満，糖尿病，心血管疾患，歯科疾患，それにがんの一部など，食生活に関連した慢性疾患の増加は先進国でも開発途上国でも見られます。命に関わる慢性疾患にかかるリスクを軽減するために，どの食品をどのように料理して食べるべきかという問題には高い関心が寄せられています。

健康的な料理に，科学が新しいビジョンをもたらす

　アメリカでは，国立衛生研究所（NIH）の後援による研究，食品医薬品局（FDA）の推奨，農務省（USDA）とアメリカ心臓協会（AHA）が作成した食生活のガイドラインが公表されています。栄養学と疫学の大規模な研究の成果もあり，私たちの食生活に見られるどの食品が健康的で，どの食品がそうではないかが，今ではかなりよくわかっています。たとえば，NIHが集めたエビデンスによれば，カロテン色素，ポリフェノール，ビタミンC（アスコルビン酸），ビタミンE（トコフェノール）などの抗酸化物質を豊富に含む食品は，体内で生じる反応性の高いフリーラジカルが引き起こす酸化ストレスを抑制します。その結果，がん，糖尿病，心血管疾患，アルツハイマー病，パーキンソン

病，それに眼科疾患のリスクを減らします。逆に，数多くの保健機関が警告しているように，トランス脂肪酸を始めとする脂肪は，心臓発作，脳卒中，炎症，インスリン抵抗性，糖尿病のリスクを大幅に高めることを示す報告が数多くあります。残念ながら，家庭での調理が食品の栄養成分にどのような影響を及ぼすのかについての研究は，それほど進んでいません。その理由の一つは，生の果物や野菜は，同じ品種でも栄養成分に大きな違いがありうることです。栽培の時期・場所・方法，収穫の時期，加工・運送・貯蔵の方法に大きく左右されるのです。この章で後述するとおり，食品を調理すれば，その調理の方法によってよい成分も悪い成分も大きく増減します。調理が食品の栄養成分に与える影響についての科学知識が拡大すれば，人類の健康を根本的に改善することが可能になり，さらに調理科学への興味は増すことでしょう。

　1930年代末から，外食と家庭での調理における食品加工がおよそ50の必須栄養素に与える影響についての研究は，着実に増えてきました。1930年代末から1970年代初期までに行われた研究を綿密に振り返った本が，ロバート・S・ハリス，エンデル・カルマス編『食品加工の栄養学的評価（Nutritional Evaluation of Food Processing）』で，1975年に発行された第二版は今も増刷されています。大量に掲載されているデータは今ではかなり古くなっていますが，それでも今も正当性が損なわれていないのは，栄養素の化学は不変で，さまざまな形態の食品加工が食品中の栄養成分に与える相対的な影響も同一だからです。第17章はポール・ラチャンスとジョン・アードマン（いずれもラトガース大学の食品科学部の関係者）による「家庭での調理が栄養成分に与える影響」で，家庭で料理をするすべての人の参考になります。ポール・ラチャンスが執筆した第16章は「特に外食産業で行われる調理法が栄養素保持に与える影響」を論じていて，レストランのシェフなら見逃せません。この本が私にとって個人的に大きな意味をもつのは，ロバート・ハリス（1904〜1983）が私の実母のいとこにあたり，マサチューセッツ工科大学の栄養生化学の教授を33年間にわたって務めた人物だからです。アカデミック・プレス社から出版された31巻の逐次刊行書『ビタミンとホルモン（Vitamins and Hormones）』の上級編集者でもありました。私が栄養素に興味をもつきっかけをくれたのはハリスでした。とはいえ，私はやがて，有機分子の構造や，コレステロール，プロゲステロン，テストステロンを始めとするステロイドの化学に夢中になってしまったのですが。

　健康的な食を解説したレシピ付きの本で，読みやすく科学的に正確な良書をお探しの読者には，2017年に出た最新版『食べて，飲んで，健康になれる−ハーバード大学医学部による健康的な食生活への手引き（Eat, Drink, and Be Healthy: The Harvard

Medical School Guide to Healthy Eating）』*がおすすめです。著者のウォルター・ウィレットはハーバード大学公衆衛生大学院で25年間にわたり栄養学科長を務めた経歴があり，世界有数の栄養学の権威です。最後に，調理が食品の栄養成分に与える影響についての科学論文をお探しなら，私がブラジルのサンパウロ出身のポスドクの学生，アドリアナ・ファブリと共同で書いた『調理が野菜と豆類の栄養学的特性に与える影響についての総説（A Review of the Impact of Preparation and Cooking on the Nutritional Quality of Vegetables and Legumes）』をご覧ください。また，マリアントネッラ・パレルモ，ニコレッタ・ペレグリーニ，ヴィンチェンツォ・フォリアーノによる論文『野菜に含まれるフィトケミカルの調理の影響（The Effect of Cooking on the Phytochemical Content of Vegetables）』も参考になるでしょう。

　食品の栄養価を高めるための調理科学の応用の推進を，私は長年にわたって広く訴えてきました。2013年5月には，ハーバード大学公衆衛生大学院の栄養学科で「調理科学と栄養学の出会い」と題した講義を行っています。この講義は主に，栄養学科で私が教えている「食品科学，テクノロジー，持続可能性」のセミナーに基づく内容でした。2014年1月には，カリフォルニア州マウンテンビューにあるGoogle本社で，ザガット・ゲストシェフとして，基本的に同じ内容の講演を行いました。当時，広大なGoogle本社の敷地内にはおよそ35カ所のカフェテリアがあり，その多くが毎日3食を無料で提供し，また健康食に力を入れていました。映像がYouTubeで公開されているので，ご興味があればご覧いただけます。ちなみに，幸いなことに公開されていないのが，講演の撮影が始まる1分前に起きた事件で，私が自分のコンピューターで用意したスライドがGoogleのプロジェクター装置と適合せず，10あまりのスライドをフォーマットし直さなくてはなりませんでした。同じ内容の講演は，その後もアンドリュー・ウェイル博士の主催で2015年にアリゾナ州フェニックスで行われた「栄養と健康に関する会議」など，さまざまな機会に数回にわたり行いました。これらの講演で扱った内容を含め，調理が食品の栄養価に与える影響を示す例を以下にご紹介します。

調理科学は食品の栄養価を高める

　食品は，さまざまな異なる成分が複雑に混ざり合っているため，調理の科学を研究し，

---

*訳注

同著者による邦訳に『太らない，病気にならない，おいしいダイエット―ハーバード大学公式ダイエットガイド』（2003年，光文社）があるが，改訂版は未訳

表6.1
加熱調理による食品中のビタミンの最大損失量

ビタミン	最大損失量 (%)
ビタミンA	40
ビタミンB$_6$*	40
ビタミンB$_{12}$*	10
ビタミンC*	100
ビタミンD	40
ビタミンK	5
ナイアシン*	75
ビタミンB$_2$ (リボフラビン)*	75
ビタミンB$_1$ (チアミン)*	80
葉酸*	100

参考文献：Harris and Karmas, 1975.
＊は水溶性ビタミン

理解することには，大きな困難が伴います。食品の成分は，多量栄養素と微量栄養素の二つに大きく分類されます。多量栄養素はタンパク質，炭水化物，脂質，水で，食品の重量の98％前後を占めます。一方，微量栄養素は，食品に微量だけ含まれるビタミン，ミネラル，それに植物性食品のフィトケミカルと呼ばれる物質で，その多くは生理活性が高く，栄養学的に重要な役割を果たします。調理の過程では主に多量栄養素が変化し，食品の風味，食感，外観だけではなく，タンパク質やデンプンの消化のしやすさにも影響します。一方，調理による微量栄養素への影響は，食品の栄養価をより大きく左右します。加熱の温度や時間，pH，それに食品に熱を伝達する物質（水，蒸気，脂質，あるいは乾燥した空気など）が，非常に重要な役割を果たします。たとえば，野菜をゆでる水の量を増やすと，水溶性のビタミンとミネラルの喪失が多くなります。野菜をゆでる水の量といったごくシンプルなことが，栄養価を大きく左右するのです（水5に対して食品1の割合がよく使われます）。

　ビタミンは，人体でまったく合成できないか，十分な量を合成できない必須栄養素で，食事から摂取しなくてはなりません。表6.1は食品をさまざまな方法で加熱調理した際のビタミンの最大損失量を示しています。すべての調理法がこのような大きな損失につながるわけではありませんが，さまざまな条件下で加熱調理を行った際にビタミンがどれくらい安定しているかを相対的に示しています。表6.1で示したような値を検討するときは注意が必要で，食品成分には大きな変動があるので，絶対値を重視するのではなく，全体の傾向をとらえるべきです。最も損失が大きいのは，ビタミンC（アスコルビン酸）です。水溶性ビタミンで，熱に弱く，酸化しやすいからです。したがって，ビタミンCは"炭鉱のカナリア"の役割を果たし，異なる調理法によって食品中の栄養成分が失われる量を比較する際の指標として用いられることがあります。ゆえに，新鮮な果物や生野菜は，体内で多くの重要な役割を果たすビタミンCの最良の供給源なのです。そしてビタミンCは，結合組織の主要なタンパク質であるコラーゲンの合成に関与します。コラーゲンは，傷の治癒を促し，壊血病の発症を抑制する働きがあります。さらに，

ビタミンCは抗酸化作用があり，LDLコレステロールの酸化を抑えるという重要な働きにより，心血管疾患を防ぎます。またビタミンC欠乏症は壊血病の原因となることがよく知られています。壊血病は，骨や結合組織に使われるコラーゲンが体内で十分に生成できなくなる状態です。ただしビタミンC不足の最初の兆候は疲労感で，多くの人が訴える症状です。

　繰り返しになりますが，食品の栄養価に調理が与える影響を考えるときは，データ中の特定の数値に注目するのではなく，全体の傾向を見ることが重要です。たとえ最善の計画のもとに行われた実験であっても，値には大きな変動が生じるからです。たとえば，生理活性を有するフィトケミカルである一連のグルコシノレートは，アブラナ科のすべての野菜に含まれます（アブラナ科の野菜から30種前後のグルコシノレートが発見されています）。これらのグルコシノレートとその分解物（イソチオシアネート）が，乳がん，胃がん，膀胱がんなど多くの種類のがんが発生するリスクを大幅に減らすことが明らかになっています。しかし，加熱調理するとイソチオシアネートはほぼ100％損失することがわかり，アブラナ科の野菜における抗がん性の物質の正体に対する疑問が投げかけられました。調理実験を行った研究の結果，これらの野菜をぎりぎり柔らかくなるまでゆでると，グルコシノレートの含有量は18〜59％，平均で37％失われることがわかりました。加熱調理による栄養成分の損失量を調べる研究で，これくらい数字に振れ幅が出ることは珍しくありません。さらに，生のアブラナ科の野菜のグルコシノレート含有量が，同じ野菜でも標本が異なると，5〜8倍も変動するという事実も考慮しなくてはなりません。変動が生じるのは，栽培品種，土壌の肥沃度（硫黄と無機物の含有量など），天気，栽培方法，それに収穫後の保管条件などが異なるためです。通常の栽培と有機栽培の間には，大きな違いはありません。さらに調理中の損失を考慮すると，有益なフィトケミカルが食品中に含まれる量は非常に大きく変動することになります。アブラナ科の野菜の大量消費には，一つだけ問題があります。グルコシノレートから生成される多様なイソチオシアネートのうちプロゴイトリンが，甲状腺からのヨウ素の取り込みを抑制する化合物を合成し，甲状腺腫の原因になりうるのです。ただし，これは新鮮なアブラナ科の野菜を生食した場合だけ起こる現象です。

　数年前，ハーバード大学で私と共同研究していたポスドクの学生，アドリアナ・ファブリが，過去25年間で，土壌の肥沃度（特に硫黄の含有量）の変化や肥料の使用などの要因により，ブロッコリーに含まれるグルコシノレートの総量が変化したかどうかを確かめることを決めました。カリフォルニア州は全米で栽培されるブロッコリーの90％を生産していて，州の記録によれば，ブロッコリー栽培における肥料の使用は25年前

表6.2
保存によるビタミンCの損失率（乾燥重量の比較，%）

食品	常温（20℃）で1週間	冷蔵（4℃）で1週間	冷凍（−20℃）で12カ月間
ブロッコリー	−56	0	−10
ニンジン	−27	−10	0
サヤインゲン	−55	−77	−20
グリーンピース	−60	−15	−10
ホウレンソウ	−100	−75	−30

からほぼ一定している（数%の変化にとどまっている）ので，肥料は要因として除外できます。カリフォルニア州で栽培されたブロッコリー（数多くの異なる品種が栽培されている）については，グルコシノレートの総含有量を分析した研究が数多く行われています。今回，それらを過去25年間分にわたって見直しました。ブロッコリーに含まれるグルコシノレートの総量のレベルには大きな振れ幅があり，ブロッコリーの栽培時期によって明確な傾向を見つけることも，土壌の肥沃度の変化が影響をもつかどうかを見極めることも，不可能なほどでした。つまり，一つのデータから，あるいは一つの研究から，確かな結論を導くのは困難なのです。結論は，数多くの研究によって初めて出されるべきです。栄養学の分野では，数多くの研究で報告されている傾向を分析することが，「メタ分析」と呼ばれて重視されています。しかし，新聞雑誌やインターネットでは，たった一つの研究報告をもとに，特定の食品や栄養素が人体の健康に劇的な効果をもたらすと断定する記事をよく見かけます。

　すべての農作物で栄養素のレベルには大きな振れ幅が見られるうえに，収穫後の栄養素の安定性も果物や野菜の栄養の質に大きなインパクトを与えます。表6.2は，収穫したての野菜5種の標本について，異なる条件で保存してビタミンCの損失率を調べた結果です。12カ月間にわたって冷凍（−20℃）した野菜は，1週間冷蔵庫（4℃）で保存，あるいは1週間常温（20℃）で保存した場合と比べると，ビタミンCの損失（収穫したての野菜との比較で）が最も少なくなりました。冷凍野菜の多くにこの傾向が見られるのは，収穫後2，3時間以内に急速に湯がいて瞬間冷凍するからです。生の野菜に含まれる酵素は活発に働き，保存期間中にビタミンCの酸化を引き起こすため，ホウレンソウやサヤインゲンに含まれるビタミンCはとても分解されやすいのです。冷凍の前に湯がくと，酵素が失活します。比較的不安定なビタミンには，ビタミンCのほか葉酸とチ

表6.3
ブロッコリーの栄養素の加熱調理による損失・増大

栄養	生	ゆでる	蒸す	揚げる
総カロテノイド色素	28*	+32%	+19%	-67%
総フェノール類	100*	-73%	-38%	-60%
ビタミンC	847*	-48%	-32%	-87%
総グルコシノレート	71[†]	-59%	+30%	-84%
加熱時間		8分	13分	3分

*乾燥重量で，食品100g中の栄養素の量をmgで示した。
[†]乾燥重量で，食品1g中の量をマイクロモル（分子量）で示した。
パーセンテージは乾燥重量の増加率または減少率を表す。

表6.4
ニンジンの栄養素の加熱調理による損失・増大

栄養	生	ゆでる	蒸す	揚げる
総カロテノイド色素	118*	+14%	-6%	-13%
総フェノール類	70*	-100%	-43%	-31%
ビタミンC	31*	-10%	-39%	-100%
加熱時間		25分	30分	8分

*乾燥重量で，食品100g中の栄養素の量をmgで示した。
パーセンテージは乾燥重量の増加率または減少率を表す。

表6.5
ズッキーニの栄養素の加熱調理による損失・増大

栄養	生	ゆでる	蒸す	揚げる
総カロテノイド色素	50*	-4%	-22%	-35%
総フェノール類	59*	-70%	-41%	-63%
ビタミンC	194*	-4%	-14%	-14%
加熱時間		15分	24分	4分

*乾燥重量で，食品100g中の栄養素の量をmgで示した。
パーセンテージは乾燥重量の増加率または減少率を表す。

図6.2

フレーミングハム州大学で著者が研究に使っていた以前のモデルに似たテクスチャーアナライザー。ブルックフィールド・エンジニアリング社の許可を得て転載

アミン（ビタミンB$_1$）があります。果物や野菜が遠隔地から輸送され，特に外国から輸入されて，配送センターで貯蔵され，最終的にスーパーの店頭に並ぶまでに，ビタミンCのような不安定な栄養素は大きく失われることが想像できます。数日間におよぶ輸送や貯蔵の間，多くの野菜は湿度を維持するだけで冷蔵保存はされません。「生鮮野菜」として売られているこうした野菜は，買い物から帰ったらただちに冷蔵庫に入れるべきです。冷蔵庫のほうが，常温よりも栄養素の損失が少なくて済みます。過去10～20年にわたり，生の果物や野菜の保存期間を延ばし，栄養素の安定化向上のため，空気組成を調整して貯蔵や充填包装を行う方法が使われるようになりました。包装パッケージ，あるいは貯蔵室のなかの酸素濃度を大気中の22％よりも低く2.5％前後に抑え，二酸化炭素濃度を大気中の0.04％よりも高く2.5％にまで引き上げます。足りない分は窒素を補います。二酸化炭素を増やして酸素を減らすと，生の果物や野菜の呼吸と腐敗を大幅に遅らせることができます。

　加熱調理は，食品中の栄養素の一部の（すべてではない）さらなる損失を招きますが，損失あるいは増大の程度には，調理の方法と条件が大きく影響します。表6.3，6.4と6.5は，一般的な調理法3種が，野菜3種に含まれる特定の栄養素の損失と増大にどう影響するかを，明確に割合で示しています。類似の研究が数あるなかで，パルマ大学とナポリ大学によるこの研究結果を選んで引用したのは，実験がよく考え抜かれて計画実行されているからです。「単一の研究を頼りにするべきではないと警告を発したのに」と思われるかもしれませんが，ほかの数多くの研究と結果が一致していることから，これを例として挙げたいと判断しました。

　こうした性質の研究のほとんどは，野菜を10分間など，一定時間加熱調理したときの栄養素の損失を測定します。加熱時間を定めるのは，違う種類の野菜の栄養素の損失

を比較するうえで便利なやり方かもしれません。でも，家庭ではそれぞれの野菜がちょうどよい柔らかさになるまで加熱するのが普通です。それに準じて実験を行なったのがこの研究で，実験室での研究というよりも家庭での調理に近い条件といえます。研究チームは，ニンジン，ズッキーニ，ブロッコリーをちょうどよい柔らかさにするのにかかる加熱時間を，訓練を受けた官能検査パネルにより測定しました。それから，この加熱時間だけ調理した野菜のサンプルを用意し，テクスチャーアナライザーと呼ばれる非常に高感度の実験装置で，貫通するのに必要な力を測定します（図6.2）。注意深く調整された条件のもとでそれぞれの野菜がちょうどよい柔らかさになるまで加熱調理した場合について，生のときと調理済みの野菜を貫通するのに必要だった力の数値を用いて調理後の「軟化率」を計算します。すべての野菜の柔らかさの測定は，野菜を食べるときの典型的な温度である50℃で行われました。それから，生と調理済みの野菜のサンプルに含まれる特定の栄養素の含有量をもとに測定が行われました。同じ野菜の間で生の時点では栄養素の含有量に違いが生じないように，それぞれのサンプルは，同じ畑で同時に収穫された野菜から採取されました。それぞれの種類の野菜の三つのサンプルがそれぞれの方法で加熱調理し，実験の再現性を確実にするために，それぞれのサンプルの栄養素の含有量を10回測定しました。含有量を測定した栄養素は，総カロテノイド色素（野菜に含まれる黄色・オレンジ・赤の色素。β-カロテンはビタミンAの前駆体です），総ポリフェノール，ビタミンC（アスコルビン酸），総グルコシノレートです。食品中のカロテノイド色素，ポリフェノール，ビタミンCは抗酸化物質として作用し，グルコシノレートとその分解物であるイソチオシアネートは，生理活性物質のフィトケミカルです。これら四つの栄養素が豊富な食生活は，特定のがんや心血管疾患，そのほかの変性疾患などの進行性の病気が発症するリスクを抑制します。グルコシノレートが表6.3だけに含まれているのは，フィトケミカルが存在するのは，ブロッコリーのようなアブラナ科の野菜だけだからです。

　実験結果の説明を試みる前に指摘したいのが，イタリアで行われた研究だということです。野菜の適切な調理時間はパネルが判断したものですから，イタリア人の好みが反映されていて，他国では異なる可能性があります。自分なら同じ野菜をどれくらいの時間加熱するかを考え，この実験の調理時間と比べることができるでしょう（研究チームの一人であるニコレッタ・ペレグリーニが数字を提供してくれました）。ゆで時間は，すでに沸騰している湯に野菜を入れる方法で決めました（ゆで汁には野菜の重量の5倍の重さの水を用います）。蒸す調理は，蒸気の温度が水の沸点と同じ（100℃）になるように大気圧で行い，揚げる調理は，ピーナッツ油2.2Lを170℃に熱して行いました。

さらに，野菜の下ごしらえは，イタリアで伝統的に行われている方法で行いましたが，これも他国とは違うかもしれません（野菜の洗い方，切り方，切るサイズなど）。こうした違いを考慮しても，野菜を加熱調理すると栄養価に大きく影響を与えるという事実は明らかでしょう。

　それでは，このように注意深く計画実行された実験から，どんな傾向を導き出すことができるでしょうか。まず，三つの調理法のうち，栄養素の破壊が最も少なくて済むのは蒸すことで，最も多くなるのは高温で揚げることだとわかります（とりわけブロッコリーとニンジンのビタミンCはその傾向が強いです）。野菜を柔らかくするまで蒸すのは一番時間がかかりますが，ゆでる場合のように水溶性の栄養素（ビタミンC，ポリフェノール，グルコシノレートなど）が溶け出すことがありません。油で揚げると高温になるうえ，カロテノイド色素などの油溶性の栄養素が溶け出します。蒸す場合の短所の一つが，ズッキーニの例で見られるように，加熱時間が長くなるため，ポリフェノールなど光に不安定な栄養素の酸化を促進することです。このほかにわかる重要な点は，いくつかの栄養素の量が増加したことです。とりわけニンジンとブロッコリーのカロテノイド色素にその傾向が顕著です（ブロッコリーの緑色のもとであるクロロフィルは，存在しているカロテン色素のうちの若干量を阻害します）。グルコシノレートは，蒸すことによってブロッコリーに含まれる量が増えていますが，これは熱によって細胞壁から放出されたからだと考えられます。

　カロテノイド色素が加熱調理によって増える現象については，トマトに含まれる主要な赤色のカロテノイド色素，リコピンの研究が進んでいます。リコピンは脂溶性で，加熱調理済みのトマト製品（ソースやペーストなど）の場合は生のトマトに比べて4倍もの量が血中で検出されることと，オリーブ油などの油でトマトを調理すると血中で検出されるリコピンの量が80％増えることが，研究によりわかっています。このことが非常に重要なのは，疫学研究により，1週間に2〜3回トマトソースを摂取することで，すべての前立腺がんのリスクが35％，また進行した前立腺がんのリスクが50％減少することが明らかになっているからです。生のトマトの場合，リコピンはタンパク質と結びついていて体内への吸収が制限されるのですが，加熱調理するとタンパク質からリコピンが解離されて，油脂とともに吸収されやすくなります。

　アメリカ農務省（USDA）の研究によると，加熱調理によって体内への摂取と吸収が促進される，あるいは抑制される栄養素は，カロテノイドのほかにもあります。USDAの研究者たちは，多様な種類の野菜（ケール，ブロッコリー，キャベツ，コラードグリーン，カラシナ，メキャベツ，ホウレンソウ，ピーマンなど）を加熱調理することで，腸

内の胆汁酸の吸着にどのような影響が出るかを調べました。胆汁酸は油溶性ビタミンを油脂に溶かす働きにより，これらのビタミンが腸から体内に吸収できるようにします。胆汁酸は肝臓でコレステロールから合成されるステロイドであり，体内で毎日生成されるコレステロール約800mgのうち少なくとも半分が，このプロセスに使われます。しかし，胆汁酸の約95％は体内に再吸収されて腸内で再利用されることから，胆汁酸の合成に使われるコレステロールの量は限られます。上記に挙げられた野菜を，ゆでる（10〜14分），蒸す（10〜20分），炒める（15〜20分）ことにより，胆汁酸を吸着して体外に排出する効果は生の野菜に比べて強くなりました。野菜を加熱調理して食べることにより，最終的には胆汁酸がより多く体外に排泄される（再利用されない）という結果になるのです。こうして，より多くのコレステロールが消費され，血中のコレステロール濃度が低下します。加熱調理した野菜の効果が，胆汁酸とコレステロールの減少のためにアメリカ食品医薬品局（FDA）が承認している医薬品，コレスチラミンと比較されました。実験室での試験管実験によれば，加熱調理した野菜100gは，コレスチラミン製剤100mgの4〜14％の効果を示しました。それほど大きな効果でないように見えるかもしれませんが，オート麦のふすまやそのまま食べられるオート麦ふすま入りのシリアルの胆汁酸吸着の効果と同じか少し高いレベルです。これらの食品は，コレステロールを低下させる効果があることから心臓によい健康食品としてFDAによって認可されています。最も効果的な調理法と野菜の組み合わせは，炒めるか蒸したケールとカラシナで，次いで炒めるか蒸したコラードグリーン，これに炒めたブロッコリー，キャベツ，ピーマンが続きます。エビデンスにより，加熱調理によって，不溶性食物繊維の一部が，胆汁酸を吸着する効果のある水溶性食物繊維に変化することがわかっています。ふだんと違う野菜料理を試したいと思ったら，ピリッとした風味のカラシナと少量の刻んだニンニクをオリーブ油で炒め，それから短時間チキンストックかブイヨンを大さじ2，3杯加えて柔らかくなるまで煮てみてはいかがでしょうか。辛さが苦手な方なら，緑の野菜を30秒ほど湯がいてから炒めると，ピリッとくる味をつくり出す酵素，ミロシナーゼが不活性化されます（第5章を参照）。

　そのほかの調理法として，電子レンジ，圧力なべ，炒め物，オーブンなども，食品の栄養価に与える影響が研究されています。一般的に，電子レンジの場合，食品を温めるときなど3分未満の加熱は，ビタミンCやグルコシノレートを含む栄養素にはほとんど影響を与えません。しかし，野菜や肉を完全に加熱調理する場合のようにもっと長時間（15分以上）電子レンジにかけると，電子レンジのエネルギーは非常に高く，熱に弱い分子が破壊されるため，栄養素に重大な損失が起こります。野菜に関する限り，時間は

かかっても電子レンジではなく蒸すのがおすすめです。

　圧力なべでの調理は，通常の気圧のもとで水でゆでるよりも栄養素の損失は少なくて済みます。圧力なべは1気圧（1cm²あたりの面積に約1kgの重さ）のもとで水を121℃に熱するので，調理時間はずっと少なくて済み，好ましい食感になるまで食品を調理するのに，ゆでるよりもずっと短時間で済むうえ，栄養素の破壊は15〜20%抑えられます。ただし，どんな食品でもゆでると水溶性のビタミンやミネラルがゆで汁に溶け出して失われるので注意しましょう。肉や野菜をゆでる際には，価値ある栄養素を無駄にしないよう，ゆで汁は捨てないでスープやソース，グレイヴィーに使うとよいでしょう。

　食品を炒めると，調理時間が短縮できます。しかし，高温で調理しなくてはならないうえ，食品を小さく切る（表面積を多くする）必要があるため，ビタミンCとポリフェノールの多くが破壊されます。

　オーブンで焼くことの影響を調べるには，チアミン（ビタミンB₁）への影響で判断するのがよいでしょう。チアミンは重要なビタミンです。呼吸の代謝経路に関わり，体へのエネルギー供給源を維持するほか，神経機能にも関係していると考えられています。肉はチアミンを豊富に含むため，オーブンで焼いたときに栄養素の保持にどれくらい影響を与えるかを知るための指標として適しています。理由はよくわかっていませんが，豚肉は牛肉，ラム肉，鶏肉，魚に比べて約10倍のチアミンを含みます。チアミンは水溶性で熱に不安定なので，損失のほとんどは，食品をゆでるときと，肉のドリップが出るときに起こります。たとえば，初期の研究によれば，内部温度が88℃になるように焼いたローストチキンはチアミンが42%失われましたが，その一部は水分の損失が原因と考えられます。牛肉や鶏肉をオーブンで焼くと，筋線維が縮むことから最大で25%もの水分が失われます。ローストした肉は，切る前に少なくとも15分間休ませることで，筋線維が水分を再吸収できるようにしましょう。こうすれば，チアミンなどの水溶性の栄養素がドリップによって失われるのを防げます。

　全粒穀物や豆類もチアミンが豊富ですが，チアミンの多くはふすまの層や外皮に含まれます。チアミンは水溶性なので，豆を浸水させ，水で煮るときに50%ほどが溶け出してしまいます。リボフラビンやナイアシンなどの水溶性ビタミンも，豆を浸水し，調理する過程で豆から水中に失われます（リボフラビンは約50%，ナイアシンは約70%）。米を精米して外皮や胚芽を取り除くと，チアミンが減少します。精米の準備として下ゆでした米は，とりわけチアミンの損失が大きくなります。下ゆでの際に，ビタミンが米の内胚乳に放出されてしまうからです。下ゆでといっても，実際にゆでるわけではなく，米を浸水させてから蒸し，乾燥させます。普通にゆでるとしたら，ビタミン

の損失は大幅に多くなるでしょう。チアミンが大量に失われる例として，このほかにパンがあります。パンを焼くときには小麦粉に含まれるチアミンの30%ほどが失われます。

　これまで真空調理はレストランの厨房で行われてきましたが，より手頃な価格の真空調理器具が開発されたことから，家庭の台所にも入り込みつつあります。この調理法の長所は，二つの点で食品の栄養価を高めることです。第一に，真空密封したパウチの食品を，正確な温度管理のもと低温調理することで，過剰な加熱（チアミン，葉酸，一連のビタミンBに影響する），酸化（ビタミンCとフィトケミカルに影響する）の双方による栄養素の損失を抑制します。第二に，パウチ内に食品から流れ出た液体がすべて保たれるので，液体がソースの材料や調味のために使われる場合は特に，水溶性ビタミン，ミネラル，フィトケミカルが失われることがありません。こうした効果は，食肉，魚，野菜のどの食材を調理する場合でも得られます。口溶けのよい食感をつくり出すだけではなく，食品の風味や栄養価を保護する真空調理は，まるで魔法のような調理法といえるでしょう。

コラム6.1　アブラナ科の野菜を食べてがんと闘う

　ヒトの食生活とがんの関係は，40年以上前から指摘されてきました。たとえば，脂肪の多い西洋の食生活は，大腸がんのリスクを高めるとされています。中国，日本，韓国に暮らして低脂肪の食生活を送る人たちは，アメリカに暮らす人たちと比べると，大腸がんや乳がんを発病するリスクが1/10から1/4に抑えられます。アメリカで診断されるがんの半分近くは肺がん，大腸がん，乳がん，前立腺がんで占められています。幸い，果物と野菜を多く含む食生活は，「化学予防」と呼ばれる効果のある生理活性分子の存在によって，特定のがんの発症リスクを抑制することが，エビデンスによって示されています。ヒトの食生活とがん抑制の間に明確な関係性を見つけるのが難しいのは，化学予防効果のある物質の果物や野菜に含まれる量が，栽培方法，土壌の組成，天気，環境（水など），肥料の使用，収穫後の貯蔵や加工，調理などにより大きく変動するからです。

　30年以上前から，アブラナ科の野菜は特定のがんのリスクを抑制することが明らかになり，最近では乳がんや膀胱がんのリスクも抑制することや，また肺がんや前立腺がんも同様である可能性が示唆されています。複数の研究によれば，アブラナ科の野菜の予防効果は，噛んだり切ったりして植物細胞が損傷を受けるときに細胞内に生成される生理活性分子のおかげです。これらの生理活性分子はアブラナ科の野菜のピリッとする味や香りをもたらす化合物でもあります。36種類ほどのアブラナ科の野菜が世界中で消費されていますが，アメリカで特に注目

されるのが，学名 *Brassica oleracea* の種類で，ケール，コラードグリーン，カイランサイ，キャベツ，チリメンキャベツ，メキャベツ，コールラビ，ブロッコリー，ロマネスコ，カリフラワー，ブロッコリーニがあります。このほかよく消費されている種類には，ホースラディッシュ，チンゲンサイ，ルッコラ，ウォータークレス，ラディッシュ，それにワサビがあります。繰り返しになりますが，すべてのアブラナ科の野菜には，グルコシノレートと呼ばれる天然のフィトケミカルが含まれ，細胞に損傷が起きると酵素のミロシナーゼと反応し，化学的にはイソチオシアネート（ITC）と呼ばれる生理活性物質が生成されます。自然界では，これらの化合物は昆虫に攻撃を受けると除虫効果を発揮するので，これがヒトに生物学的な作用をおよぼすことは容易に予想できます。ITCが，さまざまな形態のがんの予防効果を主にもたらす生理活性物質であると考えられています（インドール-3-カルビノールも，グルコシノレートから生成されて化学予防効果をもつ物質です）。しかし，この章で指摘しているように，ITCの大部分は加熱調理で破壊されるため，アブラナ科の野菜に含まれるがん予防効果のある物質が何なのかについては疑問が生じています。考えられる可能性を探ってみましょう。

　動物実験や，単離細胞を使った試験管内実験で，ITCが数多くのメカニズムによりがんを抑制する効果をもつことを確認した研究はこれまでに多数あります。そのメカニズムとしては，発がん性物質を解毒する，細胞をDNAの損傷から守る，腫瘍の血管

形成を抑制する，腫瘍細胞の転移を阻止するなどが
あります（National Cancer Institute 2012）。化学
予防効果をもつ物質の正体が不確かであっても，大
規模な研究によって，アブラナ科の野菜ががんのリ
スクを減らす効果をもつことがはっきりと示されて
います。しかし，動物実験と試験管内実験は比較的
コントロールが容易で，特定の量の純粋な生理活性
分子が用いられることで，限定された時間内でかな
り明確な結果が出る傾向にあります。ヒトについて
同様の研究をしたければ，注意深くコントロールさ
れた非常に小規模の被験者を対象にすることになり
ます。これまでの疫学研究の多くは，非常に大規模
な集団を対象に，食べた物と時間，頻度，量を思い
出してもらって実施されました。これだけが弱点で
あれば，食生活と健康状態の間にかなり明確な傾向
が見られたことでしょう。しかし残念なことに，果
物と野菜に存在する，もしくは生成される生理活性
分子の量は大きく変動するうえ，さまざまな方法の
加工や調理による影響も考えると，被験者が実際に
摂取する生理活性分子の量を正確に測定するのは困
難です。たとえば，ブロッコリーの同一品種に含ま
れるグルコシノレートの量には，5〜8倍の開きが
あり，ゆでると最大でその60%近くが失われるこ
とがわかっています。つまり，たとえば1週間に同
じ回数ブロッコリーを食べた被験者数人を比較した
場合，ITCの摂取量にはかなりのばらつきがありま
す。さらに，ブロッコリーを蒸した群とゆでた群と
でも大きな違いが出てきます。グルコシノレートと
ITCは水溶性なのでゆで汁に溶け出す一方で，蒸す
とITCの量が増えることが示されているのです。

　アブラナ科の野菜を生で食べた場合と調理してから
食べた場合を比較し，摂取されるITCの量を調べ
た研究はあまりありません。数少ない研究例が，ア
メリカ健康財団で行われ（Getahun and Chung
1999），生のクレソンとゆでたクレソンを食べた
場合を比較し，尿に含まれるITCの量を分析しま
した。同じ畑で同時に収穫されたクレソンで比較を
行ったところ，生のクレソンを食べた被験者は，ゆ
でてから食べた被験者に比べて4.6倍のITCを摂取
しただけではなく，10倍のITCを尿中に排泄しま
した。つまり，クレソンをゆでると，グルコシノレー
トとITCの双方がゆで汁に溶け出すうえ，酵素のミ
ロシナーゼが不活性化することから，ITCの摂取量
が大幅に減ることが示されました。ですから，もし
も大規模な研究で，被験者たちが特定の期間に同じ
回数アブラナ科の野菜を食べたとしても，野菜の出
所や加工調理に影響されて，生理活性分子の摂取
量は被験者ごとに大きく異なっていたかもしれませ
ん。

　クレソンの研究では，もう一点興味深い事実が観
察されました。3分間クレソンをゆでると，酵素の
ミロシナーゼが完全に破壊されますが，それを食べ
た被験者の尿中から，生のクレソンを食べた被験者
に比べればずっと少ないものの，いくらかのITCが
検出されたのです。研究チームによれば，加熱調理
したアブラナ科の野菜に含まれる無傷のグルコシノ
レートが，ヒトによってイソチオシアネートに変換
される可能性が初めて示されました。したがって，
アブラナ科の野菜を加熱調理することで，有益な生
物活性分子がすべて失われるわけではないのです。
しかも，グルコシノレートを含むがITCは含まない
ゆでたクレソンの絞り汁を，ヒトの糞便とともに培
養したところ，かなりの量のITCが合成されました。
つまり，ヒトの腸内フローラに由来する糞便中の細

菌の一部にミロシナーゼに似た作用があり，これによってITCが生成される可能性を示しています。したがって，グルコシノレートから生成されたITCの大部分が調理によって破壊されるとしても，ITCが生成されるプロセスは多岐にわたることから，それがアブラナ科の野菜に生成されるがん抑制物質である可能性は否定できないのです。

　総括すれば，アブラナ科の野菜が，膀胱がんや乳がんを始めとする特定のがんを予防するのに役立つことは，試験管内実験，動物実験，そしてヒトを対象とした研究によって確認されています。

参考文献

Getahun, S. M., and F.-L. Chung. "Conversion of Glucosinolates to Isothiocyanates in Humans After Ingestion of Cooked Watercress." *Cancer Epidemiology, Biomarkers and Prevention* 8 (1999): 447–451.

Murillo, G., and R. G. Mehta. "Cruciferous Vegetables and Cancer Prevention." *Nutrition and Cancer* 41, nos. 1 & 2 (2001): 17–28. National Cancer Institute. *Cruciferous Vegetables and Cancer Prevention*. Bethesda, MD: National Cancer Institute, 2012.

Willett, W., and P. J. Skerett. Eat, Drink, and *Be Healthy: The Harvard Medical School Guide to Healthy Eating*. New York: Free Press, 2017.

コラム6.2　豚肉を買いに行こう

　脂肪が悪者扱いされ，低脂肪食品が大流行したのを覚えていますか。食品会社はほとんどすべての食品の脂肪を減らし，特に血中のコレステロール濃度と心臓病に関わりがあるとされた飽和脂肪酸を減らことに躍起になりました。低脂肪食品を開発する努力は1980年代半ばから後半にかけて行われ，1990年代にも続きました。この流れに乗って1987年，アメリカの全国豚肉委員会は，「豚肉。もう一つの白身肉」という広告キャンペーンを行いました。豚肉を，鶏肉よりも飽和脂肪酸の多い牛肉のような赤身肉ではなく，健康的で低脂肪の鶏肉に似た肉と位置づけて宣伝したのです。広告キャンペーンの始まりよりもずっと前に，養豚業者は脂肪の少ない豚を生産する方策を進めていました。食肉の消費者は赤身肉を食べることの弊害が懸念されることをよく知っていて，1992年には鶏肉の消費量が牛肉を上回りました。養豚業者は，豚肉が鶏肉のように認知されることを望んだのです。

　アメリカ農務省（USDA）は，豚肉を赤身肉と分類してきました。脂肪の含有量と組成がほかの赤身肉と似ているからです。新世代の低脂肪豚肉は，過去の世代の豚肉よりは脂肪分が少ないかもしれませんが，脂肪の組成はほとんど変わっていません。その主な理由は，1970年代以降，豚や牛に与えられている穀物飼料にあります。脂肪の少ない豚は赤身肉のなかではヘルシーな方かもしれませんが，鶏肉と違って，アメリカでの一人あたりの消費量は1970年代から横ばいで，1年間にほぼ23kgとなっています。脂肪分が少なく白っぽい豚肉は消費者に

嫌われているのかもしれません。

　脂肪分の少ない豚肉は，風味も水分も少ないので，靴の革みたいに固く乾いた肉にならないよう，注意して調理する必要があります。だから，鶏肉のように消費が伸びないのかもしれません。数年前まで，USDAは人体に有害な寄生虫の旋毛虫症のリスクを取り除くため，豚肉の全体を71℃以上に達するように加熱調理することを勧めていました。しかし，屋内で飼育し，管理された安全な飼料を与えるようにした結果，旋毛虫の発生は，アメリカの人口全体で年間2件ほどにまで抑えられるようになりました。2011年，USDAは推奨内容を，豚肉が内部まで63℃に達するように加熱調理し，3分間休ませることに変更しました。豚ひき肉は，牛ひき肉と同様71℃で調理しなくてはなりませんが，かたまりの豚肉なら中が少し赤くても，つまりは前より柔らかくしっとりした状態でも食べてよいことになりました。この推奨内容は正しい方向への変化ですが，確実に豚肉がおいしくなったとまではいい切れません。

　豚肉をスーパーで買うのは，謎解きゲームに挑むようなものです。パックの豚肉がおいしくてしっとりしていて柔らかいかどうか，どうすればわかるでしょうか。そういう豚肉を見分ける方法があるとしたら，どうすればよいのでしょう。豚肉に関する科学知識を少し知っておけば，見分けるのは実はかなり簡単です。生肉の色に注目しましょう。科学を理解するために，まずは豚肉の品質がどのように分類されていて，豚肉がどのように生産されているかをおさらいしましょう。豚肉の品質には三つの基準が

設けられていて，理想的な水準であるRFN（赤みを帯びたピンク色で，固くて，滲出（しんしゅつ）していない，つまりはパックのなかに水が出ていないこと），それから低品質とされるPSE（色が白っぽくて，柔らかくて，水が出ている）とDFD（色が濃く，固くて，乾いている）があります。PSEは食感が劣り（組織が崩れていて），風味がなく，パサついています。DFDは，実は水分保持と柔らかさにすぐれていて非常に良質であることを示します。しかし，濃い赤色のため，消費者は古い動物の肉で鮮度に問題があると誤解してしまうのです。すべての豚肉のうち25%がPSEまたはDFDに分類されます。

　豚肉の生産において，品質を左右する重要な三つの段階は，豚の屠殺の前と間と後に起こります。食用の動物や鳥の屠殺は，今日では「捕獲（ハーベスティング）」と呼ばれます。屠殺前から屠殺中にかけて豚が受けるストレスが，豚肉の品質に深く影響することは，容易に想像がつくでしょう。豚がストレスを受ければ，乳酸の生成が促進され，肉のpHを下げます。生きている動物の筋肉は中性でpH 7です。ストレスによって乳酸が過剰に生成されると，pHは大幅に低下し，5.2〜5.5くらい（中程度の酸性）になります。筋肉組織のpHは肉が柔らかくてジューシーか，それとも固くてパサついているかを左右します。さらに，肉の風味にも直接影響します。豚肉のpHは屠殺の45分後に測定され，通常はpH 6.2前後で，pH 6.5に近ければ理想的です。肉のpHがこれより低く，たとえばpH 5.7だとしたら，加熱調理すると筋線維が固くしまって水分をほとんど保持しません。さらに重要なのは，筋肉のタンパク質を分解して肉を柔らかくおいしくするカルパインという一連の酵素が，pH 7前後で最も活性

化されることです。カルパインは，屠殺後も肉を柔らかくする作用があります。pH 6.5の肉は，pH 5.7以下の肉よりもずっと柔らかくて風味豊かなのです。

　とはいえ，スーパーに行って豚肉を買うときに，pH計を持参するわけにはいきません。幸い，肉のpHを知る簡単な方法があり，それが色で見分けることです。すべての赤身肉の色を左右する色素が，ミオグロビンというタンパク質です。すべての筋肉細胞に含まれ，筋肉が動くのに必要な酸素を貯蔵しています。やはり赤色のタンパク質であるヘモグロビンは血中に存在し，肺から筋肉細胞へと酸素を運びます。ヘモグロビンは四つのミオグロビン分子がつながってできています。しかし，ヘモグロビンは大きすぎて筋肉細胞に入り込めません。細胞の中に酸素を運び入れるために，それぞれのヘモグロビン分子は分離して四つのミオグロビン分子になる必要があり，こうしてできたミオグロビン分子が酸素を筋肉細胞に届けるのです。ミオグロビンの赤色の濃さは，pHに左右されます。pHが高いほど，ミオグロビンは赤みを増します。そこで，豚肉の見た目でpHを知ることができるのです。赤色が濃ければ濃いほど，肉のpHが高いことを示します。豚肉が濃い赤色なら，柔らかく，しっとりしていて，おいしいことを意味します。残念なことに，色が濃くて固くて乾いている（DFDの）肉が新鮮でないと思って避ける消費者は，最高の豚肉を敬遠していることになります。今度スーパーに行ったら，色が濃くて，全体に脂身がちりばめられていて，パックのなかに水が出ていないものを選びましょう。色が白っぽくて崩れかけた肉は，固くておいしくなくてパサつくことが予想されるので，避けるべきです。

　図1の豚肉を見てみましょう。どちら
を選びますか。

　最高級の豚肉を生産する養豚業者は,
飼育と屠殺で豚が受けるストレスを極力
抑えるように最大限の注意を払い, 色が
濃く, おいしくて柔らかい豚肉を生産し
ています。こうした素性の確かな肉は高
価ですが, その価値があります。肉が高
品質なだけではなく, 豚が動物愛護に配
慮した扱いを受けていたことがわかるか
らです。今度スーパーに行ったら, 豚肉
が昔に比べてどれだけ濃い色になったか
に注目してみてください。全国豚肉委員
会はスローガンを「豚肉。もう一つの赤
身肉」に変更するべきかもしれません。

参考文献

Buege, D. *Variation in Pork Lean Quality*. Clive,
IA: U.S. Pork Center of Excellence, 2003
(originally published as a National Pork Board
/American Meat Science Association fact
sheet).
Warriss, P. D. *Meat Science: An Introductory
Text*, 102-204. Wallingford, Oxfordshire, UK:
CABI, 2000.

図1

pHによって色が異なる豚肉の比較。色が濃い豚肉 (a) は, 色が薄い豚肉 (b) に比べ
て高いpHを示しています。写真：FeaturePics

レシピ6.1　赤ピーマンのトマトソース

材料
（パスタのソース6〜8人分）

エキストラバージンオリーブ油　大さじ3

赤ピーマン　中1個（または大1/2個。細切り）

ニンジン　1本（皮をむいてみじん切り）

黄色のタマネギ　中または大1個（かなり小さくみじん切り）

ニンニク　4かけ（細かくみじん切り）

トマトピューレ　85g

トマト缶（カット800g）

砂糖　小さじ1

乾燥オレガノ　大さじ1

乾燥バジル　大さじ1

※アメリカの1カップの容量＝約237cc

　このソースは，トマトのリコピン，赤ピーマンのカプサンチン（パプリカにも含まれる），それにニンジンのβ-カロテンなど健康によいオレンジ色や赤色のカロテノイド色素が豊富に含まれます。カロテノイド色素は抗酸化作用があり，心血管疾患や，前立腺がんや肺がんなどの一部のがん，加齢黄斑変性のリスクを減らします（β-カロテンなどいくつかのカロテン色素は，ビタミンAの前駆体です）。さらに，認知機能を維持する可能性を示唆するエビデンスも複数あります。食品中のカロテノイド色素はタンパク質と結合しやすく，生のトマトなどはカロテノイド色素の体内への吸収が抑制されてしまいます。加熱調理すると，タンパク質からカロテノイド色素が放出され，吸収されやすくなります。すべてのカロテノイド色素は油溶性なので，トマトソースはオリーブ油を材料に加えると小腸での吸収が促され，血中濃度を高めることができます。じっくり時間をかけて煮込むと，カロテノイド色素が油に溶け出して体内に吸収できるようになるだけではなく，カロテノイド色素の一部が酸化してより複雑な風味が生まれます。

　最初にこのレシピをつくったのは私の母で，母から姉へ，最終的に妻のクリスティーヌへと受け継がれ，私は妻から教えてもらいました。通常のトマトソースと違うのは，かなりの量の赤ピーマンを入れることで，おいしくなるうえに赤いカロテノイド色素がさらに豊富になります。このレシピで6〜8人分のパスタソースができます。酸性のトマトピューレでつくられているのでpHが低くなり（4.6未満），細菌やカビの増殖が抑制されますから，食べきれない分は冷蔵庫で数週間もちます。残り物のソースは豆のスープやピザのトッピングにするととてもおいしいです。

　妻のようにパスタの消費量を減らしたいとお考えの方なら，斜め切りにしたズッキーニをニンニクとオリーブ油で炒めてソテーにして，このソースをかけるのがおすすめです。妻はパスタよりもこの方が好みです。ただし，第7章のコラム7.1「『冬野菜』—パスタの科学」では，パスタは高デンプンで高GI（グリセミック指数）の食品だという評判が実は不当なものであることを説明します。

つくり方

　深型の小なべにオリーブ油，赤ピーマン，ニンジンを入れ，中火にかけ，時おりかき混ぜながら，赤ピーマンとニンジンが柔らかくなり，一部のふちが茶色くなる

まで5分間ほど炒めます。タマネギを加え，中火でさらに4分，時おりかき混ぜながら，タマネギが柔らかくなり，ふちが少し茶色くなるくらいまで炒めます。野菜が少しくらい色づきすぎても，このレシピでは炒めすぎということはないので大丈夫です。ニンニクを加え，頻繁にかき混ぜて焦げないように注意し（ニンニクは焦げると苦くなるので），さらに1分間炒めます。トマトピューレを加えて，野菜と混ぜ，カロテノイド色素を引き出します（油が赤くなったのがわかるでしょう）。それからトマト缶を加え，全体をよく混ぜます。水約1/2カップを加え，ソースがまだ濃すぎたらさらに水を加えてから，火を弱火にします。

　約45分間弱火で煮ますが，量と濃度を保つように適宜水を加え，ソースがとびはねないようにします。また，焦げないよう，必要に応じてかき混ぜます。トマトの酸味を打ち消すために砂糖を加え，オレガノとバジルで調味し，よく混ぜて，弱火でさらに煮て，時おりかき混ぜてさらにおよそ1時間煮ます（ときどき，香りと味をみてください）。ソースが濃くなりすぎたり，焦げたりしそうになったら，そのたびに水を適量加えましょう。味と香りを確かめてから塩コショウし，お好みでさらに砂糖を加えます。ソースが濃すぎる場合は水を加えて調節します。

レシピ6.2　おいしくて健康的なマッシュドカリフラワー

材料（4人分）

カリフラワー（4cmくらいに切る）4カップ

ニンニク　1かけ（つぶす）

塩　小さじ1/2

クレームフレッシュ
1/4カップ（大さじ4）

注：コショウ，辛味ソースなどの調味料を好みでかけてもよい

※アメリカの1カップの容量＝約237cc

　このレシピはとてもシンプルな調理法で，第5章の終わり近くで紹介した科学に基づいています。カリフラワーの風味と栄養素が保たれ，マッシュドポテトよりも栄養的にすぐれた一品です。カリフラワーは，すぐに消化されてしまうデンプンがたくさん含まれるジャガイモとは違い，食物繊維が豊富に含まれ，ずっとデンプンの含有量が少なくなっています。さらに，ゆで汁を捨てないので，カリフラワーから溶け出したグルコシノレート，イソチオシアネート，水溶性のビタミン，食物繊維，ミネラルなどの栄養素がそのまま含まれています。重要なポイントが，調理時間です。カリフラワーはある程度の時間加熱しなくてはなりません。最初に硫黄臭のあるイソチオシアネートが急速に生成されるからです。一方で，ナッツのような風味のジスルフィドやトリスルフィドが合成されるプロセスは邪魔しないようにします。長く加熱しすぎると，トリスルフィドが蒸発して味気ないマッシュドカリフラワーになってしまうので気をつけましょう。

　おいしくて健康的な献立にするには，マッシュドカリフラワーを皿に平らによそい，その上にオーブンで焼いた魚やチキンのグリルなどのタンパク質源をのせ，さらに緑色の葉物野菜かサラダを添えるとよいでしょう。また，このレシピのようにカリフラワー以外の野菜も最小限の水で調理すれば，ゆで汁をスープやソースに使えます。

つくり方

　カリフラワーを深型の小なべに入れ，カリフラワーが半分ひたるくらいまで水を入れ，ニンニクと塩を加えます。ふたをせずに20分以上（25分以内），柔らかくなりナッツのような香りがし，辛さや苦さを感じなくなるまでゆでます。ほとんどの水はカリフラワーに吸収されるか蒸発していて，余分な水気を切る必要はないはずです。次にクレームフレッシュを加え，ハンドブレンダーでまんべんなくなめらかなクリーム状にします。

7

よい食品と悪い食品，
そして調理科学の未来

よい炭水化物と悪い炭水化物

　健康的な食生活を目指すうえで，最も難しいのはよい炭水化物と悪い炭水化物，よい脂肪と悪い脂肪を見分けることかもしれません。炭水化物も脂肪も多量栄養素であり，微量栄養素に比べてはるかに大量に摂取されます。食品中の炭水化物は，単純な糖（単糖類である果糖やブドウ糖，二糖であるショ糖），3〜10個の単純な糖がつながった中程度の大きさの分子であるオリゴ糖（ラフィノース，スタキオース，イヌリン），糖の分子が数百個から数千個も連結した非常に大きな多糖類（デンプン，セルロース，ヘミセルロース，ペクチン，β-グルカン）があります。食品中の脂肪は，牛脂や豚脂（ラード）など固体の飽和脂肪酸から，オリーブ油や大豆油，グレープシード油を始め，多種多様な一価不飽和脂肪酸や多価不飽和脂肪酸の液体の油まで，膨大な種類があります。今日の加工食品や調理済み食品に含まれる添加された糖（添加とは，果物や野菜に含まれる天然の糖との区別を表します）の消費は，大きな健康問題に発展しています。肥満，糖尿病，心臓病，肝臓病の原因になるからです。添加された糖は血糖値を上げ，インスリンの分泌を増加させます。インスリンには数多くの生理作用がありますが，そのうち過剰な食品のエネルギーを脂肪として脂肪組織に貯蔵させる働きにより，インスリン抵抗性，肥満，糖尿病，心血管疾患の潜在的なリスクを高めます。アメリカでは，食品医薬品局（FDA）が，加工食品に添加糖の量の表示を義務づけることを計画しながら主に業界の圧力により延期していましたが，2020年にようやく実現しました。アメリカ心

図7.1

中国の画家，閻次于が絹地に描いた絵（12世紀半ば〜後半）。私たちに見えず想像しかできない未来の出来事の神秘を描いています。
スミソニアン博物館フリーア／サックラー美術館所蔵（許可を得て掲載）

臓協会は，1日あたりの添加された糖の摂取量を成人女性は小さじ6杯，成人男性は小さじ9杯，子どもは小さじ3〜6杯までに制限することを推奨しています。2017年のデータによると，平均的なアメリカ人は1日に小さじ22杯，年間約30kg以上の添加された糖を消費しています。アメリカ人の食生活で摂取される添加された糖の多くは炭酸飲料やスポーツドリンクに含まれ，これが子どもと成人の添加された糖の摂取量のほぼ半分を占めています。1缶（340g）の飲料に添加された糖が小さじ11杯も含まれていることもあります。

多くの消費者が，幅広い食品にオリゴ糖が含まれていることを認識するようになりました。その証拠に，オーストラリアのモナッシュ大学が考案した低FODMAPダイエットは，腹部膨満感，腸内ガス，胸焼け，胃腸痛といった症状を改善する効果に高い関心が寄せられています。FODMAPは発酵性オリゴ糖，二糖類，単糖類，ポリオール類（糖アルコール）を表しています。症状の多くはオリゴ糖が原因です。オリゴ糖は，小腸でほとんど消化されず大腸に到達し，ある種の細菌がそれを盛んに発酵させるため，腸内ガスの発生などの不快な反応を起こします。このため，添加された糖に加えてオリゴ糖も「悪い炭水化物」に分類できそうに思えますが，オリゴ糖は血糖値やインスリンの分泌には影響を与えず，添加された糖が引き起こす疾患の原因にはなりません。

豆類は安価な食品であり，タンパク質，ミネラル，食物繊維を豊富に含む健康的な食品です。2017年秋には，ハーバード大学で私が教えている「食品科学，テクノロジー，持続可能性」のセミナーに参加していたメキシコシティ出身の学生が，過去25年間で，メキシコ人の豆の消費は約50%も落ち込んでいることに加え，その背景として，貧民の食べ物というイメージ，さらに胃腸に起きる問題から敬遠されることを教えてくれました。豆に含まれる食物繊維の一部は，小さなオリゴ糖のラフィノース（3個の糖分子が結合している）とスタキオース（四つの糖分子が結合している）であり，大腸で発酵が進むと腸内ガスや腹部膨満感の原因になります。アメリカ農務省（USDA）は，乾燥豆を大量の水に入れて沸点まで加熱し，熱から下ろして1時間休ませ（ゆでる前に一晩水に浸けるかわりにここで吸水させる），それから丁寧に洗うことで，問題の原因となる2種類のオリゴ糖の40〜50%を除去でき，ゆでた豆が腸内ガスを引き起こす傾向を減らせることを示しました。こうして下ゆでした豆は，すぐにスープや煮込み，チリなどの料理に使うことも，冷凍しておくこともできます。缶入りの豆は乾燥豆よりも便利に使えますが，豆の食感維持などの目的で大量の塩分が添加されているのが欠点です。ある研究によると，缶詰の豆を丁寧に水洗いすると，塩（とナトリウム）の40%を除去できることが示されました。ですから，缶詰の豆は料理に使う前によく洗いましょう。

水で洗うと，缶汁に溶け出したオリゴ糖の一部も取り除けます。

　良質の炭水化物といえるのは，食物繊維として機能する難消化性の多糖類で，便通を改善し，少ないカロリーでも満腹感をもたらします。全粒穀物や豆類に最も豊富に含まれています。食物繊維の正体は，常に議論の的になってきました。20年あまりの論争の結果，アメリカ食品医薬品局（FDA）は2016年，食物繊維の定義について結論を出し，成人が1日に摂取するべき食物繊維の推奨量を28gと定めました。アメリカ人の平均摂取量は1日16gにとどまります。興味のある方のために紹介すると，FDAの最終的な食物繊維の定義は下記のようなものです。「難消化性の水溶性・不溶性炭水化物（3以上のモノマー単位をもつ），そしてリグニンのうち，植物に本来備わっていて損なわれていないもの。単離された，あるいは合成された難消化性の炭水化物（3以上のモノマー単位をもつ）のうち，人体の健康に有益な生理学的効果をもつとFDAが定めたもの」。FDAの定義によれば，複雑な多糖類であるデンプンは，小腸で急速に，あるいはゆっくりと消化されてマルトースやブドウ糖になることから，食物繊維に当てはまらない特殊なケースです。1gあたり4kcalを供給し，血糖値とインスリン分泌量を上げることだけを考えると，これらのデンプンは「悪い」炭水化物に分類されます。

　しかし，デンプンのうち難消化性デンプン（レジスタントスターチ）と呼ばれる少数のグループは，その結晶構造や消化酵素で分解できない構造のために，小腸で消化されないことから，血糖値とインスリン分泌への影響は抑制されます。さらに，大腸に生息する善玉菌にとって非常に有益です。善玉菌は難消化性デンプンを活発に代謝して短鎖脂肪酸に変え，これが大腸の内壁の細胞のエネルギーとして使われます。食物繊維と難消化性デンプンについて，私は20年ほど前から断続的に研究を行ってきました（Fabbri, Schacht, and Crosby 2016）。難消化性デンプンは，（形態は不溶性食物繊維でありながら）プレバイオティクスの水溶性食物繊維として機能し，カルシウムの体内への吸収を促進します。また，大腸がんや炎症性腸疾患のリスクを低減すると考えられています。さらに，通常の消化性デンプンの半分未満のカロリーしか供給しないことから，難消化性デンプンは健康的な食生活に欠かせないよい炭水化物といえます。いくつかの保健機関は，推奨量を1日20gとしていますが，残念ながら，アメリカ人は難消化性デンプンを1日3〜8gしか消費していません。難消化性デンプンの一番の供給源は豆類と全粒穀物ですが，量は劣るものの朝食用シリアルやシリアルバーなど成形されたシリアル食品の一部にも含まれています。生の豆類の難消化性デンプンの含有量は非常に高いのですが（重量比で約35%），食べられるようにするために必要な加熱調理を行うと，難消化性デンプンのうち大部分は破壊され，重量比で約5〜6%だけが残ります。

164

表7.1
食品の難消化性デンプン含有量

食品	摂取量100g中の難消化性デンプンの平均量（g）
グラノーラ	0.1
オートミールクッキー	0.2
オールブランシリアル	0.7
ベイクドポテト	1.0
全粒粉パン*	1.0
スパゲッティ（調理済み）	1.1
ゆでたジャガイモ	1.3
玄米ご飯	1.7
豆（調理済み／缶詰）	2.6
ライ麦クラッカー（「Ryvita」）	2.8
コーンフレーク	3.2
ライ麦パン	3.2
レンズ豆（調理済み）	3.4
白インゲン豆（調理済み／缶詰）	4.2
プンパーニッケル（黒パン）	4.5
ロールドオーツ（未調理）	11.2

*全粒小麦粉51%を含む

残された難消化性デンプンは，さらに加熱調理しても非常に安定しています。たとえば，温めた缶詰の豆には，ゆでたての豆とほぼ同量の難消化性デンプンが含まれています。重量比5〜6％というのは大した量でないようですが，調理済み食品のなかでは最大レベルに相当し，難消化性デンプンをエサとする大腸の善玉菌に十分なエネルギーを供給します。さまざまな加工食品や調理済みの食品に含まれる難消化性デンプンの量を示したのが表7.1です。毎日の食生活で難消化性デンプンの摂取量を増やすには，ロールドオーツ（押麦にした乾燥オート麦）を朝食のシリアルに加えるとよいでしょう。カネリーニ豆やリマ豆などの白い豆は，タマネギ1個の薄切り，少量の乾燥マスタードと塩，それに好みにより生のローズマリーを少量加えてじっくりオーブンで煮れば，ローストチキンの最高のつけあわせになります。

難消化性の多糖に含まれるグループで，料理における利点も健康効果も見過ごされがちなのが，ペクチンです。すべての植物の細胞壁の構造を形づくる主な成分であり，細胞どうしをつなぐ接着剤の役割も果たしています。ジャムやゼリーを固めるゲル化剤としておなじみでしょう。ペクチンはアルカリ性で不安定になり，酸性では安定します。サヤインゲンを酸性のトマトソースのなかで煮ると，水でゆでるよりも時間がかかるのはそのためです。サヤインゲンをゆでるときや，あらびきトウモロコシ粉からポレンタをつくるときは，アルカリ性の重曹をひとつまみ水に入れると加熱時間を約半分に減らせます。多糖であるペクチンの複雑な構造は，ペクチンメチルエステラーゼ（PME）という酵素によって分解され，このおかげで果物は熱すと柔らかくなります。果物と野菜が調理すると柔らかくなるのは，熱がペクチンを分解するからです。下ごしらえとして低温調理すると果物や野菜のPMEが活性化され，そうすれば後でオーブンで焼いたときにドロドロになるのを防げます。PMEはペクチンの構造を変え，カルシウムイオンでイオン架橋を形成できるようになり，架橋された

ペクチンは加熱しても分解されにくくなるのです。PMEは55〜60℃のとき活性が高く，70℃以上で失活します。PMEを多く含み，下ごしらえとして低温調理するべき果物や野菜には，リンゴ，サクランボ，豆類，カリフラワー，トマト，ビーツ，ニンジン，それにジャガイモとサツマイモがあります。これらの果物や野菜を55〜60℃の温度で約30分加熱すると，その後高温で焼いても形が崩れず，ちょうどよい柔らかさに焼くことができます（ニンジンのローストなど）。この方法はアップルパイをつくるのにも使われ，リンゴがドロドロになりパイがスープになる事態を防ぐことができます。旬以外の時期（1月以降）に買ったリンゴは長期CA（空気調整）貯蔵させているため，新鮮なリンゴに比べて崩れやすくなっています。オーブンでいくら焼いても芯が残る「筋金入り」のサツマイモに遭遇したことがあるかもしれませんが，これは長期冷蔵保存中のPMEの働きによるものです。冷蔵中にカルシウムイオンとともにPMEが放出され，ゆっくりと細胞壁のペクチンを強化するので，加熱調理によってサツマイモを柔らかくすることが不可能になります。

　難消化性デンプンと同様，水溶性で難消化性のペクチンは，大腸で腸内細菌叢の一部をなす数十億個の善玉菌により活発に代謝されます。ペクチンは数多くの健康効果をもつことがエビデンスにより明らかになっています。しかし，ペクチンは植物の細胞壁に含まれるほかの多糖類と固く結合し，その後は腸内細菌で断片に分解されることから，その健康効果の解明は非常に困難です。ペクチンはゲル化作用によりコレステロールをとらえて体外に排除するため，コレステロールの血中濃度を低下させることも明らかになっています。また，炎症を抑え，腫瘍細胞の成長を遅らせる可能性を示すエビデンスもあります。残念なことに，アメリカ人は果物と野菜を推奨量の半量あまりしか摂取しておらず，過去30年間で改善の兆しはほとんどありません。

よい脂肪と悪い脂肪

　よい炭水化物と悪い炭水化物の違いは，平均的な成人ならほぼ理解しているようです。おそらく，過去20〜30年にわたり栄養学の関係機関やメディアがかなり一貫したメッセージを発信し続けているおかげでしょう。一方でよい脂肪と悪い脂肪については誤解が多いようです。その大きな理由は，1990年代から2000年代にかけて，食品業界の後押しを得てメディアが脂肪を非難し，低脂肪や無脂肪の食品を大げさに称賛したことです。「高脂肪の食生活は，体重過剰，肥満，心血管疾患の原因だ」と盛んに報道されました。しかし実際には，エネルギー摂取量の40%を脂肪が占める食生活であっても，

体重を維持するだけでなく減量も可能であることが，栄養学の研究で繰り返し示されています。肝心なのは，エネルギー消費量との兼ね合いで摂取量を管理することであり，エネルギー源ではありません。脂肪は1gあたり9kcalを含むために敵視されるのかもしれません（炭水化物とタンパク質は1gあたり4kcal）。一般消費者が心血管疾患と脂肪の不健康な関係を知るようになったのは，1970年代初頭にアンセル・キーズ博士が飽和脂肪酸の摂取量と心臓病の関連性を示したのがきっかけでした。より最近には，調理油の影響と，油がフライパンやフライヤーのなかで煙を出し始める温度を指すスモークポイント（発煙点）についての警鐘も聞かれ，懸念が広がりました。平均的な消費者は，脂肪と油の安全性について，あまりに多種多様な見解を聞かされています。

そこで，まずは脂肪と油の科学について基本的な事実をおさらいしましょう。非常に単純化した説明をすると，常温では，脂肪は固体，油は液体です。脂肪と油の双方を指して「油脂」という言葉が使われることもあります。脂肪と油は科学的にはトリグリセリドと呼ばれ，長鎖脂肪酸3個がグリセロールというアルコール1分子と結びついた構造です。脂肪酸は飽和または不飽和脂肪酸があり，これは炭素–炭素の結合のタイプと，それぞれの炭素原子に結びついた水素原子の数を示しています。飽和脂肪酸は最大限の数の水素原子を含んでいることから，水素で「飽和」した状態です（-CH$_2$-CH$_2$-）。不飽和脂肪酸は炭素–炭素の二重結合（-CH=CH-）の数がさまざまで，より少数の水素原子を含みます。P179のコラム7.2「脂肪と油–構造が機能を決めるとき」で示すように，飽和脂肪酸の分子は線状で，きちんと整理されたクレヨンの箱のようにギュッと固まることができるので，結晶をつくり，その融点は常温よりも高くなります。不飽和脂肪酸の分子にはよじれがあるため，秩序立った結晶を形成することができず，常温より低温で溶けます。固体の飽和した脂肪には飽和脂肪酸が多く，液体の不飽和の油は不飽和脂肪酸を豊富に含みます。固体の飽和した脂肪が血管内で結晶構造に固まることは，容易に予想できるでしょう（血中脂肪は，LDLコレステロールなどの複雑な粒子の一部として発生します）。血管の壁にこびりついた結晶性の脂肪が酸化して，プラークと呼ばれる不溶性の沈着物ができ，心臓や脳へと続く血管も含む血流を制限します。これに比べて液体の飽和油は，飽和脂肪酸より酸化しやすいにもかかわらず，結晶構造をつくりにくいため血管を詰まらせるリスクは低くなります。それからトランス脂肪酸があります。天然の脂肪にはあまり存在しない脂肪酸ですが，P179のコラムで示す通り，不飽和の油が水素ガスで触媒を用いて商業的に加工されると，炭素–炭素の二重結合が新しい形（「反対の」を意味する「トランス」と呼ばれる）になった不飽和脂肪酸をつくり出します。トランス脂肪酸は飽和脂肪酸のように線状の結晶性の固体ですが，飽和脂肪酸より

表7.2
一般的な油脂の飽和度

油脂を含む食品	ヨウ素価*	飽和％	不飽和％
バター	33	65	35
牛脂	47	48	51
パーム油	52	49	51
豚脂（ラード）	56	42	58
鶏肉	77	33	67
オリーブ油	82	12	88
ピーナッツ油	92	18	81
キャノーラ油	107	7	92
コーン油	123	14	86
大豆油	131	15	85
ニシン油	162	21	79

*ヨウ素価の平均値

も酸化しやすい性質があります。化学的に，トランス脂肪酸は血管を詰まらせ，プラークを形成する傾向が飽和脂肪酸よりも強くなります。

　詳しくは後述しますが，赤身肉の脂肪を始めとする飽和脂肪酸を避け，健康によい植物油や魚に由来する不飽和脂肪酸を選ぶべき理由は数多くあります。表7.2は，さまざまな油脂の飽和度を示したもので，脂肪酸に含まれる炭素–炭素の二重結合の数を決定するために，古いけれども信頼できるヨウ素価試験（Stauffer 1996）を使っています。炭素–炭素の二重結合が最も少なく飽和度の高い脂肪が，ヨウ素価が低く，表の上の方に登場します。二重結合が多く不飽和度が高い油が，表の下の方に登場します。これらの数を見ると，動物性脂肪は植物油よりも飽和度が高く，鶏肉の脂肪は牛や豚の脂肪に比べて不飽和度が高いことが明らかです。表のなかの数字を注意深く見ると，ヨウ素価と不飽和脂肪酸のパーセンテージは完全に一致していないことがわかるでしょう。これは，ヨウ素価が脂肪酸の二重結合の臨界数を測定した結果であり，油や脂肪に含まれる不飽和脂肪酸の割合を重量比で単純に表したものではないからです。たとえばオリーブ油の成分の79％は一価不飽和脂肪酸のオレイン酸（HC=CHの二重結合を1個含む）ですが，ニシン油中の不飽和脂肪酸の大部分はそれぞれ3〜6個の二重結合を含みます。

このため，ニシン油のヨウ素価はオリーブ油の2倍ですが，ニシン油中の不飽和脂肪の割合はオリーブ油よりも少なくなっています。

　よい脂肪と悪い脂肪があるとすれば，明らかな悪者はトランス脂肪酸です。心臓病との関連が明らかになったため，アメリカ食品医薬品局（FDA）は，加工食品の栄養成分表示にトランス脂肪酸の含有量の明記を義務づけています。微量（1～2％）のトランス脂肪酸は動物性脂肪にも精製された植物油にも生じますが，大部分は大豆油などの植物油に部分的に水素添加することにより商業生産されます。加工食品の原材料リストに「部分水素添加植物油」と書かれていたら，トランス脂肪酸が含まれていることがわかります。2015年，FDAは，食品への使用を認可する「一般に安全と認められる」材料のリストから，部分水素添加植物油を削除しました。トランス脂肪酸は一般に常温では固体で，不飽和脂肪酸を多く含む植物油よりも酸化しにくく，揚げ油や，マーガリンなどの固体のスプレッド，それにパンや焼き菓子に用いられる固体のショートニングの材料として利便性があります（かつて用いられていた牛脂やラードなどの飽和脂肪は，ほとんどが水素添加植物油に置き換えられました）。1990年代には，ハーバード大学公衆衛生学部を始めとする数多くの研究機関が，トランス脂肪酸の消費と心臓病の関連性を示すエビデンスを発表しました。トランス脂肪は血中の悪玉のLDLコレステロールを増やし，善玉のHDLコレステロールを減らし，心臓発作や脳梗塞の原因となる血栓の形成を促します。加工食品や揚げ油のトランス脂肪酸の使用を禁止するための持続的なキャンペーンが成功し，今ではほとんどの油脂がトランス脂肪酸を含まない固体の脂肪と液体油の混合物に置き換えられています。世界保健機関（WHO）は，世界各国の政府に，トランス脂肪酸の使用を2023年までに禁止するよう求めています。

　飽和脂肪酸も悪い脂肪と考えられています。悪玉のLDLコレステロールの血中濃度を上げることから，心臓病のリスク上昇の原因になるためです。善玉のHDLコレステロールの血中濃度を下げることはないので，トランス脂肪酸よりは悪くないのですが，やはり食生活において制限するべき脂肪です。

　植物や魚に含まれる一価不飽和脂肪酸や多価不飽和脂肪酸は，よい脂肪と考えられています。この本で先述したように，人間は2種類の多価不飽和脂肪酸を食事で摂る必要があります。それが，オメガ6脂肪酸であるリノール酸と，オメガ3脂肪酸であるα-リノレン酸です（数字の3と6は，脂肪酸の最後の炭素–炭素の二重結合がどこにあるかを表しています）。これらの脂肪酸は，エイコサノイドなど数多くの重要な生物活性分子を生成することから，とても重要です。エイコサノイドは，筋肉のなめらかな収縮と弛緩，血液凝固と血液希釈，炎症の発生と抑制を始めとする数多くの調節作用に関わ

ります。奇妙なことですが，人類は進化の過程で，これらの脂肪酸をつくり出す酵素を体内でつくれるようになりませんでした。したがって，食事で摂らなくてはならない必須栄養素です。大豆油やキャノーラ油などの植物油，クルミなどのナッツ類，緑色の葉物野菜に含まれています。リノール酸が不可欠な別の理由は，微量のリノール酸が，体内で重要な2種の長鎖オメガ3脂肪酸に変換することです。そのオメガ3脂肪酸とは，どこかで耳にしたことがあるかもしれませんが，エイコサペンタエン酸（EPA）とドコサヘキサエン酸（DHA）です。両方とも，体全体の細胞の細胞膜を構成する重要な成分で，細胞の内外に運ばれる物質を決める門番の役割を果たしています。またDHAは脳に最も豊富に見られる脂肪酸です。これらの重要な脂肪酸は，サケ，イワシ，サバなどの脂ののった魚にかなり豊富に含まれています。養殖のサケは飼料のおかげでEPAとDHAを最大で天然サケの2倍も含んでいるので，敬遠せずに食べましょう。

　さあ，ここからは，液体の油と固体の脂肪が，加熱調理でどう変化するかに注意を向けましょう。調理の間，油脂は少なくとも3種類の重要な化学変化を経る可能性があります。それは(1)酸化，(2)重合，(3)トリグリセリドの分子の遊離脂肪酸とグリセロールへの分解です。空気中で高温で加熱すると，油脂に含まれる脂肪酸が酸化するため，アルデヒド，ケトン，アルコールなど新しい化合物が数十種類，微量に生成することにより，揚げ物のおいしい味と香りが生まれます。最も多量に発生する化合物が，2,4-デカジエナールというアルデヒドで，揚げ物の魅力的な風味の主成分です。食用油の重合は，炒め物や揚げ物で油が高温と空気に触れることで起こります。お気づきかもしれませんが，肉や野菜を調理したフライパンの内側のふちに，黄金色のベタベタした物質が環状についていることがあり，石けんと湯，それにときには重曹などの研磨剤でこすらないと落ちない頑固な汚れです。この正体は酸化して重合した植物油で，加熱時間によりますが，食用油や揚げ油の最大25%に見られる現象です。そして最後に，水または食品中の微粒子物質とともに高温で調理すると，植物油や脂肪に含まれるトリグリセリドが遊離脂肪酸とグリセロールに分解しやすくなります。微量の色素も含むこれらの生成物はすべて，油を長時間加熱し続けると形成され，蓄積します。長時間揚げ物に使われた油にはこれが特に多くなります。レストランが揚げ油を頻繁に変えていないせいで嫌な風味や色の揚げ物を出されることほど，がっかりすることはありません。これはその店の料理の質を明確に判断できる基準となります。

　食用油を高温で熱しすぎると，遊離グリセロールが2個の水分子を失い，アクロレインという刺激性のにおいのある有毒物質を生成します。これが，スモークポイント（発煙点）を超える高温に油を熱した際に発生する青い薄煙の正体です。純粋な食用油の

「煙」の正体は重合したアクロレインで，フライパンのなかに水分の多い食品がある場合はおそらく水蒸気も混ざっています。純粋なアクロレインは沸点が約52℃と非常に低いので，高温の油のなかには残りません。アメリカ労働安全衛生局は，商業施設のキッチンの空気中のアクロレイン蒸気量の上限を0.1ppmと定めています。これは時間の長さでいえば2週間のうちのたった約1秒に匹敵する量ですから，アクロレインの毒性がいかに強いかがわかります。

　私見では，食用油を発煙点（通常204℃以上）まで熱する必要はありません。いずれにしても，フライパンに水分を含んだ肉を入れるとすぐに，肉の表面から水が突然蒸発することで，油の温度はただちに低下し，発煙点よりもはるかに低くなります。賢い肉の焼き方とは，肉の表面をきれいにふいて（ペーパータオルを使うか，非常に乾燥した冷凍庫に入れる），それから表面に焦げ色がつくくらい十分に高温で，なおかつ煙は出ない適温（199℃前後）まで熱した油に肉を入れることです。こうするとずっといい焼き加減になるうえ，調理台に油がたくさん飛び散ることもありません。油が適温になっていることを示す最もよい指標が，油が熱によって対流を起こす結果，表面に見えるゆらぎです。食用油は，食品や水が混ざると発煙点が大幅に低下するため，同じ油を長い期間にわたって使い続けたり，油を変えずに一度に大量の食品を調理したりすると，油が分解してずっと低温で煙を出すようになってしまいます。たとえば，新鮮な大豆油を加熱調理すると分解して遊離脂肪酸とグリセロールに変化していきますが，遊離脂肪酸がたった1％（油の重量比で）生成するだけで，発煙点は212℃から152℃まで低下します。エキストラバージンオリーブ油でも低品質の製品では0.5％もの遊離脂肪酸を含むことがあり，高度に精製された植物油よりも低温で煙を出します。遊離脂肪酸をほとんど含まない最高品質のエキストラバージンオリーブ油なら，発煙点は207℃で，高度に精製されたキャノーラ油（204℃）よりもさらに高くなります。そして，リファイン（精製）グレードのオリーブ油も，発煙点は精製されたコーン油，パーム油，ピーナッツ油（232℃）に比べてもさらに高くなります。ですから，「オリーブ油は発煙点が低いから加熱調理に使ってはいけない」と主張する意見を鵜呑みにしないように。すべてはオリーブ油のグレードによるのです。油の発煙点について最後に指摘しておきたいのが，適切な装置を使わない限り正確な測定は難しいということです。油の表面を集中的な光で照らして，特定の温度で発生する「煙」の微粒子を探知しなくてはなりません。情報源によって異なる発煙点の数字を判断基準にするときは十分な注意が必要です。

　近年，食用油について健康上の懸念をめぐる論争が高まっています。食用油の化学を研究する研究者の意見は分かれていて，食用油の酸化による生成物質に重大な健康上の

リスクがあると考える研究者がいる一方で，酸化した油の有害な影響を除去するのに十分な解毒メカニズムが人体に備わっていると主張する研究者もいます。私の考えでは，家庭では揚げ油はほとんどの場合一度限りしか使われず，長時間加熱することもないため，家庭で植物油を使った調理の健康上のリスクは非常に少ないでしょう。油の温度を調整して，有害なアクロレインが発生する可能性のある発煙点に達しないようにすることも，自分で調理する場合なら可能です。食用油の最適な加熱温度は180℃で，190℃を超えないようにするべきです。リスクがあるのは外食で揚げ物を食べる場合で，同じ揚げ油を数日間以上使っていて，酸化によってできた物質や色素が蓄積している恐れがあります。たいていは油の色とにおいが酸化した油の証拠になります。典型的なケースでは，油を入れて揚げ物をつくるフライヤーは，1日8時間以上稼働し，1日1回油をフィルターでこします。食品の細かい断片が発煙点の低下をもたらし，油を酸化しやすくするので，これを取り除くためです。しかし，多くのレストランは，使用済みの油を新しい油に週2，3回以上交換することをせず，新しい油を足すだけのところが多いのです。最近の研究によると，独立経営の（フランチャイズではない）レストランで使われている揚げ油のうち，品質水準に達していたのは35％でした。一般的に，バッチ式フライヤーでは，20時間以上にわたって油を交換しない場合，油の質を維持することは不可能です。ハーバード大学公衆衛生大学院の栄養学科が行った研究によれば，1週間に4回以上（外食を中心に）揚げ物を食べると，2型糖尿病，慢性心不全，肥満，高血圧，冠動脈疾患などの慢性疾患にかかるリスクが大幅に上昇することがわかっています。40年前に比べて，外食は42％増えました。ですから，家庭料理で食用油を使うのをやめるのではなく，外食で揚げ物を食べる量を減らすべきです。外食では，食用油の質をコントロールできないからです。

　家庭ではオリーブ油，キャノーラ油，コーン油，ピーナッツ油，大豆油など，バラエティ豊かな油を使うことをお勧めします。そうすれば，多価不飽和脂肪酸のオメガ3系脂肪酸やオメガ6系脂肪酸から，オレイン酸などの一価不飽和脂肪酸まで幅広く摂取できます。私が一番頼りにしている食用油といえばエキストラバージンオリーブ油ですが，炒め物にはピーナッツ油を使います。オリーブ油の強い草のような風味が好きになれないというシェフもいますが，実はオリーブ油を177℃以上で10分間加熱すると，揮発性の草のような香りは飛んでしまい，加熱した精製大豆油と同じ味になります。オリーブ油，とりわけエキストラバージンオリーブ油は，キャノーラ油や大豆油のような多価不飽和脂肪酸の油よりも酸化がずっとゆっくりと進みます。同じ調理条件で，アルデヒドの2,4-デカジエナールを酸化の指標にすると，多価不飽和脂肪酸のキャノーラ油は

エキストラバージンオリーブ油の3.4倍，大豆油は4.5倍ものもアルデヒドを生成します。オリーブ油に含まれる一価不飽和脂肪酸のオレイン酸は，キャノーラ油や大豆油に含まれるリノール酸やα-リノレン酸の10〜25倍の時間をかけてゆっくりと酸化します。さらに，オリーブ油に含まれる大量のポリフェノールが，非常に強力な抗酸化物質として作用し，脂肪酸を酸化から守ります。エキストラバージンオリーブ油を使った厳重に制御した研究で，フライドポテトを180℃で揚げたところ，同じ油で（1回揚げ終わるごとに油を冷ましながら）10分間ずつ6回揚げると（揚げた時間は計60分間），抗酸化作用は1/3まで低下しました。酸化した食用油の健康へのリスクが不安なら，私のようにエキストラバージンオリーブ油を使うことをお勧めします。また。有名なPREDIMED試験はスペインで行われ，被験者となった7447人の男女（55〜80歳）全員が，肥満や高血圧，高コレステロー血症による心血管疾患の高リスク群でした。研究が行われた4.8年間にわたり，エキストラバージンオリーブ油を含む地中海式食生活（1世帯につき1週間1L）は，低脂肪の食生活に比べて心血管イベント（心臓発作，脳梗塞，死亡）の発生率を30％抑制しました。ミックスナッツの摂取（1人1日30g）も同様の健康効果を示しました。

よいタンパク質と悪いタンパク質はあるのか

　ブドウ糖のような単糖は急速に人体に吸収され，グリコーゲンと呼ばれる複雑な分子の形で体内に貯蔵されます。グリコーゲンは必要に応じてブドウ糖を分解してエネルギーとして使われます。また油脂の消化で得られた脂肪酸も体内に吸収され，エネルギーとして使われなければ脂肪として脂肪組織に蓄えられます。しかしタンパク質は体内に吸収されません。消化により分解されて個々のアミノ酸となり，体内に吸収され，新しいタンパク質をつくるのに使われます。このタンパク質は，筋肉や結合組織，血中のヘモグロビン，多種類の酵素，インスリンなどのホルモンといった体に重要な成分をつくるのに欠かせません。全体として，食事で摂取したタンパク質の消化により生成したアミノ酸から，約1万種類ものタンパク質が体内でつくられます。

　健康を維持するために体内で必要なときに合成されるよう，染色体中のDNAによりプログラムされたタンパク質をつくるために，人間には20種類のアミノ酸が必要です。食事に含まれるタンパク質がこれらのアミノ酸を供給します。人体は20種類のうち11種類のアミノ酸を必要に応じて合成できますが，それ以外の9種類のアミノ酸は合成できないため，食事のタンパク質から摂らなくてはなりません。人体がつくり出せない必

須アミノ酸も含む全20種類のアミノ酸を十分に含むタンパク質を供給する食品は，完全タンパク質と呼ばれます。一方，9種類の必須アミノ酸を必要量含まないタンパク質は，不完全タンパク質と呼ばれます。不完全タンパク質が必須アミノ酸をまったく含んでいないわけではなく，人体が必要とする量を含んでいないということです。完全タンパク質の食品には卵，食肉，魚，乳製品があり，豆や穀物などが含む植物性タンパク質の多くは不完全タンパク質です。幸い，コメやトウモロコシなど一部の植物性食品に欠けている必須アミノ酸は，豆やパンなどほかの植物性食品に十分に含まれています。このため，豆と米など特定の食品の組み合わせによって，健康維持に必要なすべての必須アミノ酸が摂取できます。ある意味において完全タンパク質はよいタンパク質といえそうですが，不完全タンパク質を悪いタンパク質だと決めつけるのは正しくありません。なぜなら，先進国を中心とするほとんどの人が，身体の健康を維持するのに必要なアミノ酸すべてを供給するのに必要な量の約2倍のタンパク質を摂取しているからです。

　すべての脂肪のなかでトランス脂肪酸が，そしてすべての糖のなかで添加された糖が悪者であるなら，悪いタンパク質として名指しできるのがグリアジンです。グリアジンはセリアック病の原因となることから悪いタンパク質といわれています。主に小麦，それからライ麦と大麦にも含まれ，グルテンの構造をつくる要素の一つです。グルテンは，小麦粉に水を加えて生地をこねることで形成されます。タンパク質として，グルテンは小麦には存在しません。グルテンは，パン生地をつくる過程で，やはり小麦に含まれるタンパク質であるグルテニンと，グリアジンが化学的に結合して形成されます。このため，グリアジンとグルテニンは，小麦のグルテン形成タンパク質と呼ばれることがあります。セリアック病は，グリアジンに含まれる特定のアミノ酸配列に反応する自己免疫疾患で，腸壁をおおう絨毛を損傷するため，栄養素の吸収低下やガス，腹部膨満感，腹痛，下痢，体重減少を招きます。ごく微量（50mg）のグリアジンでも引き金となる恐ろしい病気です。アメリカ人の100人に1人はセリアック病の検査で陽性となります。小麦粉の生地のグルテン形成は，セリアック病を引き起こすグリアジンのアミノ酸配列を破壊しないため，セリアック病患者はグルテンを含むすべての食品に過敏です。さらに，自分は「グルテン過敏症」ではないかと懸念する人はもっと多く存在しますが，きちんと検査しない限り診断はほぼ不可能です。唯一の解決法はグルテンフリーの食生活を実践することですが，大多数の食品にはグルテンが含まれているため，実現はきわめて困難になります。幸い，今日ではスーパーで多くのグルテンフリー製品が手に入るほか，グルテンフリー食品を使ったレシピを紹介する料理本も数多く出版されています。最近では，通常の小麦に比べてグリアジンが97％少ない遺伝子組換え小麦をスペイン

の科学者たちが開発しました。

　ほとんどのタンパク質は，本来の生物学的な活性状態では，二つの基本的な形である球状と線維状で存在します。インスリン，ヘモグロビン，卵，それに膨大な酵素などの球状タンパク質のアミノ酸の長鎖は，球に似たコイルの形にねじれています。一方，アクチンやミオシン（筋肉のタンパク質），コラーゲン（結合組織の主なタンパク質）など線維状タンパク質のアミノ酸は，線のような形に並んでいます。タンパク質に熱を加えると，変性のプロセスにより，球状タンパク質は広がり，線維状タンパク質は引き締まって短く縮みます。これが，卵に含まれる球状タンパク質や，肉や魚の筋組織の線維状タンパク質を加熱調理すると起きる現象です。卵白と卵黄に含まれる豊富なタンパク質は広がり，化学的な架橋を互いに形成し合い，タンパク質の無限のネットワークをつくります。これが加熱調理した卵がゴム状に固まった状態です。生卵の水分は加熱調理してもまったく失われず，タンパク質の無限のネットワークのなかに閉じ込められます。肉を調理すると，線維状の筋肉や結合タンパク質が直径においても長さにおいても縮む結果，タンパク質のネットワークにとらえられていた水の一部が絞り出され，加熱しすぎた肉はぱさつきます。食塩（塩化ナトリウム）の水溶液に肉を漬けることで，肉から失われる水分を減らすことができます。塩は肉のなかに少しずつ溶け込み，筋肉のタンパク質の一部を溶かします。調理の間，溶けたタンパク質はゲル状になり，肉のなかに水分を保持します。これは結合組織のコラーゲンから放出されるゼラチンの働きに似ています。

　変性の過程が起きる温度は，タンパク質ごとに正確に決まっています。たとえば鶏卵の卵白（タンパク質10%，水90%）は63℃前後でとろみがついて凝固が始まり，80℃で完全に固まってゴム状になります。一方で卵黄（タンパク質16%，脂肪35%，水54%）は，65℃でとろみがつき始め，78℃で完全に固まります。卵白のタンパク質は，卵黄よりも幅広い温度で固まるため，全卵を思い通りの食感に仕上げるのは難しいものです。食肉に含まれる筋肉とコラーゲンのタンパク質は，縮み始める温度がほぼ同じです。牛肉の筋肉のタンパク質はなんと40℃で縮み始め，60℃以上で収縮と水分損失が最大に達します。ここでさまざまな食品を例にとって，調理の温度についてご紹介しました。肉や魚，卵を料理するとき，加熱の温度と時間を適切な幅に収まるよう注意深く調節することがいかに大切かが，おわかりいただけたかと思います。

　牛ヒレ肉など牛肉の柔らかい部位は，なかの温度が49〜52℃になるように加熱するべきです（54℃でウェルダンになります）。大きく切った牛肉の内側は無菌状態なので，表面が十分に高温になるまで加熱すれば，低めの温度で調理しても安全に食べることが

できます。最近，アメリカ農務省（USDA）のガイドラインは，豚肉のすべての部位について，安全な加熱温度を60℃まで引き下げました。牛肉や豚肉のうち，結合組織を多く含む固い肩肉は，低温（163℃）のオーブンで少なくとも数時間加熱して，内部温度が88℃になるようにし，結合組織のタンパク質のコラーゲンをゼラチンに分解する必要があります。コラーゲンは強固なタンパク質で，ゼラチンの鎖3本が三重らせんとなり多数の水素結合でつなぎとめられた構造をしています。コラーゲンは，40℃でようやくらせん構造がゆっくりと緩み始め，より高温で最終的に完全にほどけてゼラチンになるには数時間，ときには6時間もかかります。ゼラチンは，それ自体の重量の10倍の重さの水をつなぎとめることができるユニークなタンパク質です。ですから，たとえばバーベキューの豚肉など固い部位の肉を88℃で調理した場合でも，肉は比較的しっとりしています。鶏肉や七面鳥の肉は，毒性のあるサルモネラ菌で筋組織が汚染されている恐れがあるため，安全のために肉の中まで71℃以上になるように加熱しなくてはなりません。鶏肉と七面鳥，それから牛ひき肉や豚ひき肉は，内部温度が71℃以上になるように加熱する必要があります。

調理科学の未来

　近年，新興の学問分野であるカリナリーメディスン（料理医学）が医学教育の領域にも採用されるようになりました。カリナリーメディスンは「エビデンスに基づき，食と調理のアートを医学の科学と融合させる医学の新分野」と定義されています。その目的は「飲食物を主要なケアの技術として用い，安全に，効果的に，そして幸せに自分自身をケアする力を患者に与える試み」です。アメリカではテュレーン大学，ハーバード大学，ノースウェスタン大学など数多くの医学部が，カリナリーメディスンの授業や短期修了プログラムを実施し，家庭で食と調理を使って健康を増進し，維持する方法を，医師と患者を対象に指導しています。しかしここでまず，先に紹介したカリナリーメディスンの定義について考えてみましょう。この定義では，調理はアート，医学は科学とされています。しかし，調理は医学と同じ科学です。この事実が理解されない限り，カリナリーメディスンがその目的を果たすことはできないでしょう。さまざまな調理法が食品の栄養特性に与える影響を完全に理解しないまま，どの食品を食べるのが健康によいか，患者に信頼できるアドバイスをすることなど不可能なはずです。健康によい野菜をもっと食べるように勧めるとしたら，こうした野菜の特定のビタミンや重要なフィトケミカルの摂取量を最大にするための調理法についても，アドバイスが必要となります。

　ブロッコリーのグルコシノレートの摂取量を最大にするには蒸すのが一番かもしれませんが，トマトのリコペンを引き出すにはオリーブ油で炒めるのが最適です。かつて医学がアートから科学になったのと同様，調理もアートの枠を大きく越えて，科学の領域に突入しました。調理科学は，人間の生活の質を大きく向上させる可能性を秘めています。

　調理科学はまだ発展途上にありますが，過去20年間にわたり料理界から注目されていて，今，爆発的に成長する準備が整いつつあります。その理由は，柔らかくジューシーなステーキや完璧なパイ生地のレシピ，あるいは定番料理の風味を格段に上げるコツを教えてくれるからかといえば，そうではありません。私たちが調理をするたびに，食品の栄養特性を最大限にする方法を教えてくれるからです。ビタミンやミネラルなどの重要な栄養素の損失を抑え，有益な抗酸化物質やプレバイオティクス，フィトケミカルなどの栄養素の働きを高めることが可能なのです。

　科学との出会いによる料理の革命は，心臓病，脳梗塞，肥満，2型糖尿病，認知症などの慢性疾患や，多くのがんのリスクを抑えてくれます。調理科学のおかげで，質の高い人生を楽しく生きることが可能になるのです。シンプルでおいしい料理で，健康になれる。そんな未来の料理は，アートとしてだけではなく，アートと科学の完璧な融合としての真価が理解されるようになるでしょう。

コラム7.1 「冬の野菜」──パスタの科学

　私がマサチューセッツで過ごした子ども時代，母はいつもマカロニを「冬の野菜」と呼んでいました。野菜が少なく価格が高騰する冬も，マカロニは手に入りました。私の好物は，日曜日の午後にローストビーフのつけあわせとして出されるブラウングレイヴィーをかけた「冬の野菜」でした。ブラウングレイヴィーがないときは，溶かしバターと塩コショウが最高の代役を務めました。マカロニは万能な食材で，母はこれ以外にもさまざまな料理に活用していました。アメリカ風中華炒めや，ソーセージキャセロール（スパイシーなソーセージとトマト水煮缶が材料），そして，もちろん，マカロニアンドチーズなどが定番でした。

　今日に至るまで，マカロニだけではなくすべての形のパスタは私の大好物です。パスタが高炭水化物，高カロリー食品という非難を受け，その結果，家庭料理で避ける人が多いのは残念なことです。実際にはパスタは料理が簡単で，さまざまに応用でき，栄養価が高く，そして満足感があります。大人も子どもも嫌いな人はほとんどいません。私たちの健康に対する炭水化物の影響を測る尺度のうちとりわけ重要なのが，グリセミック指数（GI）で，食品が血糖値に与える作用に基づいた評価を数で表したものです。炭水化物を多く含む食品の一部，特にデンプンを多く含む食品は血糖値を急上昇させます。これが今度はホルモンであるインスリンの急速な分泌を引き起こし，ブドウ糖を細胞のエネルギー源として取り込むようにという信号を細胞に伝えます。取り込まれたブドウ糖がすぐにエネルギーとして使われる

場合を除いて，インスリンは血中の過剰なブドウ糖を脂肪細胞に運搬し，そこでブドウ糖は脂肪に変換されて将来使うときのために貯蔵されます。炭水化物を多く含む食品を摂取しすぎれば，脂肪の過剰と体重増加につながり，ひいては糖尿病や心臓病を引き起こす恐れがあります。ブドウ糖の急上昇を引き起こす食品はGIが高く，ゆっくりブドウ糖を放出する食品はGIが低くなります。したがって，GI値の低い炭水化物食品を食べることが望ましいわけです。

　食品のGI値は，特定の量を食べたときに血中に放出されるブドウ糖の量を，純粋なブドウ糖を摂取した場合を100として比較したパーセンテージで表されます。すべての食品のGI値は0～100の間になります。GI値は，典型的には50gなど決まった量の食品を摂取した2時間後の血糖値を分析して決定されます（糖尿病患者の場合は3時間後）。GI値が55を超える食品は高GI食品，GI値が55未満なら低GI食品とされます。ベイクドポテト1食分（113g）のGI値は平均で85，フライドポテト122gのGI値は75，短粒種のコメ1カップ（170g）のGI値は72，同量の長粒種のコメのGI値はこれよりかなり低く56です。コメの品種が違うとなぜこれほど値が異なるのでしょうか。デンプンは2種類の分子，アミロースとアミロペクチンでできていることを思い出してください（第1章のコラム1.2「食物に含まれるデンプンの顕微鏡的世界」参照）。アミロースは結晶構造をつくりやすく，消化酵素に分解されにくい一方で，アミロペクチンは非晶質（アモルファス）構造で急速に消化されてブドウ糖に分解

されます。短粒種のコメのデンプンはアミロペクチンを高い割合で含み、長粒種のコメに比べるとアミロースは非常に少なくなります。インゲン豆、レンズ豆、白インゲン豆、ヒヨコ豆などの豆類は、とりわけ大量のアミロースを含む植物性食品であることから、デンプンを多く含むものの、GI値は27〜38と低いレベルにあります。すべてのデンプンは同じではなく、またすべての高デンプン食品が太るわけでもないのです。

　調理したスパゲッティ1人分（1カップ＝170g）のGI値はどれくらいだと思いますか。たった41と知って驚く人も多いかもしれません。これは明らかに低GI食品です。マカロニ1カップ（142g）はGI値が45です。パスタのGI値が低いのは、原料の小麦粉が長粒種のコメや豆類のようにアミロースを多く含むからというわけではありません。別の要因があり、それはデュラム小麦のタンパク質含有量です。デュラム小麦は荒くひいてセモリナ小麦粉に加工され、ほとんどのパスタの原料となります。白パンの原料である細かくひいてつくられる精製されたパン用小麦粉と違い、セモリナ小麦粉のタンパク質とデンプンの粒は大部分が破壊されていません。あらびきのセモリナ小麦粉も、細かくひいた白パン用小麦粉も、ほぼ同量のデンプン（乾燥重量で約73%）、アミロース（デンプン全体の約22〜28%）、タンパク質（乾燥重量で約12〜14%）を含んでいますが、白パンのGI値は70で、スパゲッティのGI値は41です。乾燥パスタをつくるには、あらびきのセモリナ小麦粉を水と混ぜて生地をつくり、スパゲッティやほかのパスタの形に押し出し成形して乾燥させるため、デンプン粒が破壊されることなく残り、タンパク質であるグルテンの網目構造に囲まれて守られています（グルテンの科学については、第2章のコラム2.1「グルテンを説明する」参照）。小麦を細かくひいて精製した小麦粉をつくるときには、デンプン粒の多くが壊れてばらばらになり、タンパク質のマトリックスが断片化します。精製小麦粉のパンと違い、パスタに含まれるタンパク質の網目構造はデンプンの粒を守り、調理した際に破裂してデンプン分子を放出するのを防ぎます。こうして、タンパク質がパスタに含まれるデンプンを守り、急速に消化されてブドウ糖になるのを防ぐ結果、血中へのブドウ糖の放出が白パンに比べてずっと緩やかになります。しかし、すべてのパスタが同じではありません。メーカーによっては、低タンパク質の小麦粉を原料に使っています。パスタをゆでたときにゆで汁のにごりが目立つ場合は、タンパク質に守られていないデンプンの粒が弾けて水中に分子を放出した証拠で、良質の高タンパク質のパスタに比べてGI値が高くなります。同じ理由から、アルデンテになる必要十分の時間だけゆでることにより、デンプン粒が弾けないようにすることも大切です。

参考文献

Brand-Miller, J., T. M. S. Wolever, S. Colagiuri, and K. Foster-Powell. *The Glucose Revolution: The Authoritative Guide to the Glycemic Index.* New York: Marlowe, 1999.
Pagani, M. A., M. Lucisano, and M. Mariotti. "Traditional Italian Products from Wheat and Other Starchy Flours." *In Handbook of Food Products Manufacturing,* ed. Y. H. Hui. Hoboken, NJ: Wiley, 2007.

コラム7.2　脂肪と油──構造が機能を決めるとき

建築の世界では，「形態は機能に従う」という表現をよく耳にします。しかし，化学の世界ではこの逆が当てはまります。たとえばタンパク質は，その三次元構造によって消化酵素やインスリンなどのホルモンといった機能が直接的に決まります。また，脂肪と油は，比較的単純な化学構造が機能を決めるわかりやすい例です。単純にいうと，脂肪は常温で固体であり，油は液体で，その理由は化学構造に直接関係しています。これらの分子の構造が，融点などの物理的な性質だけではなく，人体における作用や健康への影響，それに調理に対する反応をも決定づけるのです。

脂肪と油は，いずれも脂質というグループの仲間です。脂質には，そのほかステロイド（コレステロール，プロゲステロン，胆汁酸など），油溶性ビタミン（ビタミンA，ビタミンD，ビタミンE，ビタミンK），さまざまな色彩のカロテン色素（リコペンやβ-カロテンなど）が含まれます。化学的には，すべての脂肪と油はトリグリセリド（トリアシルグリセリド）と呼ばれます。トリグリセリドという化学名は，三つの脂肪酸を含み，それらの脂肪酸がグリセロール（glycerolの-olという接尾辞はアルコールであることを示す）と呼ばれる単純なアルコールにエステル結合で結びついていることを示します。エステル結合とは，酸がアルコールと反応することで形成される結合です。グリセロールはすべてのトリグリセリドに存在していますが，三つの脂肪酸の構造は，含まれる炭素−炭素の二重結合（C=C）の数とタイプによって異なります。植物，陸上動物，魚に含まれる脂肪酸は，二重結合がまったくない場合（飽和脂肪酸）から，6個もの二重結合が10〜22個の炭素原子（18個が最も頻繁に見られる）の長鎖に含まれている場合（多価不飽和脂肪酸）まで，さまざまな形があります。脂肪酸はグリセロールの異なる部位に結合するため，膨大な数の異種のトリグリセリドで構成された脂肪と油が生じます。コーン油などの植物油と牛脂のような脂肪は，多くの異なる種類のトリグリセリド分子でできています。

図1はトリグリセリド1分子の化学構造の一例です。赤，緑，青のジグザグの長い鎖は，三つの異なる脂肪酸を表しています。中央でOに結びついた黒の短い線は，三つの脂肪酸にエステル結合で結びついたグリセロール分子です（-O-C=O）。緑と赤の脂肪酸のなかにある二重線は，炭素−炭素の二重結合を表します。ジグザグ線の角は，すべて炭素原子の位置を示します。緑と赤の脂肪酸は炭素原子をそれぞれ18個ずつ，青の脂肪酸は炭素原子を16個含みます（両端にあるC=OとCH$_3$の炭素原子を含む）。炭素−炭素の二重結合をよく見るとわかるように，二重結合の両端にある炭素原子は同じ側にあり，シス型の二重結合として示されています。シス型とは，二重結合でつながった炭素原子が同じ向きになっているという意味です。実質的に脂肪酸に自然に存在する二重結合はほぼすべて，図1のようなシス型です。一方でトランス型の二重結合は，商業生産された健康に悪いトランス脂肪酸に見られ，二重結合で隣り合う炭素原子がそれぞれ違う側についています（隣り合うグループが「置換」されています）。

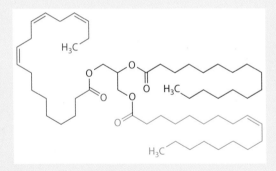

図1

トリグリセリドの脂肪分子の化学構造

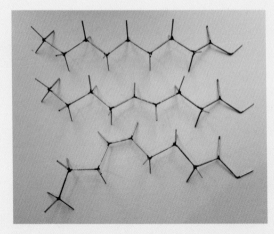

図2

正確な三次元のドライディング分子模型による飽和脂肪酸（上），トランス脂肪酸（中），シス脂肪酸（下）の比較。飽和脂肪酸とトランス脂肪酸は類似した三次元構造で，シス脂肪酸の三次元構造とは異なります。写真：著者撮影

トリグリセリド分子の模型

　シス型二重結合からトランス型二重結合への置換という単純な構造変化が，健康な油脂を不健康な油脂に変えてしまうのは，なぜでしょうか。図2は脂肪酸分子3個の模型で，それぞれの脂肪酸分子に炭素原子が9個ずつ含まれています。ドライディング模型と呼ばれ，実際の原子の三次元構造を模して，結合の長さと角度が非常に正確につくられています。

　それぞれの模型の右側には，カルボキシ基と呼ばれる酸基があり，2個の赤い酸素原子を含みます。一番上の分子は飽和脂肪酸で，黒の炭素原子に水素原子がくっつき，ジグザグ線状の形をしています。中央の分子はトランス脂肪酸で，孤立した炭素–炭素の二重結合がカルボキシ基の3個目の炭素原子から始まっています。二重結合で結びついた2個の水素原子が互いにトランス（反対）になっていることに注意しましょう。しかし，最も重要なのは，トランス脂肪酸のジグザグ線状の形が，その上の飽和脂肪酸のジグザグ線状の形と酷似していることです。飽和脂肪酸は血管壁に付着して酸化し，固いプラー

クとなって沈着するために，血管を詰まらせて心血管疾患の原因となることが知られています。非常によく似た形のトランス脂肪酸（トランス不飽和脂肪酸）も同様の作用をもちますが，より酸化しやすいため，飽和脂肪酸よりもさらに動脈を詰まらせるプラークを形成しやすいのです。

　図2の一番下の分子は，カルボキシ基の四つ目の炭素原子から始まるシス型の二重結合を含みます。二重結合の炭素原子に結びついた水素原子2個は，二重結合の同じ側に位置することに注意しましょう。シス型の二重結合により分子のジグザグが途中で曲がるので，分子の形も線形ではなくなっています。飽和脂肪酸とトランス脂肪酸は線形で，複数の脂肪酸が箱のなかのクレヨンのようにすき間なく並び，融点が常温より高い整った結晶構造をつくることが可能になり，牛脂やラードのように固体になり

ます。不飽和脂肪酸である植物油などに含まれる天然のシス脂肪酸は，結晶構造をつくりにくく，融点が常温よりも低くなります。二重結合をトランス型からシス型に変えることで，固体の脂肪が液体の油になります。不飽和脂肪酸は，飽和脂肪酸やトランス脂肪酸ほど動脈内で固いプラークを形成することがありません。脂肪が機能を決定づける古典的な例がカカオバターです。チョコレートの原料で，飽和度が非常に高い脂肪酸であり，6種の異なる結晶構造が見られます。高品質のチョコレートならではのなめらかなつやとパリッとした食感，それに手では溶けないのに口に入れると溶けるという大切な性質をもたらすのは，結晶構造が6種あるうち1種の構造だけなのです。

　最後に，オメガ3とオメガ6という言葉や，オメガ3脂肪酸のすぐれた健康効果について聞いたことがあるかもしれません。3と6の数字は，不飽和脂肪酸のなかの最後の二重結合の位置を表しています。図1のトリグリセリド分子において，赤色のオメガ3脂肪酸（α-リノレン酸）では，二重結合が，炭素原子がジグザグ線状に連なる鎖の端から数えて3個目の炭素原子から始まっています（オメガはギリシア語のアルファベットの最後の字で，鎖の末端を意味します）。一方で，緑色の脂肪酸では，孤立した二重結合が鎖の末端から9個目の炭素原子から始まっています。これはオメガ9脂肪酸，オレイン酸であり，オリーブ油に豊富です。リノール酸などのオメガ6脂肪酸（図にはない）では，最後の二重結合が，鎖の末端から6個目の炭素原子で始まっています。心臓の健康維持に役立つオメガ3脂肪酸を最も効果的に摂れる食品は，脂がのった魚（特にサケ，マグロ，イワシ），クルミ，アーモンド，亜麻仁です。オメガ6脂肪酸は，植物油から豊富に摂取できます。

コラム7.3　オリーブ油を調理に使う

　私の一番好きな油はオリーブ油で，特にフライパンで焼く場合はほとんどの食品についてオリーブ油を使うのが最高だと思います。それではなぜ，「体によい」という評判にもかかわらず，オリーブ油を調理に使わない人が多いのでしょうか。専門家の意見を見ていきましょう。

　数年前，名門料理学校カリナリー・インスティテュート・オブ・アメリカ（CIA）で教員を務めるシェフに，「なぜ調理にオリーブ油を使うことを勧めないのか」と尋ねたことがあります。彼は語気を強めて「オリーブ油が食品に風味を与えすぎるからです」と答えました。「本気ですか。それは完全なる神話ですよ」と私は思わず叫びました。「アメリカズ・テスト・キッチン」の科学監修者を務めていた頃，単純な実験をやってくれたシェフがいました。高いグレードのエキストラバージンオリーブ油を177℃で10分間熱してからさまし，同じように扱った精製した大豆油と比べると，味の違いの区別がつかなかったのです（10人の審査員による味覚のパネルによる判定）。新鮮なオリーブ油特有の揮発性の緑色の草のような香りは完全に蒸発し，後に残されたのは，高度に精製された植物油と同じで特徴のない味の油でした。これは当然の結果です。支配的なにおい化合物のうち，ヘキサナールと（Z）-3-ヘキセナールは，沸点がそれぞれ130℃と125℃です。エキストラバージンオリーブ油でフライパン調理した食品は，フルーティーで草のようなグリーンのオリーブ油の味はしません。2種の油は，トマトソース，およびオーブンでローストしたジャガイモと一緒に調理したときも，区別がつきませんでした。高いグレードのエキストラバージンオリーブ油を調理に使うのは，価格を考えるともったいないかもしれません。でも，フェノール系の抗酸化物質（ヒドロキシチロソールやチロソールなど）や，抗炎症作用のあるユニークな成分のオレオカンタールなども豊富に含まれていますし，調理の過程を経てもこれらの物質は残ります。こうした知識に基づいて，私はいつも調理にエキストラバージンオリーブ油を使います（日常の料理には，エキストラバージンオリーブ油のなかから良質で価格が比較的安いものを選んでいます）。

　化学構造上，すべての植物油は少なくとも3段階の変化を経ます。それは，（1）酸化（2）重合（3）食品中の水分による加水分解です。これらの反応の程度は，油が含む脂肪酸の構成によって決まります。オリーブ油は一価不飽和脂肪酸のオレイン酸が非常に豊富なので，多価不飽和脂肪酸をより多く含む大豆油，ヒマワリ油，コーン油，キャノーラ油などの植物油に比べて，酸化しにくくなっています。リノール酸から酸化によって生成する主な物質には2,4-デカジエナールがあり，180℃で15時間熱した場合，オリーブ油に比べてキャノーラ油は3.4倍，大豆油は少なくとも4.5倍生成します。食用油の酸化についての健康上の不安に関係してくるため，これは重要な点です。

　バージンオリーブ油には，フェノール系の抗酸化性物質（ヒドロキシチロソールやチロソールなど）と，そこから派生したエレノール酸が豊富に含まれ，

加熱時の油を酸化から守る働きをします。バージン
オリーブ油に含まれるヒドロキシチロソールのう
ち，約40〜50％がジャガイモを1回180℃で10
分間揚げただけで失われ，6回揚げると90％近く
が失われます（揚げる時間は計60分間）。チロソー
ルとその誘導体はこれよりずっと安定していて，
12回揚げても20％しか失われません。これらの結
果が示すのは，バージンオリーブ油のフェノール系
の抗酸化性物質は，ほかの植物油に比べ，脂肪酸を
酸化から守る働きをしているということです。オ
リーブ油がユニークなのは，強力な抗炎症作用のあ
るオレオカンタールを含む唯一の植物油であること
です。単純な化学構造にもかかわらず，オレオカン
タールは加熱調理に対してもかなり安定していま
す。1kgあたり53.9mgのオレオカンタールを含む
エキストラバージンオリーブ油を240℃で90分間
熱して装置による分析を行った結果，オレオカン
タールは16％しか失われませんでした。ただし，
同じ研究で，味覚バイオアッセイで測定したところ，
オレオカンタールの生物活性は31％まで低下が示
されました。

　家庭で加熱調理にオリーブ油を使わないのは，油
の発煙点が低いことを懸念しているからだという人
もいます。そういう人は，発煙点がオリーブ油の精
製度によって変わることを知らないのかもしれませ
ん。発煙は，トリグリセリド分子が壊れてグリセロー
ルと遊離脂肪酸に分解するときに起こります。この
グリセロールは急速に脱水され，アクロレインとい
う有毒なアルデヒドに変わり，これが発煙点に達し
た油の上に見える青い煙の正体です。未精製のエキ
ストラバージンオリーブ油は発煙点が191℃とか
なり低くなります。遊離脂肪酸をほとんど含まない

コールドプレスによる高品質エキストラバージンオ
リーブ油の場合，発煙点は約207℃になります。
精製オリーブ油の場合は242℃です。特別な場合
を除いて，食用油を発煙点まで熱する必要はありま
せん。どんな油でも加熱温度を190℃以下にする
ことを，私はお勧めします。

　ミルクストリートキッチンの創設者であるクリス
トファー・キンボールは，台所でさまざまな試みを
していて，エキストラバージンオリーブ油を熱して
卵を焼くと，ふんわりした軽い食感のスクランブル
エッグができることに気がつきました。蒸気でふく
らむ卵は，低めの温度で調理すると，タンパク質の
構造が崩れて架橋するときにふんわり軽く仕上がり
ます。私は「Milk Street」誌に科学編集者として新
しく就任したとき，少し文献を調べ，オリーブ油が
ユニークなリン脂質の界面活性剤を含むことを知り
ました。これによって卵のタンパク質が変性し，よ
り低温で軽く架橋をつくり，ふんわりした軽い凝乳
状のものをつくり出すのだと思われます（通常，卵
を加熱しすぎると架橋が過剰にできて固いスクラン
ブルエッグになります）。これもオリーブ油の興味
深い特性であり，エマルション，ソース，それにパ
ン・焼き菓子などに新たな応用ができるでしょう。

参考文献

America's Test Kitchen. "Does It Pay to Cook with Extra-Virgin Olive Oil?" Cook's Illustrated (January & February 2014): 16.

Cicerale, X., A. Conlan, N. W. Barnett, A. J. Sinclair, and R. S. Keast. "Influence of Heat on Biological Activity and Concentration of Oleocanthal—A Natural Anti-inflammatory Agent in Virgin Olive Oil." Journal of Agricultural and Food Chemistry 57 (2009): 1326–1330.

Crosby, G. "Do Cooking Oils Present a Health Risk?" Food

Technology 72, no. 5 (2018): 50-57.

Gómez-Alonso, S., G. Fregapane, M. D. Salvador, and M. H. Gordon. "Changes in Phenolic Composition and Antioxidant Activity of Virgin Olive Oil During Frying." *Journal of Agricultural and Food Chemistry* 51 (2003): 667-672.

Katragadda, H. R., A. Fullana, S. Sidhu, and A. A. Carbonell-Barrachina. "Emissions of Volatile Aldehydes from Heated Cooking Oils." *Food Chemistry* 120 (2010): 59-65.

コラム7.4　拡散の混乱

　肉料理や魚料理で，柔らかくしっとりした食感と風味のよさを出すために，塩水に漬けたりマリネにしたりすることがよくあります。塩水に漬けると，塩が食品のなかに浸透してナトリウムイオンと塩化物イオンが筋肉のタンパク質の一部に拡散し，肉や魚が柔らかくなるうえ，調理時にゲル化して水をとらえて水分を保持します。塩分を加えることで食品の味も引き立ちます。食品をマリネすることにも同様の効果があると考えられがちですが，研究によれば，酢やレモン汁などマリネ液に含まれる酸は，ほとんど食品には浸透せず，その効果は食品の表面近くにとどまることがわかっています。たとえば醤油などに由来する塩分を多く含むマリネ液だけが，食品の内部まで浸透できるのです。

　物質の拡散は，どれだけの量の分子またはイオンが，一定の時間内（通常1秒以内）に，運動の方向に対して垂直方向の面の一定の領域（通常1cm²）を通り抜けられるかによって定義されます。気体や液体，固体といった物質中での分子またはイオンの拡散は，分子またはイオンの「ブラウン運動」と呼ばれるランダムな運動によって起こります。ブラウン運動は，微粒子や分子が，気体，液体，固体をつくる原子や分子と衝突することによって起こります。塩や酸が一定時間を経ると肉や魚のどれくらい内部まで浸透するかを計算するのは，平均時速80kmの自動車の3時間の走行距離を計算するのとあまり変わりません。距離＝速度×時間という計算式が成り立ちます。平均時速80kmの車の3時間の走行距離は，$80 \times 3 = 240$kmです。

　自動車は定まった道路を特定の方向に向かって走るので，その走行距離を計算するのはかなり簡単です。オフロード車でない限り，好き勝手な方向に行くことはありません。これに対して，ブラウン運動のように移動する肉や魚に浸透する分子やイオンは，ありとあらゆる方向に気まぐれに動くオフロード車に似ています。したがって，一定時間内に大量の分子やイオンがランダムな動きでどこまで到達するかを計算するのに，距離＝速度×時間のような単純な計算式を使うことはできません。しかし，分子やイオンの拡散には，式を単純化するのに役立つ特徴があり，それは，分子やイオンの大部分が常に高濃度から低濃度へと拡散することです。肉や魚を濃い塩水やマリネ液に漬けると，分子やイオンは，肉や魚の内部の分子やイオンの濃度がずっと低い部分へと拡散していきます。

　塩や酸が一定時間内に肉や魚の内部にどれくらい拡散するかを測定するには，食品中の物質の拡散係数を測定する必要があります。拡散係数（D）とは，ある物質（塩または酸）の運動の速さの尺度です。これは自動車の速度計に表示される時速に似ています。拡散係数は自動車の速度のように数値を測定しますが，時速・kmではなく，秒速・平方センチメートル（cm²）で表します。別の言い方をすれば，Dは分子またはイオン（この場合は塩または酸）が一定時間（1秒）以内に1単位（1cm²）の領域を通ってどれだけ移動できるかの尺度になります。

　拡散係数は実験室で測定しなくてはなりません。塩や酸などの物質の場合，さまざまな実験方法が使

えます。特定の食品ごとに，拡散係数の測定結果は濃度，温度，時間などの条件に左右されるため，それらを十分定義された条件のもとで測定されなくてはなりません。牛肉を例に考えてみましょう。最近「Meat Science」誌に発表された論文（Lebert and Daudin 2014）では，食塩水溶液が牛肉の内部に拡散していく際の「平均の」拡散係数（D）を，さまざまな濃度（1.5～10%）とさまざまな時間（2，4，6日間）で測定したところ，10℃で$5.1×10^{-6}$ cm^2/秒，すなわち0.0000051cm^2/秒でした。ナトリウムイオンと塩化物イオンが，非常に短時間で非常に小さな領域を通って運動する速度を示しています。これは自動車が料金所を通る様子に似ています。同じ論文によると，さまざまな濃度や時間の条件下で，10℃で酢酸のイオン化により形成される水素イオン（H$^+$，プロトン）の「平均」の拡散係数（D）は，$3.5×10^{-7}$cm^2/秒でした。これはナトリウムイオンと塩化物イオン（いずれも同じ速度で動く）の速度の1/10以下であることに着目しましょう。牛肉における水素イオンの拡散係数は，純水における水素イオンの拡散係数の1/60ほどですが，これは水素イオンが結合組織を中心とするタンパク質に結合し，この結果水素イオンの動きが妨げられるためです。

これよりずっと以前に行われ，「Journal of Food Science」に発表された研究（Rodger et al. 1984）によると，ニシンへの塩と水素イオンの拡散係数は，順に$2.3×10^{-6}$cm^2/秒と$4.5×10^{-6}$cm^2/秒で，水素イオンの拡散の速度は塩の約2倍になりました。これは，魚は結合組織がほとんどなく，水素イオンの動きを妨げることがないためです。水素イオンは通常，純水中では塩よりも速く拡散します。

一定時間で塩と酸（プロトン，H$^+$）が肉や魚にどこまで浸透するかを計算するには，距離＝速度×時間よりも複雑な式が必要です。1905年にカール・ピアソンが初めて提案したランダムウォークという概念に基づく式を用います。ピアソンは，蚊の群れが森のなかでどのように広がるかを調べるために，蚊の動きを描写するのにランダムウォーク（気まぐれな散歩）の概念を用いました。同じ年，アルベルト・アインシュタインはブラウン運動に関する有名な論文を発表しました。アインシュタインは，空中でホコリの微粒子がたどる複雑な経路を，ホコリの微粒子と空気中の気体分子との衝突で引き起こされるランダムウォークの概念に基づいて計算しました。これは水中の塩や酸の拡散によく似ています。アインシュタインは答えを出すにあたり，ブラウン運動によって空中で動くホコリの微粒子の拡散係数の計算に焦点を当てました。アインシュタインのおかげで，私たちはランダムウォークと塩や酸の拡散係数のために単純化された方程式を使い，一定の時間内に塩と酸が牛肉の内部にどこまで拡散するかを計算することができます。

塩や酸の肉や魚の内部へのランダムウォークを計算するために用いられる単純化された式は，$L=\sqrt{4×D×t}$ となり，拡散係数（D）の4倍に時間（t，単位は秒）をかけた数の平方根を意味します。$L=$一定の時間tに塩または酸が肉または魚の内部へと動く距離となります。なぜ$4×D×t$の平方根を計算するのかといえば，拡散係数は時間あたりのcm^{2}として表されますが，距離はcm^2（領域）ではなくcmで計算する必要があるからです。cm^{2}の平方根はcmに等しくなります（たとえば，3×3＝9で，9の平方根は3です）。それではここで，計算例を

いくつか示しましょう。

1. 3時間で塩は牛肉の内部にどこまで拡散するか。
   まず，3時間＝10,800秒（3時間×60分×60
   秒）＝10.8×10³

   $$答え：L = \sqrt{\left(4 \times 5.1 \times \frac{10^{-6}\text{cm}^2}{秒} \times 10.8 \times 10^3\right)}$$
   $$= \sqrt{0.22} = 0.5\text{cm}$$

2. 3時間で酸は牛肉の内部にどこまで拡散するか。

   $$答え：L = \sqrt{\left(4 \times 3.5 \times \frac{10^{-7}\text{cm}^2}{秒} \times 10.8 \times 10^3\right)}$$
   $$= \sqrt{0.015} = 0.1\text{cm}$$

3. 3時間で酸は魚の内部にどこまで拡散するか。

   $$答え：L = \sqrt{\left(4 \times 4.5 \times \frac{10^{-6}\text{cm}^2}{秒} \times 10.8 \times 10^3\right)}$$
   $$= \sqrt{0.19} = 0.4\text{cm}$$

　これは，私たちが日頃観察していることにもぴったりくる結果ではないでしょうか。5％の塩水または5％の酢酸を含む酢に肉を漬ける場合を考えてみましょう。双方とも同じ量の塩と酢酸を含んでいます。しかし，水溶液中では，塩は完全にナトリウムイオンと塩化物イオンに電離するので，5％の食塩の水溶液は1Lあたり50gのナトリウムイオンと塩化物イオンを含みます。酢酸は弱い酸で，ごく一部しか水素イオン（H^+）に電離しません。酸の強さは，水溶液中の水素イオンの濃度により測定され，この濃度が肉や魚のタンパク質に影響します。酢のpHは3で，1Lあたりわずか0.001gの水素イオンに相当します。つまり，5％の酢酸の水溶液（酢）には，

1Lあたり0.001gの水素イオンしか含まれないことになります。これは，1Lあたり50gのナトリウムイオンと塩化物イオンに比べてかなり少ない量です。

　ナトリウムイオンと塩化物イオンの濃度と，電離度が小さい酸のプロトンの濃度の違いのため，塩は食品の内部に酸よりもずっと速く拡散します。そして，実際，ナトリウムイオンや塩化物イオンに比べると，プロトンはほとんど肉の内部に拡散しません。水素イオンの形をとる酸が，ナトリウムイオンや塩化物イオンの形をとる塩に比べてほんの少ししか肉や魚に浸透しないわけが，これでわかったのではないでしょうか。水素イオン（プロトン）がナトリウムイオンや塩化物イオンに比べて肉の内部に拡散する速度がずっと遅いだけでなく，酢に含まれる水素イオンの濃度が非常に低いのです（レモン汁はpH2で，1Lあたり0.01gの水素イオンに相当し，酢の10倍ですが，それでも塩に比べればごく微量です）。だから，食塩水の塩は丸ごとのターキーの中まで24～48時間で浸透しますが，酢がベースのマリネ液は食品の表面の6mmまでしか浸透しないのです。

　この項に関して，ハーバード大学ジョン・A・ポールソン工学・応用科学部の化学工学・応用素材工学学科の上級職であるピア・ソレンセン博士に感謝します。ランダムウォークの概念と単純化された方程式を，イオンや分子の食品への拡散の速度を測るために用いることを教えてくれました。私はこの概念と簡略化された式を，ハーバードでの「科学と料理」のコースで活用させてもらっています。さらに，弱い酸が肉にとてもゆっくりとしか浸透しない理由を理解するうえで，酢に含まれる水素イオンの濃度の

低さが重要な要因であることも，ソレンセンが指摘
してくれました。

参考文献

Lebert, A., and J.-D. Daudin. "Modelling the Distribution of aw, pH and Ions in Marinated Beef Meat." *Meat Science* 97 (2014): 347–357.
Rodger, G., R. Hastings, C. Cryne, and J. Bailey. "Diffusion Properties of Salt and Acetic Acid Into Herring and Their Subsequent Effect on the Muscle Tissue." *Journal of Food Science* 49, no. 3 (1984): 714–720.

レシピ7.1　白インゲン豆とローストチキンのチリ

材料（3人分）

唐辛子（ハラペーニョとセラーノまたはポブラノ）　合わせて60～70g

エキストラバージンオリーブ油　大さじ1

タマネギ　中1個（あらみじんにする）

ニンニク　1かけ（みじん切り）

チキンストック（本文中で紹介するレシピで手づくり，または市販品）　2カップ半

ローストチキンの残り物の白身肉　170g（刻む）

白インゲン豆　440gの缶詰1缶（缶汁を切ってから水で洗う）

粗挽きタイプのトルティーヤチップス60g（あらく砕く）

クミン　大さじ1杯半

ライトサワークリーム大さじ3

生のコリアンダー　1枝

トルティーヤチップス（つけあわせ用）

※アメリカの1カップの容量＝約237cc

私はカリフォルニア州パロアルトに妻のクリスティーヌと一緒に行くと，エマーソン通りのペニンシュラ・ファウンテン・アンド・グリルで朝食やランチをいただく習慣があります。ここは1923年にサンタナ一家が創業した老舗ダイナーで，とてもおいしい手づくりの伝統料理を出す店です。

私たちがとりわけ好きなランチメニューは，白インゲン豆とターキーのチリです。今度パロアルトに行くまで待ちきれず，満足感たっぷりでヘルシーなこの一品を家庭向けに再現してみました。ローストターキーのかわりに日常的なローストチキンを使い，残り物を活用するレシピにしています。

このレシピには成功のカギといえる材料が三つあり，完成に至るまでに何度か試作が必要でした。一つがローストした唐辛子のミックスです。ペニンシュラ・ファウンテン・アンド・グリルではセラーノとハラペーニョのミックスを使っていますが，それほど辛くはありません。辛さを抑える秘訣は，唐辛子のなかから白いわたをできるだけきれいに取り除くことです。唐辛子の辛味成分であるカプサイシンは，さやの内側のわたの部分でだけ生成し，少量が種に入ります。わたと種を両方取り除くことで，ほとんど辛くなくできるのです。逆に辛いのが好きな方は，わたを残すか，砕いた赤唐辛子を加えましょう。私は唐辛子をグリルで焼いてから焦げた皮の大部分を取り除くようにしています。

第二の重要な材料は，トウモロコシを原料とするトルティーヤチップスで，ここではちょっと変わった使い方として，砕いてから加えます。こうするとソースの風味が豊かになるうえ，とろみがつきます。2, 3回試作した結果，このようにトルティーヤチップスを使うとうまくいくことがわかりました。

第三の材料は，風味豊かなチキンストックです。市販のチキンストックを使うなら，減塩タイプを選びましょう（なかには1カップあたり680mgものナトリウムが含まれている製品もあります）。私は残り物のローストチキンを使う場合，その鶏ガラでストックを手づくりします。そうすると，塩分を抑えつつ，新鮮な風味が楽しめます。ストック4カップを手づくりするなら，あらみじんにしたニンジン1本，みじん切りにしたセロリの茎1本と葉を数枚，中くらいのタマネギ1個，みじん切りの生のセージ小さじ1，塩小さじ1/2を使います。ナトリウム含有量としてはストック1カップにつき295mgに相当します。すべての材料を，水4カップ，それに

鶏ガラを入れて，2時間煮込みます。それから冷ましてざるでこします。全体量が4カップになるように水を足してできあがりです。

このレシピはどんな種類の白豆でもつくれますが，うちでは小粒の白インゲン豆を使います（ボストン風ベイクドビーンズに使うのと同じ種類の豆です）。大粒の白インゲン豆でも構いません。手軽な缶詰の白インゲン豆を使います。缶詰の豆は，風味をよくするため，それから缶のなかで調理される豆の柔らかさを一定にするために，たいてい塩分を多く含みます。缶詰の豆のナトリウム含有量は，缶汁を切ってよく洗うだけで40％削減できます（Duyff, Mount, and Jones 2011）。こんなに簡単な方法で，440g缶の豆のナトリウム含有量が，819mgにまで減らせるのです。ストックとトルティーヤチップスの塩分を合わせて，完成した料理1人分に含まれるナトリウムは570mgとなります。エネルギーは1人分わずか374kcalです。

つくり方

唐辛子を縦半分に切り，わたと種を丁寧に取り除きます。グリルで焼き，冷ましてから黒くなった部分の皮を取り除き，1.3cmくらいに切ります。

中くらいの深鍋に，オリーブ油，唐辛子とタマネギを入れ，タマネギが透明になるまで（約5分）炒めます。ニンニクを加えてさらに30秒炒めます（ニンニクは焼きすぎると苦くなるので注意）。チキンストック，鶏肉，豆を鍋に入れ，砕いたトルティーヤチップスも加えます。クミンを加え，すべての材料をよく混ぜ合わせます。

トルティーヤチップスのほとんどが溶けてソースにとろみがつくまで，20分ほど弱火で煮ます。味見をして，必要なら塩と黒コショウで調味します。辛さが足りなければ，赤唐辛子のフレークを少量加え，さらに数分煮ます。1人分ずつ皿に盛りつけ，上からサワークリーム大さじ1をかけて，コリアンダーとトルティーヤチップスを添えて供します。

▌著者
ガイ・クロスビー／Guy Crosby
ハーバード大学公衆衛生学部の栄養学准教授。博士。料理のマルチメディア『クリストファー・キンボールのミルクストリート』とテレビ番組『アメリカズ・テスト・キッチン』の科学監修者としても従事。主な著書に，ニューヨークタイムズのベストセラーである『The Science of Good Cooking』『Cook's Science』（いずれも共著，Cook's Illustrated）などがある。

▌監訳者
石川伸一／いしかわ・しんいち
宮城大学食産業学群教授。博士（農学）。東北大学大学院農学研究科修了。専門は分子調理学。主な著書に『料理と科学のおいしい出会い』（化学同人），『「食べること」の進化史』（光文社），主な訳書に『The Kitchen as Laboratory 新しい「料理と科学」の世界』（講談社），『食感をめぐるサイエンス』（化学同人）などがある。

▌訳者
清水玲奈／しみず・れいな
ジャーナリスト・翻訳家。東京大学大学院修士課程修了（表象文化論）。1996年渡英，パリ暮らしを経て現在ロンドン在住。飲食関連の訳書に『自然派ワイン入門』『世界が認めた日本のウイスキー』『世界の作りおき野菜 みんなに愛される味付けの魔法』（いずれもエクスナレッジ）などがある。

食の科学
〜美食を求める人類の旅〜

2021年1月15日発行

著者	ガイ・クロスビー
監訳者	石川伸一
訳者	清水玲奈
翻訳協力	Butterfly Brand Consulting
編集	武石良平
編集協力	目黒真弥子
表紙デザイン	岩本陽一
発行者	高森康雄
発行所	株式会社 ニュートンプレス 〒112-0012 東京都文京区大塚 3-11-6 https://www.newtonpress.co.jp

© Newton Press 2021　Printed in Korea
ISBN 978-4-315-52315-7